Le fondement selon Husserl

Une idée de la phénoménalité

Ouverture philosophique

Collection dirigée par Aline Caillet, Dominique Chateau, Jean-Marc Lachaud et Bruno Péquignot

Une collection d'ouvrages qui se propose d'accueillir des travaux originaux sans exclusive d'écoles ou de thématiques.

Il s'agit de favoriser la confrontation de recherches et des réflexions qu'elles soient le fait de philosophes « professionnels » ou non. On n'y confondra donc pas la philosophie avec une discipline académique ; elle est réputée être le fait de tous ceux qu'habite la passion de penser, qu'ils soient professeurs de philosophie, spécialistes des sciences humaines, sociales ou naturelles, ou... polisseurs de verres de lunettes astronomiques.

Dernières parutions

Carlo TAMAGNONE, *La philosophie et la théologie philosophale*, 2014.

Jacques POLLAK-LEDERER, *L'Ontologie écartelée de Georges Lukács*, 2014.

Tahir KARAKAŞ, *Nietzsche et William James, Réformer la philosophie*, 2013.

Mounkaila Abdo Laouli SERKI, *Rationalité esthétique et modernité en Afrique*, 2013.

Olivier DUCHARME, *Michel Henry et le problème de la communauté. Pour une communauté d'habitus*, 2013.

Simon HAGEMANN, *Penser les médias au théâtre. Des avant-gardes historiques aux scènes contemporaines*, 2013.

Alain SAGER, *L'Homme sans dieu ? De Cicéron à Marc-Aurèle*, 2013.

Reza ROKOEE, *Le rêve et l'éveil dans les écrits de Husserl*, 2013.

Jean-Marc ROUVIERE, *L'homme surpris. Vers une phénoménologie de la morale*, 2013.

Marita TATARI, *Heidegger et Rilke, Interprétation et partage de la poésie*, 2013.

Ádám TAKÁCS

LE FONDEMENT SELON HUSSERL

Une idée de la phénoménalité

L'Harmattan

Illustration de couverture : Sebald Beham, Base et chapiteau d'une colonne, 1543

5-7, rue de l'Ecole-Polytechnique, 75005 Paris

http://www.harmattan.fr
diffusion.harmattan@wanadoo.fr
harmattan1@wanadoo.fr

ISBN : 978-2-336-30308-6
EAN : 9782336303086

Préface

Le présent ouvrage est basé sur la première partie de la thèse doctorale qu'Ádám Takács a soutenue le 19 juin 2009 à l'École des Hautes Études en Sciences Sociales à Paris. En tant que co-directeur de la thèse, je suis heureux d'avoir l'occasion de la présenter, en quelques mots, au grand public.

L'enjeu majeur du travail de M. Takács est de mettre en évidence, chez Husserl, une transformation radicale de la gnoséologie moderne. Cette transformation concerne, au premier chef, la question d'un *fondement de notre connaissance du monde*, ainsi qu'elle avait été abordée, pour la première fois, par Descartes et qu'elle était mise au centre des recherches philosophiques encore par Moritz Schlick. Toute la tradition de la gnoséologie moderne a cherché le fondement inébranlable de notre savoir en quelque chose de subjectif : en un acte du sujet ou en un principe dans lequel se manifeste la subjectivité du sujet. Il n'est donc pas surprenant de voir que Husserl lui-même aspire à une fondation ultime (*Letztbegründung*) de tout sens et toute validité dans la subjectivité transcendantale.

Pourtant, chez lui, le problème d'un fondement de la connaissance reste, comme M. Takács le montre, « en une constante formation ». Par conséquent, c'est « au cours de sa propre élaboration » que ce problème peut être rencontré chez Husserl. M. Takács montre quels sont les avatars que la question d'un fondement de la connaissance parcourt dans la phénoménologie de Husserl. Déjà Brentano a été amené, par sa découverte – ou redécouverte – de l'intentionnalité, à réinterpréter cette question. Il a essayé de découvrir un fondement ultime du rapport intentionnel de tous les actes à leurs objets. En regardant de plus près la thèse brentanienne selon laquelle tout acte intentionnel est ou bien lui-même une représentation (*Vorstellung*), ou bien fondée par une ou plusieurs représentations, Husserl, à son tour, parvient à définir l' « ultime fondement de tous les actes [*letzte Grundlage aller Akte*] » comme une représentation (*Vorstellung*) au sens d'un « acte objectivant » et, en dernière analyse, au sens d'une « représentation représentative » (*Repräsentation*). C'est cette définition du fon-dement des actes intentionnels qui donne une occasion à M. Takács de s'expliquer avec le *représentationnalisme* qui, malgré la critique husserlienne de la *Bildertheorie* dans les *Recherches logiques*, demeure caractéristique de la phénoménologie initiale. A cet égard, il peut s'appuyer sur une analyse pertinente de Rudolf Bernet. Pourtant, la phénoménologie ne s'arrête pas sur cette conception représentationnaliste. D'une manière détaillée et précise, M. Takács met en lumière les étapes du processus dans lequel, chez Husserl, l'ultime fondement de tous les actes « se déplace » de la *représentation* à l'*apparaître* comme tel. C'est ici que la première idée majeure du présent ouvrage est formulée : ce qui se révèle être l'ultime fondement de tous les actes chez Husserl, c'est *l'apparaître de l'apparaissant dans la conscience absolue, constitutive du temps.*

Il ne faut pas penser que, ici, une *phénoménologie sans sujet* soit proposée ou propagée. Que, selon Husserl, l'ultime fondement de tout sens et de toute validité soit la subjectivité transcendantale, n'est pas contesté par M. Takács. Ce qu'il met en évidence est bien plutôt le fait que, dans la phénoménologie husserlienne, la subjectivité transcendantale vient être définie par l'*apparaître* – ou par la « conscience d'apparaître » – et non pas simplement par le *cogito*. C'est en ce sens qu'il faut prendre la thèse centrale d'une « autosuffisance de la phénoménalité » que M. Takács met au centre de ses recherches. Il s'agit « d'une vie d'expérience fonctionnant comme vie donatrice autosuffisante qui porte en elle-même le monde à titre de "phénomène" ». Ici, il faut faire attention à la formulation précise. Il en découle que si, selon Husserl, l'ultime fondement de tout sens et de toute validité n'est pas le *cogito*, il n'est pas non plus le *monde*. Il est bien plutôt « une vie d'expérience » qui « porte en elle-même le monde à titre de "phénomène" ».

Cette vie d'expérience, à son tour, a trait à la subjectivité transcendantale. Au fond, la thèse de l'autosuffisance de la phénoménalité présuppose la réduction phénoménologique. Ce n'est qu'en régime phénoménologique qu'on peut évoquer la transformation du monde en un phénomène. Il est vrai que, dans un passage remarquable, M. Takács dit le suivant : « Dire [...] que la phénoménalité est autosuffisante, c'est dire qu'elle ne dépend, dans son fonctionnement et dans son être, ni d'une autre condition, ni d'une autre instance ». Cependant, l'acuité polémique de cette phrase ne se dirige pas contre la subjectivité transcendantale comme telle. Elle ne se dirige, à vrai dire, que contre une interprétation de la subjectivité transcendantale qui se base exclusivement sur les actes de cogito, c'est-à-dire sur les vécus intentionnels actifs et égoïques, sans prendre en compte la passivité du sujet. Il est pourtant clair que, chez Husserl, la sphère totale de la subjectivité transcendantale ne se confond pas avec la sphère des actes de *cogito*, mais elle englobe tout aussi bien la sphère passive.

En même temps, on peut se demander si la thèse de l'autosuffisance de la phénoménalité donne une véritable *réponse* à la question d'un fondement de la connaissance. M. Takács s'efforce de montrer qu'il s'agit, bien plutôt, d'une *transformation de la question elle-même*. Il s'ensuit que, chez Husserl, tout sens et toute validité sont enracinés dans le processus d'expérience, sans avoir, à vrai dire, un fondement particulier. Ainsi le fondement de tout sens et de toute validité se révèle-t-il être un processus plutôt qu'une entité (l'ego) et un principe (le cogito). Par là, un problème principal de la gnoséologie moderne est *transformé*, pour ne pas dire : *déconstruit*. Ce n'est qu'en ce sens modifié, voire travesti, que, chez Husserl, on peut encore parler d'un « fondement de la connaissance ». En réalité, c'est la vie d'expérience donatrice et autosuffisante qui, chez Husserl, remplit la fonction d'un tel fondement.

László Tengelyi
Bergische Universität Wuppertal

Introduction

1. *Fondation et fondement : positionner une recherche*

Les questions « qu'est-ce que fonder » et « qu'est-ce qu'une fondation » dans la pensée et dans l'expérience ne formulent pas simplement les questions caractéristiques de la phénoménologie de Husserl. En fait, depuis les *Prolégomènes à la logique pure* jusqu'à *La crise des sciences européennes et la phénoménologie transcendantale*, poser le problème de la connaissance de cette manière non seulement ne cesse d'amorcer, en tant qu'un thème privilégié, la pensée husserlienne, mais on peut dire que cela constitue aussi le « pathos » de son interrogation elle-même : fonder la connaissance pour Husserl c'est précisément mettre en évidence sa fondation interne, c'est-à-dire son édification à partir des rapports cognitifs les plus originaires grâce auxquels les objets peuvent être « donnés » dans la pensée et dans l'expérience de diverses manières. Or, ce rapport apparemment circulaire entre la prétention et l'objet de l'interrogation phénoménologique témoigne, à sa manière, de la radicalité avec laquelle Husserl appréhende la tâche de la philosophie. Car, pour être universelle et ultime, donc philosophique au sens husserlien, la réponse à la question de la fondation ne suppose pas seulement d'ouvrir un champ immense de recherche, dans l'intention d'y remettre en chantier tous les phénomènes qui peuvent entrer en jeu comme facteurs constitutifs dans la connaissance au sens large, mais elle doit également se rapporter à elle-même pour apprécier sa propre efficacité dans la possibilité d'effectuer une telle recherche. Ainsi, pour savoir ce que signifie « fonder » dans la pensée et dans l'expérience, la question phénoménologique première consiste à se demander « ce que la pensée peut accomplir quand elle se fonde légitimement sur l'expérience »[1].

Cela peut expliquer aussi pourquoi, contrairement à la référence constante, qui est sans doute une forme gnoséologique de l'assurance, à l'idée de la *fondation*, l'idée du *fondement* paraît avoir un statut beaucoup moins assuré dans le développement de la pensée husserlienne. Soumise à un travail inlassable de l'élaboration, même après avoir été définie dans sa forme proprement transcendantale, la figure du fondement ne cesse d'être associée à des couches et fonctions diverses chez Husserl. Mais il semble bien que le caractère tâtonnant de l'effort pour dévoiler ce qui se donne comme fondamental est tout à fait conforme au style de la démarche méthodologique de la phénoménologie. Car dans la mesure où la fondation doit s'effectuer entièrement dans la recherche, voire dans une recherche de type autoréflexif, l'essence ou le fait du fondement ne peuvent être tout simplement ni posés, ni présumés. Husserl fait lui-même référence à cette situation particulière selon laquelle la prétention de la philosophie phénoménologique à être une connaissance absolue, réclame, tout en refusant de s'y reconnaître telle au départ, un travail par principe ouvert visant la fondation de la connaissance :

> « En dernier fond *(Grund)*, la philosophie n'est assurément rien d'autre qu'intention visant à une connaissance absolue. Mais, si et comment la connaissance, dans l'attitude phénoménologique, peut servir à fonder *(begründen)* la connaissance

---

[1] Husserl, *Problèmes fondamentaux de la phénoménologie*, tr. fr. J. English, Paris, PUF, 1991. p. 221. (désormais *Problèmes fondamentaux de la phénoménologie*).

absolue en général, cela ne peut pas être de prime abord décidé, ni même seulement compris »[2].

Cependant, si l'esprit laborieux de la phénoménologie ne permet pas d'avoir recours de façon simple au fondement qu'elle cherche, cela ne signifie pas pour autant que celui-ci doive se poser comme une simple « idée » pour le travail à accomplir. Au contraire, Husserl ne laisse aucun doute sur le fait que pour être une philosophie définitivement fondatrice, la phénoménologie doit non seulement présumer, dans une approximation infinie, le sol sur lequel s'édifient toute connaissance et toute expérience, mais il faut bien qu'elle le mette en évidence dans son effectivité et validité absolue[3]. De plus, c'est précisément de cette manière que la fondation phénoménologique, comme recherche, acquiert son caractère concret et ouvert. À travers l'élucidation péremptoire des problèmes qui sont chaque fois construits à partir d'aspects fondamentaux de l'expérience prise au sens large, le fondement concret de cette dernière se dégage progressivement, permettant de multiplier les problèmes eux-mêmes à un autre niveau. Ainsi, la plasticité de la figure du fondement ne semble aucunement contredire le caractère ultime de ce dernier chez Husserl. Mais dans la mesure où elle fournit à la fois le but et le terrain des recherches phénoménologiques, sa doctrine est pourtant destinée à demeurer, au cours de sa propre élaboration, dans un état constamment opératoire. Pour la rendre thématique, il faudrait sans doute mettre en œuvre un autre type de recherche, à savoir une recherche proprement interprétative, qui chercherait à expliquer systématiquement la teneur et le sens de cette

---

[2] *Ibid.* p. 147.

[3] *Cf.* « „Gibt" es eine Philosophie des uns leitenden Sinnes, eine universale Wissenschaft aus absoluter Begründung, so gehört es sinngemäß zu ihr selbst, den absoluten Grund, mit dem sie anfängt und auf den sie alles in absoluter Weise stellt, aufzuweisen, ev. erst zu ihm emporzuleiten und seine Absolutheit als solche klärend und bestimmend herauszustellen », Husserl, *Erste Philosophie II*, Hua. VIII, M. Nijhoff, La Haye, 1956. p. 358. (texte non inclus dans la traduction française)

doctrine en fonction des problèmes auxquels, au travers les travaux de Husserl, elle reste liée. C'est cela que nous tentons de faire dans le présent travail.

2. *Les interprétations du fondement husserlien*

On pourrait dire que c'est précisément le caractère opératoire qui fait qu'à la question « qu'est-ce que le fondement selon Husserl », la plupart des interprétations de son œuvre non seulement ne cherchent guère à répondre directement, mais même celles qui y parviennent donnent des réponses assez variées. Certes, approchée sous l'angle des problèmes constitutifs divers, la théorie husserlienne du fondement est en mesure d'ouvrir plusieurs perspectives légitimes sur son contenu doctrinal. Il ne reste qu'à savoir si, à partir de l'une ou de l'autre de ces perspectives, on peut suffisamment rendre compte de la complexité entière de la problématique par l'effet de laquelle cette doctrine reste chez Husserl, en prétendant constamment à une forme définitive, en une constante formation.

Eugen Fink a sans doute le mérite d'avoir posé thématiquement les questions de la « fondation » et du « fondement », dans un texte autorisé par Husserl lui-même, au milieu des débats autour de la problématique de la phénoménologie[4]. Face à la critique néo-kantienne de l'époque, il défend la position selon laquelle la « sphère fondatrice », à laquelle l'interrogation transcendantale est reconduite chez Husserl, se distingue radicalement de celle dont les points de repère peuvent être définis, même si de façon tout à fait novatrice, à partir de la pensée de Kant. Selon Fink, tandis que toute doctrine relevant de ce

[4] *Cf.* E. Fink, « La philosophie phénoménologique d'Edmund Husserl face à la critique contemporaine », in Fink, *De la phénoménologie*, tr. fr. D. Franck, Paris, Minuit, 1974., p. 95-175.

dernier type reste par principe liée à une conception non élucidée du « monde », la phénoménologie husserlienne tente au contraire de rendre intelligible le monde lui-même « à partir du fondement ultime de son être »[5]. Or, c'est seulement par la mise en œuvre de la réduction phénoménologique que devient possible une telle fondation radicale qui ouvre à son tour la voie vers l'élaboration d'un concept inédit du fondement compris comme « subjectivité transcendantale ». Dans ses écrits ultérieurs, Fink ne cesse de souligner l'équivalence qui existe dans la pensée de Husserl entre « fondement » et « subjectivité » en affirmant que « le fondement supposé dans l'idée phénoménologique de fondation est le "soi" *(Selbst)*, qui ne se dévoile que dans la pure prise de conscience »[6].

Pourtant, si associer le concept du « fondement » à celui de la « subjectivité » s'avère être un point de départ commun pour tant d'interprétations majeures de l'œuvre husserlien, cela ne veut nullement dire qu'il existe une unanimité en ce qui concerne le caractère spécifique de ce rapport. Un point polémique important se révèle, par exemple, autour de la question de savoir si et dans quelle mesure la définition husserlienne de la subjectivité comme fondement s'adapte au modèle cartésien de la fondation. L'interprétation d'Emmanuel Lévinas et celle de Jan Patočka s'opposent largement l'une à l'autre à cet égard : tandis que le premier reconnaît les différences essentielles entre les deux types de fondation en question[7], le second ne voit dans l'idée husserlienne de la subjectivité transcendantale qu'une forme plus sophistiquée du cartésianisme[8]. En outre, Ludwig Landgrebe, pour sa part, défend la thèse selon laquelle bien qu'il soit incontestable que la

---

[5] *Ibid.* p. 121.

[6] *Ibid.* p. 184. Sur cette question voir aussi, Fink, *Sixième Méditation cartésienne*, Grenoble, J. Millon, 1994, p. 55.

[7] *Cf.* E. Lévinas, *La théorie de l'intuition dans la phénoménologie de Husserl*, Paris, Vrin, 1963, p. 36-65. ; et *En découvrant l'existence avec Husserl et Heidegger*, Paris, Vrin, 1988, p. 7-9.

[8] *Cf.* J. Patocka, *Qu'est-ce que la phénoménologie*, tr. fr. E. Abrams, Grenoble, J. Millon, 1988, p. 189-212.

pensée transcendantale de Husserl s'établit comme une philosophie de conscience de type réflexif qui, de ce fait, peut être légitimement juxtaposée à celle de Descartes, le développement interne de la problématique husserlienne témoigne d'une rupture progressive et radicale avec les motifs principaux du cartésianisme. En abordant les problèmes de l'intersubjectivité et du *Lebenswelt*, la phénoménologie aboutit précisément, selon Landgrebe, à une nouvelle idée de la fondation[9]. En revanche, Hans-Georg Gadamer plaide vigoureusement pour l'unité de la pensée de Husserl dont il identifie le principe avec l'idée d'un « fondement » qui se présente, malgré l'évolution interne des problèmes phénoménologiques, sous la forme de l'instance transcendantale de l'*ego*[10]. D'une manière analogue, Gerhard Funke insiste sur la validité incontournable de la subjectivité transcendantale comme fondement. Mais à l'encontre de ce qu'il juge une ambition « métaphysique » de la phénoménologie post-husserlienne, et plus particulièrement celle de Heidegger, il souligne le caractère proprement fonctionnel du fondement subjectif chez Husserl. Ce dernier, selon Funke, est la scène originaire de l'apparition qui, à travers ses formes proprement cognitives et ses effectuations historiques, sous-tend radicalement toute détermination ontique et ontologique du sujet et du monde[11].

Cependant, il se trouve aussi que la subjectivité transcendantale ne soit pas la seule instance par rapport à laquelle le problème du fondement peut être légitimement posé chez Husserl. Dans son travail qui prend pour fil conducteur la partie intitulée « considérations phénoménologiques fondamentales » du premier tome des *Idées*, Karl Schuhmann développe l'idée selon laquelle la subjectivité transcendantale ne subsiste, selon la

---

9 *Cf.* L. Landgrebe, *Der Weg der Phänomenologie*, Gütersloh, Gerd Mohn, 1963, p. 163-206.

10 *Cf.* H.G. Gadamer, *Neuere Philosophie. Hegel - Husserl - Heidegger. Gesammelte Werke*, Band 3, Tübingen, J. C. B. Mohr, 1987, p. 123-137.

11 *Cf.* G. Funke, *Phänomenologie – Metaphysik oder Methode ?*, Bonn, Bouvier, 1966, en particulier, p. 219-240.

doctrine husserlienne, que sous la forme d'une « postérité originaire » face à un monde qui lui sert de « fondement », mais qui ne lui est pourtant pas préexistant[12]. Or le « paradoxe » fondamental, dont l'analyse constitue la tâche de la phénoménologie, consiste, selon l'auteur, précisément dans le fait que la fonction du fondement se divise en deux dimensions chez Husserl : celle du « factice » qui est propre au monde et celle de l'« originaire » qui est donnée comme le résultat d'une effectuation constitutive de la conscience[13]. D'une manière analogue, Jacques English fait une distinction nette, dans son commentaire écrit aux *Problèmes fondamentaux de la phénoménologie* de Husserl, entre « fondement transcendant » au sens du monde et « fondation transcendantale » au sens de la réflexion phénoménologique[14]. C'est dans la mesure où un mode d'intentionnalité fonctionne dans chacune de ces sphères, de façon spontanée dans la première et de façon thématique dans la seconde, que le phénoménologue peut chercher à « fonder » toute connaissance et toute expérience. Cela s'effectue, d'une part, sous la forme d'un dévoilement du sens constitutif du monde qui est donné à l'avance à la subjectivité, et, d'autre part, comme analyse exclusive et critique de cette dernière y compris de sa propre activité fondatrice.

Or, le fait que la théorie transcendantale de Husserl n'exclut pas, par principe, que le « fondement » sur lequel elle débouche soit considéré comme une instance en soi plurivalente, renforce sans doute la position des interprétations qui cherchent à exploiter les faiblesses de cette théorie. Il ne s'agit pas seulement ici d'indiquer la nature hétérogène des « métaphores » que Husserl utilise dans sa description du fondement[15],

---

[12] *Cf.* K. Schuhmann, *Die Fundamentalbetrachtung der Phänomenologie*, Den Haag, M. Nijhoff, 1971, pp. xxxviii-xxxix, 124-130., 143-156.

[13] *Ibid.* pp. 90-95., 113-124.

[14] *Cf.* J. English, « Indications générales », in *Problèmes fondamentaux de la phénoménologie*, p. 54-65., *Cf.* aussi, p. 283-285.

[15] *Cf.* M. Sommer, « Husserl on "Ground" and "Underground"», in *Phenomenology of Interculturality and Life-world,* eds. E.W. Orth, C.F. Cheung, Freiburg/München, Karl Alber, 1998, p. 131-149.

ni de démontrer comment cette description permet de construire différentes « grilles de lecture » dans la refonte de la problématique husserlienne[16], mais il s'agit aussi de mettre en relief le caractère intrinsèquement conflictuel de sa doctrine. C'est en ce sens que Paul Ricœur parle de l'« équivocité du concept de fondement » chez Husserl, dont la source se trouve dans sa théorie tardive de *Lebenswelt*[17]. Dans la mesure où ce dernier doit remplir à la fois une fonction ontologique et une fonction épistémologique, Ricœur voit un rapport « paradoxal », c'est-à-dire une forme de coexistence de la dépendance et du contraste, entre l'idée du monde réel pris comme sol constitué pré-thématiquement et l'idée de la science comme principe de validation qui concerne tout aspect mondain constitué de façon thématique. Or, c'est en élargissant considérablement la perspective de cette même problématique que Bruce Bégout va, dans son travail consacré à la généalogie phénoménologique de la logique chez Husserl, jusqu'à parler d'un « conflit de fondements » chez ce dernier[18]. D'après Bégout, c'est bien la concurrence essentielle entre deux principes et, par conséquent, entre deux « puissances fondatrices » au sein de la constitution transcendantale, celle de la genèse passive et celle de la validation égoïque, qui traverse la doctrine husserlienne du fondement en laissant celui-ci suspendu, en dernière instance, en une « confrontation incessante et indéc-linable de l'*Urstiftung* et de l'*Endstiftung* »[19].

---

16 *Cf.* S. Valdinoci, *Les fondements de la phénoménologie husserlienne*, Hague, M. Nijhoff, 1982.

17 P. Ricœur, *À l'école de la phénoménologie*, Paris, Vrin, 1987, p. 294-295.

18 B. Bégout, *La généalogie de la logique. Husserl, l'antéprédicatif et le catégorial*, Paris, Vrin, 2000, pp. 280-281., 349-368.

19 *Ibid.* pp. 349-350., 281.

3. Le plan du présent travail

L'ambition du présent travail n'est rien moins que de tenter de reconstruire la doctrine du « fondement » de Husserl à partir des problèmes fondamentaux qui, dans son développement, lui sont propres. Nous reconnaissons ces problèmes comme ceux de la représentation, de l'apparition, de la genèse phénoménale, de la monade, et nous les retrouvons aussi au niveau des problèmes des divers types de l'évidence. Si, dans notre interprétation, nous parvenons éventuellement à des constatations différentes de celles qui caractérisent les interprétations que nous venons d'évoquer, c'est que notre intention est de dégager et d'analyser la figure et la fonction propre du fondement à partir de contextes phénoménologiques concrets, ayant pour base des évidences textuelles, plutôt qu'à partir de l'idée husserlienne, sans doute capitale, de la fondation. Afin de rendre compte au mieux de l'articulation interne de cette problématique chez Husserl dans sa propre complexité, une approche à la fois génétique et structurale s'est imposée à nous comme mode d'interprétation le plus pertinent. Or, pour rendre cette tâche réalisable, et pour éviter, autant que possible, chemin faisant, les simplifications et les vulgarisations, notre méthode sera d'osciller constamment entre une macro-analyse conceptuelle et une microanalyse textuelle.

Le premier grand chapitre de la première partie de notre travail tâche presque exclusivement d'aborder le problème du fondement dans le contexte de la phénoménologie des *Recherches logiques*. Notre but principal consiste ici à expliciter le sens et la portée de la thèse husserlienne, élaborée en profondeur dans les *V*e et *VI*e *Recherches*, selon laquelle « tout acte ou bien est lui-même une représentation, ou bien a une telle représentation pour fondement ». Notre fil conducteur est, par conséquent, le problème de la « représentation » tel qu'il est défini par Husserl dans sa forme phénoménologique, et nous tentons de démontrer non seulement comment il se propose de résoudre ce problème au moyen de l'idée de la corrélation intentionnelle, mais aussi qu'en définissant la représentation comme « acte objectivant », il donne un sens précis à la notion du « fondement » comme configuration intentionnelle de la connaissance. Le fondement est pris en ce sens comme une fonction de représentation qui, grâce aux propriétés des contenus objectifs, et notamment le sens objectif, qu'elle enveloppe intentionnellement, s'avère tout à fait déterminante dans la formation de tout acte de connaissance au sens large.

Dans le deuxième chapitre, nous essayons de suivre comment la radicalisation de l'idée de la corrélation intentionnelle chez Husserl conduit, dans la période qui suit la publication des *Recherches logiques*, à une transformation de la conception du fondement lui-même. Il s'agit plus particulièrement de démontrer que la multiplication des modes et des modalités selon lesquels le rapport intentionnel est désormais compris, et surtout la mise en évidence du rôle capital que la conscience interne et sa temporalité originaire jouent dans ce rapport, aboutissent à la remise en cause du statut fondateur qui est accordé à la fonction représentative objectivante de l'intentionnalité. Au lieu, donc, de poser la question du fondement comme celle de la « représentation », Husserl la pose de plus en plus comme celle de l' « apparition ». Ceci lui permet non seulement de redéfinir les termes principaux selon lesquels la corrélation intentionnelle est décrite, mais aussi de souligner la nature constitutive de cette dernière vis-à-vis de toutes sortes d'objets de l'expérience externe et interne. Husserl retrouve donc sous une forme nouvelle le « fondement » phénoménologique qu'il ne considère plus en tant qu'une fonction ultime de la connaissance objectivante, mais plutôt comme une dimension irréductible de la conscience vécue. Envisagée comme lieu d'effectuation pure de l' « apparaître », cette dimension se trouve définie le plus souvent, d'après sa propre terminologie, comme conscience « phansiologique » qui sous-tend à sa manière toute constitution intentionnelle.

Dans le troisième chapitre, nous nous proposons de donner une interprétation de la doctrine du fondement phénoménologique selon sa forme la plus sophistiquée. Après avoir indiqué la problématique centrale dont l'élaboration mène à l'émergence de la perspective transcendantale chez Husserl, nous nous efforçons de montrer que cette orientation dans la formation de la pensée husserlienne renferme en elle-même deux manières selon lesquelles la question des formes et fonctions ultimes de la constitution phénoménale se trouve posée : d'une part, comme recherche sur les « conditions ultimes » de l'apparition, d'autre part comme recherche sur les « instances ultimes » de ce qui apparaît. Or, ces deux manières de s'interroger sur les caractères absolus et irréductibles de la constitution transcendantale délimitent deux thématiques au sein du problème du « fondement » phénoménologique lui-même. Dans le premier cas, il s'agit de penser le fondement à partir de la sphère originaire de la vie transcendantale, c'est-à-dire comme fondement génétique qui conditionne toute constitution y compris celle des fonctions elles-mêmes proprement subjectives. Dans l'autre cas, le fondement est considéré comme subjectivité concrète, c'est-à-dire comme fondement monadique, qui se présente comme une instance ultime à partir de laquelle la constitution du monde et celle de tout rapport intersubjectif deviennent possibles. Mais, dans la mesure où ces deux manières de penser le fondement ne font, à leur tour, que mettre précisément en évidence les formes universelles et absolument ultimes de la constitution phénoménale en général, l'unité du fondement transcendantale peut être attestée. La thèse principale que nous défendons dans le présent travail est que le fondement phénoménologique ultime chez Husserl n'est ni la subjectivité pure, ni le monde comme tel, mais il consiste dans l'autosuffisance absolue de la « phénoménalité » elle-même qui rend possible la constitution originaire de chacune de ces deux sphères ainsi que leur rapport corrélatif concret.

Chapitre I

Fondement et représentation

1. Le problème de la représentation : un élément natal de la phénoménologie

Il serait fallacieux, sans aucun doute, de vouloir attribuer uniquement à la postérité le jugement selon lequel l'acte instaurateur de la phénoménologie husserlienne consista à transformer le problème gnoséologique traditionnel de la « représentation », entendue comme celui de la médiation entre sujet et objet, en une problématique propre de la « manifestation », c'est-à-dire de la corrélation du sujet et de l'objet. En effet, l'image que nous offre Husserl lui-même de sa propre démarche philosophique, c'est précisément celle d'un effort incessant pour transformer radicalement les orientations principales de la pensée moderne en s'intéressant prioritairement au problème de l'objectivité reliée à la subjectivité, et en cherchant à élaborer, à titre de solution, une approche qui ne présuppose rien en dehors d'un rapport cognitif immédiat aux « choses ». Ainsi, si l'on peut reconnaître un certain attachement au problème traditionnel de la représentation chez Husserl, bien qu'il cherche plutôt à s'en démarquer qu'à le refondre, cette inclination philosophique ne saurait certainement pas être évaluée comme une sorte de choc en retour engendré par la réception ultérieure de cette pensée puissante. En deçà de toute référence aux contraintes et aux circonstances détectables par le regard historique, la forme de cet attachement est essentiellement marquée par le *lien doctrinal* lui-même qu'entretient, dès sa naissance, la phénoménologie avec la problématique générale de la théorie de la connaissance.

Evoquer, de ce point de vue, la portée des *Recherches logiques* est presque un truisme. Rappelons seulement que la lutte critique des *Prolégomènes à la logique pure* contre les absurdités psychologiques au sujet de l'explication des « origines » des idéalités logiques pose déjà clairement la pensée de Husserl sur un terrain proprement gnoséologique. Car le côté positif de cette critique, c'est-à-dire l'exigence d'une analyse *purement descriptive* des vécus psychiques des idéalités ne fait à son tour que remettre en scène toute la problématique de la théorie de la connaissance dont la solution était visée en vain par le psychologisme logique. La mise à jour des contresens de ce dernier conduit inévitablement à la tâche d'éliminer la brèche de l'explication qui se fait entre les « vérités en soi » des objectités pures et leurs réalisations « subjectives ». Dès lors, la fondation de la logique pure chez Husserl, pour autant qu'elle se veut une démarche proprement philosophique, ne peut certainement pas se dispenser d'un examen gnoséologique préalable en ce qui concerne les structures et les lois de la pensée et de la connaissance en général.

C'est ainsi que Husserl ne tarde pas à associer, au moment même de l'ouverture de son œuvre phénoménologique, c'est-à-dire dans l'Introduction des *Recherches logiques*, les tâches de la phénoménologie avec celles de la théorie de la connaissance : « les motifs de l'analyse phénoménologique, écrit-il, sont essentiellement liés [...] avec ceux qui découlent des *questions fondamentales* les plus générales de *la théorie de la connaissance* »[20]. Or, le caractère « essentiel » de ce rapport signifie précisément que la phénoménologie des *Recherches* se donne

[20] Husserl, *Recherches logiques. Recherches pour la phénoménologie et la théorie de la connaissance,* tr. fr. H. Elie, A. Kelkel, R. Schérer, Paris, PUF, 1962., tome II/1, p. 8-9. (désormais *Recherches logiques*, tome II).

effectivement la tâche d'une élucidation concrète de l'idée de « connaître » elle-même avec toute la problématique gnoséologique qui doit lui appartenir en propre[21]. Cette revendication de droit ne veut point masquer cependant que ce qu'elle cherche à atteindre dans ce rapprochement entre phénoménologie et gnoséologie est en vérité une possibilité d'une transformation profonde. En effet, si les analyses phénoménologiques s'efforcent d'établir la possibilité d'une « compréhension descriptive »[22] des vécus psychiques de la pensée et de la connaissance, c'est-à-dire d'une compréhension dont la validité ne peut être garantie que par intuition pure, libérée de toute facticité empirique, alors la réalisation de cette tâche aura pour conséquence non pas tant de réarticuler, mais plutôt de modifier profondément l'ancrage traditionnel de la théorie de la connaissance. D'où toutes les difficultés, soulevées par Husserl lui-même au début même des *Recherches*[23], concernant la possibilité effective des analyses purement phénoménologiques, difficultés relevant de la « réflexion », de la « description », de l'« exposition » et de la « communication » qui découlent toutes, en dernière instance, de « l'orientation antinaturel de l'intuition et de la pensée »[24] qu'exigent ces analyses pour leur compte.

Mais, d'un autre côté, on peut constater que ces difficultés sont en quelque sorte vite compensées puisque l'orien-

---

21 Pour mesurer l'ampleur de la problématique dont il s'agit, il suffit pour le moment de renvoyer à ce que Husserl dit dans l'Introduction de la première édition des *Recherches logique* à propos de la portée gnoséologique de son travail : à savoir qu'il est une « prise de conscience et l'effort de comprendre dans l'évidence ce que sont, en général, les actes de penser et de connaître, en quoi consiste à vrai dire sa prétention légitime à l'objectivité, quelles sont les formes essentielles qui appartiennent à l'idée de la connaissance, spécialement l'idée de la connaissance *a priori*, en quel sens les lois "formelles" fondées dans ces formes sont les lois de la pensée, et en quel sens elles délimitent la possibilité idéale de la connaissance théorique et de la connaissance en général », *ibid.* p. 264.

22 *Ibid.* p. 7.

23 *Cf. Ibid.* p. 10-13.

24 *Ibid.* p. 10.

tation inhabituelle de la phénoménologie permet de s'écarter d'emblée de toute une série de positions théoriques ayant une portée gnoséologique difficilement tenables – scientifiques, psychologiques, métaphysiques – dont le point commun réside dans l'affirmation de l'« existence réelle » des objets de la connaissance à titre de présupposition[25]. De sorte que Husserl n'hésite pas même à affirmer que « d'après notre conception, la théorie de la connaissance, n'est aucunement, à proprement parler, une théorie »[26] en entendant par là que les recherches phénoménologiques sur la connaissance ne procèdent quant à elles ni par explication, ni par une construction liée subrepticement aux faits ou aux événements empiriques préalablement posés. En l'absence déclarée de toute présupposition de telles sortes, ce qui est corrélatif au souci d'une pureté *essentielle* de la description, la première tâche de la phénoménologie des *Recherches logiques* consiste en la détermination des *vrais* problèmes de la théorie de la connaissance, c'est-à-dire ceux qui ne répondent qu'aux exigences propres des phénomènes de connaissance eux-mêmes.

Cela explique pourquoi la phénoménologie naissante, bien que son ambition initiale soit de parvenir à une véritable fondation de la logique pure, ne peut définir le champ de sa propre problématique autrement que par un recours à une question qui se situe, emblématiquement, au cœur de toute problématique traditionnelle de la théorie de la connaissance, c'est-à-dire celle de la *représentation.* Ainsi nous lisons : « la phénoménologie analytique dont le logicien a besoin pour ses travaux préparatoires et de fondation concerne entre autres et en premier lieu des "représentations" »[27]. Mais, il ne semble pas particulièrement difficile de reconnaître dans ce geste d'appropriation les motifs de cette même double stratégie, celle

---

[25] *Ibid.* p. 20-24.

[26] *Ibid.* p. 22.

[27] *Cf. Ibid.* p. 13. Aussi Husserl parlera-t-il dans cette même Introduction de « la question fondamentale des actes, ou encore des significations idéales qui entrent en ligne pour la logique sous le titre de *représentation* », *ibid.* p. 17.

de la restitution et de la rupture, qui caractérise l'orientation générale des *Recherches logiques* dans l'articulation du rapport de la phénoménologie et de la théorie de la connaissance. Car il est clair, d'une part, qu'en mettant le problème de la « représentation » au centre des investigations phénoménologiques, la pensée de Husserl reste tributaire à bien des égards d'une problématique gnoséologique arrangée traditionnellement. C'est sans doute l'école de Brentano qui constitue ici le cadre principal de référence en ce que son horizon doctrinal contribue de façon décisive non seulement au développement des travaux husserliens antérieurs aux *Recherches logiques*, mais également à la formation du chantier gnoséologique lui-même à partir duquel Husserl a pu définir, dans cette œuvre, les problèmes fondamentaux de la phénoménologie elle-même[28]. D'autre part, il est tout aussi manifeste que la démarche choisie par Husserl ne suit, dans l'élaboration de ses problèmes, ni la voie de la psychologie empirique ouverte par Brentano, au sens où celle-ci s'appuie sur une conception manifestement « innéiste » de la représentation, ni au contraire la tendance ontologisante de Twardowski ou de Meinong qui s'occupent principalement, quant à eux, d'une détermination de l'*objet* de la représentation comme prémisse. En effet, ce que la phénoménologie des *Recherches* vise ici sous le titre du « problème » de la représentation, est à la fois plus élémentaire et plus essentiel. Ceci apparaît lorsqu'en cherchant à élaborer la problématique phénoménologique en connexion avec celle de la théorie de la connaissance, c'est-à-dire en tentant de dégager le *phénomène* de la représentation dans le cadre d'une élucidation des fonds cognitifs de la logique, Husserl formule d'abord un horizon général des questions qui lui permet de mettre *la pure relation* de connaissance entre objectivité idéale et subjectivité au centre

---

[28] Sur ce sujet voir l'article de D. Fisette, « Représentations. Husserl critique de Twardowski », in *Aux origines de la phénoménologie de Husserl et le contexte des « Recherches logiques »*, eds. D. Fisette et S. Lapointe, Paris, Vrin, 2003, et plus généralement le livre de R. Rollinger, *Husserl's Position in the School of Brentano*, Kluwer, Dordrecht, 1999.

des analyses. Il s'agit donc d'une manœuvre gnoséologique qui permet de poser les questions suivantes :

> « comment faut-il comprendre que "l'en soi" de l'objectivité parvienne à la "représentation" et même à l'"appréhension" dans la connaissance, donc finisse pourtant par redevenir subjectif ; que signifie pour l'objet d'être "en soi" et "donné" dans la connaissance ; comment l'idéalité du général peut-elle entrer comme concept ou loi dans le flux des vécus psychiques réels, et devenir, en tant que connaissance, la propriété de celui qui pense… ? »[29].

Certes, poser ainsi le problème général de la représentation revient finalement à celui du rapport de la connaissance subjective et de l'objectivité idéale. Mais il importe avant tout de reconnaître en quoi consiste la portée capitale de cette problématique pour l'entreprise phénoménologique. En fait, si Husserl ne cesse de revenir, même dans les étapes ultérieures de sa pensée, sur cette question initiale des *Recherches logiques*, en la posant souvent comme point d'orientation pour diverses analyses, c'est parce que c'est assurément sur la question de l'apparition des idéalités dans les actes subjectifs que peut se montrer, dans sa forme la plus pure, ce qui fait véritablement *problème* dans le rapport entre l'objet et le sujet de la représentation. C'est ainsi que la mise à jour de la relation de la connaissance qui s'articule à ce niveau peut servir de fil conducteur pour Husserl dans l'élaboration de tous les problèmes de la représentation en général. Et cela montre en même temps pourquoi il considère essentiel, lorsqu'on aborde la question de la représentation, de ne pas faire abstraction du niveau, c'est-à-dire celui des idéalités, où les éléments principaux de la problématique en question se présentent comme les plus évidents et à partir duquel les tâches spécifiques de la phénoménologie paraissent être les plus nettement déterminables[30].

---

[29] Husserl, *Recherches logiques*, tome II/1, p. 9.

[30] Tout cela fut confirmé rétrospectivement par Husserl lui-même dans ses analyses de *Logique formelle et logique transcendantale*. En posant la question

En ce sens, la prise en compte de cette forme d' « altérité » qui est liée à l' « en soi » des objets idéaux constitue un motif doctrinal à la fois *générateur* et *régulateur* dans le développement de la phénoménologie husserlienne[31]. Celle-ci, en privilégiant itérativement la question des idéalités comme leitmotiv pour les recherches descriptives de toutes sortes ne fait à proprement parler que s'adapter à l'ordre interne des problèmes fondamentaux qui sont, du point de vue de son ancrage gnoséologique, les plus proprement siens.

L'orientation des analyses phénoménologiques qui suivent la publication des *Recherches logiques*, jalonnée par le transcendantalisme naissant, témoigne encore plus de la force éclairante de cette même problématique[32]. En fait, en reprenant

« comment des objectités idéales qui prennent naissance purement dans nos activités subjectives de jugement et de connaissance sont présentes originaliter dans notre champ de conscience en tant que formations de notre spontanéité, comment acquièrent le sens-d'être d'"objets", d'objets qui existent en soi en face de la contingence des actes et des sujets », Husserl ajoute : « cette question, une fois qu'elle a été comprise pour une sorte d'objets, se généralise aussitôt [à] n'importe quelle objectivité ». Dès lors, conclut-il, « il était ainsi entièrement non-fortuit que la phénoménologie elle-même à sa naissance prit le chemin qui va de la mise en évidence de l'idéalité des formations logiques à l'exploration de leur constitution subjective et qui à partir de là seulement conduit à la saisie de la problématique constitutive conçue comme une problématique universelle et non pas uniquement rapportée aux formations logiques », Husserl, *Logique formelle et logique transcendantale*, tr. fr. S. Bachelard, Paris, PUF, 1957. p. 351-352 et 354. (désormais, *Logique formelle et logique transcendantale*)

31 Sur ce sujet fondamental *Cf.* B. Bouckaert, *L'idée de l'autre : la question de l'idéalisme et de l'altérité chez Husserl de* Logische Untersuchungen *aux* Ideen I, Kluwer, Dordrecht/London/Boston, 2003 ; et les remarques précis de R. Bernet, *Conscience et existence*, Paris, PUF, 2004, p. 33-46.

32 Il nous paraît indispensable, sur ce point, de nous référer aux analyses de Jean-François Lavigne qui, en s'appuyant sur un dispositif herméneutique bien déterminé, a reconstruit minutieusement les étapes de la genèse de l'idéalisme husserlienne à partir des *Recherches logiques* jusqu'aux *Idées.* Or selon l'auteur, c'est bien le problème de l' « en soi » transcendant et son rapport au contenu vécu qui constitue « *le problème moteur* » de la théorie phénoménologique de la connaissance, lequel comme « *constance historique* » n'est autre « que le problème qui met en marche *toute la problématique phénoménologique elle-*

ses recherches avec une vigueur nouvelle, Husserl se consacre à construire un chantier gnoséologique dont le modèle était déjà fourni par l'élaboration des problèmes analogues des idéalités. Cette orientation se déploie alors comme « un élargissement et un approfondissement » des résultats que donnent les analyses des *Recherches* elles-mêmes[33]. Aussi cette nouvelle articulation des recherches phénoménologiques va-t-elle de pair avec une valorisation de la théorie de la connaissance comme discipline philosophique fondatrice. Mais, à l'encontre des ambitions plus restreintes de l'œuvre maîtresse, le projet gnoséologique renouvelé de Husserl se donne la tâche de s'établir comme un mode d'analyse capable de se rapporter à tous les phénomènes de la connaissance et à toutes les formes de la représentation en général. La nouvelle théorie de la connaissance est ainsi caractérisée non seulement comme une pure « phénoménologie de la connaissance et de l'objet de la connaissance », mais, plus radicalement encore, selon les termes du cours donnés en 1906/07, comme « Philosophie Première »[34] susceptible de procurer les solutions à tous les problèmes gnoséologiques en général.

En outre, il est clair que la théorie phénoménologique de la connaissance ne peut ambitionner la prise en charge d'une telle fonction fondatrice qu'à la condition que l'horizon de sa problématique soit considérablement reformulé. Cela veut dire, plus précisément, que le problème modèle de la représentation de l'« en soi » des objets idéals, qui était soulevé et déployé antérieurement au profit d'une clarification du fond gnosique des idéalités logiques, doit être posé désormais par rapport à

---

même ». J.-F. Lavigne, *Husserl et la naissance de la phénoménologie (1900-1913)*, Paris, PUF, 2005, p. 292.

33 C'est Husserl lui-même qui a rendu compte de son propre parcours en ces termes, dans l'introduction de son *Psychologie phénoménologique (1925-1928)*, tr. fr. P. Cabestan, N. Depraz, A. Mazzu, Paris, Vrin, 2001. p. 44. (désormais *Psychologie phénoménologique*).

34 Husserl, *Introduction à la logique et à la théorie de la connaissance*, tr. fr. J. English, Paris, Vrin, 1998. p. 211. (désormais *Introduction à la logique et à la théorie de la connaissance*).

toutes sortes de relations de connaissance et, de ce fait, par rapport à toutes sortes d'objets représentables. C'est ainsi que cette extension radicale de l'horizon des interrogations phénoménologiques rend, en effet, possible l'apparition d'une question gnoséologique *d'ordre nouveau* dans le champ des problèmes husserliens : celle-ci porte, comme Husserl l'écrit en 1908, sur le « sens de l'en soi » des objectités en général[35]. Or, cette remise en jeu de la question du « sens de l'en soi » a une portée gnoséologique tout à fait capitale dans la mesure où cela conduit Husserl à poser également la question de savoir s'il est légitime de considérer l' « être » des objets de la connaissance en général comme un « être absolu », ou bien, au contraire, si l'objectivité comme telle doit être comprise, en tant qu'« être intentionnel », à partir des déterminations plus propres de la conscience connaissante[36]. Ainsi s'ouvre dans les recherches husserliennes une interrogation gnoséologique de forme nouvelle qui, tout en approfondissant leur problématique, afin de pouvoir radicaliser leurs propres réponses, reformulent non seulement la thématique, mais aussi l'horizon d'analyse lui-même qu'elles cherchent à atteindre. En partant de la question « comment la pensée, sous multiples formes, va-t-elle aux choses, alors qu'elles sont pourtant des choses étant pour soi ? »[37], les nouvelles analyses de Husserl s'interrogent aussi, de manière plus spécifique, sur « comment la connaissance peut-elle s'assurer de son accord avec les objets connus, comment

[35] *Cf.* « Indem die Möglichkeit der Erkenntnis einer „an sich seienden" Gegenständlichkeit fraglich ist oder fraglich das Verhältnis von Erkenntnis und Erkenntnisgegenständlichkeit, ist auch fraglich der „Sinn" des „an sich" erkannter Gegenständlichkeit und von Gegenständlichkeit überhaupt, und zwar nach allen ihren Artungen », Husserl, *Transzendentaler Idealismus*, Hua. XXXVI, Kluwer, Dordrecht/Boston/London, 2006. p. 26.

[36] *Cf.* « Wird problematisch die Möglichkeit der Erkenntnis an sich seiender Gegenständlichkeit, so wird damit auch fraglich der „Sinn" erkannter Gegenständlichkeit, und zwar überhaupt. Diese Frage nach dem Sinn = die Frage, ob sie als absolutes Sein gelten kann oder nur als intentionales Sein von bestimmter Gesetzmäßigkeit, als Einheit gewisser Bewußtseinsmannigfaltigkeit », *ibid.* p. 21.

[37] Husserl, *Introduction à la logique et à la théorie de la connaissance*, p. 196.

peut-elle sortir au-delà d'elle-même et atteindre avec sûreté ses objets ? »[38] pour arriver enfin, dans cette même direction, à poser de façon générale la question de la « relation *(Beziehung)* des objectités à la conscience », cette dernière servant de base aux premières au titre de leur « être absolu »[39].

C'est dans cette optique que se trouve alors formulée dans sa forme la plus nette l' « énigme » contraignante qui constitue, selon la présentation programmatique des *Cinq leçons*, « le problème initial et le problème directeur » des « recherches nouvelles de la théorie de la connaissance », c'est-à-dire l'énigme de la *transcendance* qui se fait entre le connaître et le connu[40]. Le caractère nouveau et instructif de cette problématique consiste à la mise en évidence du fait que bien qu'elle soit manifestement édifiée selon la *figure gnoséologique* tout à fait traditionnelle de la *représentation*, dans la mesure où son point de gravité est fixé sur la question de la médiation entre un objet et un sujet tenus chacun pour indépendant, elle porte pourtant essentiellement en elle-même, dès sa formulation, la possibilité d'une mise au point proprement phénoménologique de sa solution. Car prendre la « difficulté de la transcendance » pour un thème propre des recherches gnoséologiques exige que l'on pose la question de l' « immanence » comme élément corrélatif de la même problématique[41]. Dès lors, en posant la question de cette

---

38 Husserl, *L'idée de la phénoménologie*, tr. fr. A. Lowit, Paris, PUF, 1970. p. 41. (désormais *L'idée de la phénoménologie*). Husserl pose également ces mêmes types de questions dans *La philosophie comme une science rigoureuse*, tr. fr. M.-B. de Launay, Paris, PUF, 1989. p. 27.

39 Husserl, *Transzendentaler Idealismus*, Hua. XXXVI, *op.cit.* p. 27.

40 Husserl, *L'idée de la phénoménologie*, p. 60-61.

41 Voir à cet égard la formulation suivante : « Wenn nun Transzendentsein, da es Problem ist, überall dahingestellt bleiben muß, so erhebt sich die Frage, ob alle Erkenntnis überhaupt mit der Schwierigkeit der Transzendenz behaftet ist, ob es keinen Anfang im Denken und Aussagen gibt, der alle Transzendenz-präokkupation ausschließt; ob vielleicht eine Sphäre von Aussagen zu bezeichnen ist, die rein Immanentes ausprägen, rein Immanentes in dem Sinn, der die Schwierigkeit der Transzendenz eben nicht mit sich führt », Husserl, *Einleitung in die Logik und Erkenntnistheorie*, Hua.

manière, la voie d'une certaine concrétisation s'ouvre immédiatement, permettant la redéfinition des termes principaux de la difficulté en question de sorte que ces derniers soient, en quelque sorte, forcés de révéler à partir d'eux-mêmes le terrain adéquat de leur propre élucidation.

Ce qui signifie, plus précisément, qu'en se consacrant à l'analyse du phénomène de la « transcendance », le problème spécifique de la *représentation* se trouve greffé chez Husserl sur celui, plus fondamental, de la *relation* entre deux sphères tenues non pas pour indépendantes que pour interdépendantes, à savoir la sphère de la conscience et la sphère des objets. L'approche phénoménologique peut commencer dès lors par la mise en évidence d'une certaine configuration gnoséologique, strictement liée au phénomène de la transcendance, au sein de laquelle le saisissement par un vocabulaire descriptif rend possible de reconnaître les éléments d'une solution tout à fait particulaire. Il s'agit donc de parler non seulement des « vécus de conscience » et de leurs « objets extérieurs », mais aussi de ce qui doit y être « donné » ou « représenté » pour que l'objectivité soit assurée. Posée en ces termes, l'interrogation husserlienne reprend, en quelque sorte, à dessein toutes les difficultés qui sont liées au problème de la « représentation » au sens traditionnel, afin d'en pouvoir radicalement sortir. D'où cette série de questions préparatoires qui déterminent dans une large mesure les discours phénoménologiques de Husserl de cette période, c'est-à-dire : « comment le vécu peut-il pour ainsi dire sortir au-delà de lui-même ? », ou alors « comment la connaissance peut-elle poser comme existante quelque chose qui n'est pas directement et véritablement donné en elle ? »[42], « comment un vécu peut-il “connaître” quelque chose qui n'est pas lui-même un vécu ? »[43], et aussi, plus radicalement encore :

XXIV, Kluwer, Dordrecht/Boston/London, 1984. p. 369. (texte non inclus dans l'édition française)

[42] Husserl, *L'idée de la phénoménologie*, p. 60.

[43] *Cf.* « Wie kann ein Erlebnis etwas „erkennen", was nicht Erlebnis ist? », Husserl, *Transzendentaler Idealismus*, Hua. XXXVI, *op. cit.* p. 38. Voir égale-

> « comment la conscience connaissante peut [se] transcender elle-même dans son flux d'actes cognitifs multiplement formés et tissés les uns aux autres tout en pouvant déterminer et poser en validité une objectivité qui [dans la conscience] ne saurait être réellement trouvée en aucune composante, qui jamais ni nulle part ne vient [dans la conscience] à donnée du soi absolument indubitable alors qu'au sens de la connaissance de la nature elle doit bien cependant exister en soi, qu'elle soit le cas échéant connue ou non »[44].

Il est tout à fait remarquable cependant que quoique la réponse générale à ces questions, c'est-à-dire la doctrine de l'intentionnalité, restât au sens strict inaltérée chez Husserl depuis les *Recherches logiques*, les analyses ultérieures témoignent tout de même d'une modification de plus en plus amplifiée en ce qui concerne le *pointage* de cette interrogation phénoménologique. Au lieu de s'interroger sur ce qui se trouve *représenté* dans la connaissance – i. e. demander comment « l'objectivité parvient-elle à la pensée » – les nouvelles questions gnoséologiques husserliennes portent plutôt sur le pouvoir *représentant* de la connaissance, i. e. en demandant comment « la pensée peut-elle sortir au-delà d'elle-même » pour atteindre les objets. Or ce changement de l'orientation est bien plus qu'une figure rhétorique. Il procède sans doute de la redistribution aussi bien méthodologique que thématique qui était suscitée au sein de la problématique de la phénoménologie par le surgissement d'un « intérêt » proprement gnoséologique, voire *transcendantal*. Ce qui signifie que les difficultés philosophiques, reconnues dans leur généralité sous le titre de l' « énigme » de la transcendance

---

ment « Wie komme ich aber über meine eigenen Erlebnisse hinaus? Wie ist es zu verstehen, dass [ich] in solchen Erlebniszusammenhangen, genannt „Erkenntnisse", eben Erkenntnis einer Gegenständlichkeit gewinnen kann, die an sich ist, ob sie erkannt wird oder nicht? », *ibid.* p. 23.

[44] Husserl, *Sur la phénoménologie de la conscience intime du temps*, tr. fr. J.-F. Pestureau, Grenoble, J. Millon, 2003. p. 221. (désormais, *Sur la phénoménologie de la conscience intime du temps*).

de la connaissance objective, ne sont reprises désormais chez Husserl qu'après avoir été radicalement transformées en déterminations dont le caractère concret, et, pour ainsi dire expérimentable, implique par principe la perspective du pouvoir constitutif de la conscience[45]. C'est précisément cette perspective de la « conscience constituante » qui permet de les analyser à titre de véritables problèmes phénoménologiques. De ce point de vue, comme Husserl le dit plus tard en tentant de résumer sa problématique d'une façon particulièrement concise, le sens du « transcendantal » pour la phénoménologie doit être conçu comme l'issue d'une problématique qui concerne « le sens ontologique relatif à la conscience de "ce qui est transcendant" »[46].

Ainsi s'ouvre l'horizon proprement gnoséologique de la phénoménologie au milieu duquel le problème de la représentation de l'objectivité par la subjectivité se trouve remplacé progressivement par celui, à la fois plus général et plus précis, de la « corrélation » de la conscience et de l'être objectif[47]. Si bien que la corrélation doit même finalement être comprise comme n'étant que l'indice de la « relation *(Beziehung)* du monde à la conscience » dans laquelle celui-ci se trouve constitué[48]. Cependant, tout ce développement ne signifie point qu'en arrivant à son terme, le problème de la « transcendance », en tant que telle, ou même celui de la « représentation », pour ainsi dire s'évanouiraient d'un coup de la perspective phénoménologique. Tout au contraire, la possibilité de la clarification

---

45 *Cf.* « Das erkenntnistheoretische Interesse, das transzendentale, geht nicht auf objektives Sein und auf Aufstellung von Wahrheiten für objektives Sein [...]. Das transzendentale Interesse, das Interesse der transzendentalen Phänomenologie, geht vielmehr auf das Bewußtsein als Bewußtsein von Gegenständen », Husserl, *Einleitung in die Logik und Erkenntnistheorie*, Hua. XXIV, *op. cit.* p. 425. (texte non traduit dans l'édition française).

46 « Article pour l'*Encyclopédie Britannica* », in Husserl, *Psychologie phénoménologie*, p. 234.

47 *Cf.* Husserl, *Transzendentaler Idealismus*, *op. cit.* p. 27. et aussi Husserl, *L'idée de la phénoménologie*, pp. 43., et 56.

48 *Ibid.* p. 29.

définitive de l'énigme de l' « affinité miraculeuse entre les objets en soi et la pensée »[49] dépend entièrement chez Husserl, d'une manière analogue au procédé des *Recherches logiques*, de la vraie compréhension de ce qui peut s'y montrer comme le phénomène *spécifiquement phénoménologique* de la « représentation », c'est-à-dire celui de l'*intentionnalité.*

2. *Les faux problèmes de la représentation : image et inférence*

La position gnoséologique que la phénoménologie husserlienne naissante allait faire sienne s'oppose diamétralement à toute tentative qui chercherait à introduire, en tant que solution, un troisième élément au cadre dual à partir duquel se définit le problème de la « représentation » en général. Poser entre le sujet et l'objet de la connaissance un terme médiateur *indépendant* constitue inéluctablement une approche erronée pour Husserl. C'est pour cette raison qu'il mène de façon répétée, dès les *Recherches logiques*, des analyses fortement critiques à l'encontre de la « théorie des images » et à celle, corrélative, des « signes » qu'il caractérise comme « théories de représentation » *(Repräsentationstheorie)*[50]. En effet, il ne paraît pas particulièrement difficile de montrer que toute tentative pour élucider la relation générale de la connaissance en faisant référence à un élément qui y jouerait un rôle médiateur – image ou signe – ne fait à son tour que reproduire précisément le même problème qu'elle cherche à résoudre. Car considérer le vécu de connaissance comme une « image » interne dont le référent se trouverait d'une certaine manière en une « chose » extérieure, conduit nécessairement à la

49 *Ibid.* p. 24.

50 *Cf.* Husserl, *Recherches logiques*, II/2, p. 230. En ce qui concerne les représentants historiques de ces théories, voir les références données dans l'« Einleitung » des éditeurs du volume *Transzendentaler Idealismus*, Hua. XXXVI, *op. cit*, p. XII.

question que Husserl ne manque pas de poser, à savoir « à quoi cela tient-il donc que nous puissions aller au-delà de l'"image", seule donnée dans la conscience, et que nous puissions la rapporter, *en tant qu'*image, à un certain objet étranger à la conscience ? »[51].

La difficulté principale à ce sujet tient manifestement non pas tant au caractère équivoque du terme « image de conscience » qu'à l'absurdité gnoséologique que peut provoquer toute tentative d'explication concernant la relation d'une telle image à la réalité extérieure. Il est clair, par exemple, que si l'on prend tout simplement pour modèle sur ce plan le type de connexion qui caractérise le rapport d'une image à un objet représenté par cette image, on finit par multiplier les difficultés. En fait, supposer une telle connexion ne permet de constater, même dans l'hypothèse la plus favorable, qu'une « ressemblance »[52] ou une « égalité »[53] entre deux régimes de phénomènes tenus pour indépendants : ceux de l'intériorité de la conscience, et ceux de l'extériorité des choses. Mais ce qui reste forcément sans réponse, dans ce cas, ce n'est pas seulement la question de savoir comment les données de la conscience peuvent ressembler ou peuvent être égales à des choses dont les propriétés ne sont nullement inclues dans leur propre nature, mais aussi de savoir comment une telle relation pourrait servir à *fonder* une relation de connaissance en général. Il s'avère bien que le problème traditionnel de la représentation comme problème de la médiation gnoséologique entre conscience et chose ainsi que celui de la possibilité de la connaissance objective ne sont en dernière instance que reformulées par la théorie des images sans que cela puisse contribuer à apporter la moindre solution. C'est à cette *mimesis gnoséologique* que se réfère donc Husserl lorsqu'il demande, en revenant régulièrement sur ce sujet dans ses textes de la période des années 1906 et 1908, « comment faut-il comprendre une concordance *(Überein-*

[51] Husserl, *Recherches logiques*, II/2, p. 228.
[52] *Ibid.* p. 229.
[53] Husserl, *Introduction à la logique et à la théorie de la connaissance*, p. 197.

stimmung) entre le contenu immanent qui, ici, s'appelle image, et une chose transcendante ? »[54] ou bien encore « comment puis-je savoir, en possédant une image qui est conforme entièrement à l'objet, que je la possède »[55].

Or, si la phénoménologie de la connaissance de Husserl n'a effectivement rien à chercher parmi ces théories, c'est tout d'abord parce que, pour elle c'est pour ainsi dire à partir des phénomènes de la *concordance* elle-même de la connaissance et du connu qu'il faut fixer tout d'abord le point de gravitation des analyses. Privilégier arbitrairement tel ou tel élément de cette concordance, s'agissant de l'image ou du signe, ce serait précisément présupposer celle-ci sans l'expliquer. En fait, ce qu'une telle présupposition ne peut éviter, c'est précisément que l'on pose la concordance comme un élément appartenant à la fois à « deux rangs de l'être absolu *(zwei Reihen absoluten Seins)* », celui de la conscience et celui de la réalité, entre lesquels la possibilité de la relation n'est garantie par aucune nécessité[56]. Or, que la transcendance de la chose doive être quelque chose de plus et quelque chose d'autre qu'un simple « *focus imaginarius* à l'intérieur de l'immanence »[57], c'est précisément cela que la théorie des images est incapable de démontrer, le vrai sens du problème de la représentation restant complètement hors de sa portée[58]. Par rapport à une telle manière de penser, la phénoménologie de

---

54 *Ibid.*

55 *Cf.* « Wie kann ich, selbst wenn ich das Bild, das voll angemessene, des Gegenstands hätte, wissen, daß ich es habe? », Hussrrl, *Transzendentaler Idealismus*, Hua. XXXVI, *op. cit.* p. 39.

56 *Cf. Ibid.* p. 30.

57 *Ibid.*

58 Notons que l'absurdité de la conception selon laquelle les choses elles-mêmes ne nous sont données que par image ou signe constitue, pour le Husserl des *Idées*, l'incapacité de rendre compte à la fois de la « différence d'essence » et de l' « immédiateté » fonctionnelle entre ce qui est immanent et ce qui est transcendant au champ de la connaissance prise au sens large. *Cf.* Husserl, *Idées directrices pour une phénoménologie et une philosophie phénoménologique pures*, tome premier, tr. fr. P. Ricoeur, Paris, Gallimard, 1950. p. 139. (désormais *Idées I*).

Husserl adopte déjà dans les *Recherches logiques* une position ferme en affirmant que :

> « un objet pour la conscience n'est pas objet représenté parce qu'*il y a* simplement dans la conscience un contenu semblable, en quelque manière, à la chose transcendante elle-même (ce qui, tout bien considéré, se réduit à une pure absurdité), mais parce que toute relation de la conscience à son objectité est incluse *dans l'essence phénoménologique* de la conscience prise en elle-même et ne peut, par principe, être incluse qu'en elle »[59].

En bref, selon Husserl, seule une théorie de la *concordance préalable* entre la conscience et la chose peut en finir avec les absurdités des théories des images et des signes, tout en étant en mesure, par conséquent, de mettre en lumière les vrais problèmes gnoséologiques et de leur apporter leurs propres solutions. Bien plus, pour cela, comme l'affirment déjà les analyses des *Recherches logiques*, c'est une théorie de l'intentionnalité qui doit fournir le cadre gnoséologique général.

Cependant, il n'en reste pas moins vrai qu'affirmer la théorie de l'intentionnalité, telle qu'elle vient d'être formulée dans sa version moderne par exemple chez Brentano, ne se révèle pas d'emblée satisfaisant, au yeux de Husserl, pour éviter tous les contresens dont témoignent les théories de représentation. En effet, la thèse principale de l'intentionnalité selon laquelle tout acte de conscience renferme nécessairement en lui-même, c'est-à-dire en sa structure propre, une référence à l'objet dont elle est la conscience, ne peut contribuer à l'élaboration de la véritable problématique de la théorie de la connaissance que dans la mesure où elle est généralisée, c'est-à-dire appliquée *au même titre* à tous les objets possibles de la représentation en général. Sans doute est-ce cette exigence de généralisation qui est visée par Husserl lorsqu'il déclare dans les *Recherches*, en parallèle à sa critique de la théorie des images, que « c'est une

---

[59] Husserl, *Recherches logiques*, II/2., p. 230.

grave erreur que d'établir d'une manière générale une différence réelle entre les objets "simplement immanents" ou "intentionnels" d'une part, et d'autre part les objets "véritables" et "transcendants" qui leur correspondent éventuellement »[60]. La position de Husserl consiste ici à affirmer qu'une fois que la portée de la thèse de l'« in-existence » intentionnelle a été bornée à une certaine région d'objets, notamment celle des objets purement « immanents », cette conception finit tout simplement par restituer la difficulté qui anime, à sa manière, tous les problèmes gnoséologiques traditionnels de la médiation représentative.

C'est précisément sur ce point que la théorie phénoménologique de l'intentionnalité s'oppose à la théorie de Brentano. À proprement parler, ce que Husserl trouve contestable dans cette dernière, c'est avant tout l'étroitesse significative par laquelle le phénomène de l'intentionnalité y est considéré comme un trait relevant exclusivement de la conscience interne. Il s'agit donc du fait selon lequel la propriété de représenter intentionnellement ne se rapporte chez Brentano qu'aux phénomènes purement « psychiques », considérant le trait distinctif en vertu duquel ces derniers peuvent être séparés de ceux qui appartiennent à l'ordre des phénomènes « physiques ». Ce qui revient à dire pour Husserl que la doctrine de l'inten-tionnalité chez Brentano se trouve élaborée principalement au profit d'une problématique gnoséologique de la *démarcation* plutôt que de la *corrélation*[61]. C'est ainsi que plus Husserl reconnaît dans la corrélation universelle le problème central de l'intentionnalité,

---

60 *Ibid.* p. 231.

61 Comme le disait Husserl, le but de Brentano était « d'être parvenu à une classification exhaustive des "phénomènes" permettant de séparer le domaine d'investigation de la psychologie de celui de la science de la nature », *ibid.* p. 165-166. Voir aussi « sa grande découverte et sa véritable originalité résident dans le fait qu'il cherchait un principe descriptif de la séparation entre le physique et le psychique », Husserl, *Psychologie phénoménologique*, p. 36. Ces mêmes types de considérations se répètent également dans la *Crise*, Husserl, *La crise des sciences européennes et la phénoménologie transcendantale*, tr. fr. G. Granel, Paris, Gallimard, 1976. p. 263. (désormais *Crise*).

moins il se montre compréhensif à l'égard de la conception de Brentano. Cela explique également pourquoi il n'hésite pas même à parler de la « théorie d'inférence » *(Schlusstheorie)* à propos de la théorie brentanienne en la classant d'emblée parmi les entreprises gnoséologiques qui ne font, selon lui, que juxtaposer d'une certaine manière les registres internes et externes de la relation de la connaissance sans pouvoir fournir par ailleurs une explication satisfaisante quant à la possibilité de leur concordance préalable[62]. Or, si Husserl se permet de parler de l' « inférence » dans ce contexte, c'est parce qu'il tend à critiquer vigoureusement les théories qui, en tentant d'élucider la possibilité même de la représentation, font recours à une idée de la médiation qui prend subrepticement pour modèle l' « inférence causale » *(Kausalschluss)*. Une explication s'appuyant sur une telle conception non seulement passe, selon lui, complètement à côté de ce qui est à chercher sous la forme de la « corrélation », mais l'obscurcit d'emblée en privilégiant un type de rapport dont la validité et la source demeurent complètement étrangères au rapport en question. Même le fait qu'une telle médiation puisse trouver ses motifs, comme chez Brentano, dans les représentations internes de la conscience ne change rien d'essentiel, pour Husserl, au caractère tout à fait erroné de cette conception. Car vouloir sortir, en quelque manière que ce soit, de la sphère des contenus de la perception interne, dont le critère de démarcation est établi précisément par la référence à l'immanence de ces contenus, vers ce qui est dépourvu pour l'essentiel de cette propriété, c'est-à-dire est un élément transcendant, ne peut être possible, dit Husserl, que par une « inférence de ce qui est perceptible à ce qui n'est pas perceptible », ou bien, plus précisément, par « l'inférence à ce qui est transcendant »[63]. Ce qui conduit d'emblée à la réapparition du problème général de la représentation sous la forme

[62] *Cf.* Husserl, *Transzendentaler Idealismus*, Hua. XXXVI, *op. cit.* pp. 38-47.,et 174-182. Sur Brentano, *ibid.* pp. 45-46. et 49.

[63] *Cf.* « Schluss aus Wahrgenommenem auf Nichtwahrgenommenes »; et « „Schluss“ auf das Transzendente », *ibid.* pp. 42. et 39.

d'une nouvelle difficulté, à savoir « comment faut-il que les inférences de l'immanent aillent au-delà de ce qui est immanent » ou encore « comment devons-nous inférer à quelque chose qui n'est pas un contenu ? »[64].

En somme, la théorie de la connaissance de Brentano, bien qu'elle fasse un pas important vers la clarification définitive des problèmes de la représentation en mettant en relief la portée générale de la « relation intentionnelle »[65], est cependant destinée, selon Husserl, à ne pas pouvoir se détacher d'une orientation gnoséologique erronée qui est finalement analogue à celle des théories des images ou des signes. Car elles restent toutes incapables de rendre compte de l'intentionnalité comme d'une forme universelle de la corrélation devant relier, afin que l'objectivité soit possible et pensable dans sa relation intime avec la subjectivité, la conscience et son objet.

3. *Vers une conception fondatrice de la représentation : l'intentionnalité*

a) *Le primat de la relation*

Selon la division canonique de la *Ve Recherche logique* entre les différents « concepts » de la conscience, division qui marque en même temps le terrain propre des analyses phénoménologiques, c'est sans doute le troisième concept qui permet à Husserl de s'en tenir le plus rigoureusement à l'exigence d'une idée de corrélation entre la conscience et son objet. Tandis que le premier concept, l'« unité du flux des vécus », ne renvoie à la conscience que selon ses composantes réelles, et que le deuxième ne fait à proprement parler que la circonscrire en s'appuyant

64 *Cf.* « wie Schlüsse von Immanentem über Immanentes hinausführen sollen »; et « Aber wie sollten wir auf etwas schließen, was kein Inhalt ist ? », *ibid.* pp. 45. et 39-40. Voir aussi, p. 48.

65 *Cf.* Husserl, *Recherches logiques*, II./2, p. 169.

sur la notion de « perception interne », le troisième concept de la conscience, qui est défini comme « vécu intentionnel »[66], indique immédiatement la problématique centrale de la théorie phénoménologique de la connaissance. En fait, parler de la conscience en termes d'intentionnalité, c'est déjà se mettre à dévoiler la complexité reliant ce qui est cognitif à ce qui est objectif. Toutefois, pour que l'on puisse profiter véritablement, c'est-à-dire au sens purement gnoséologique, d'une telle détermination descriptive de la conscience, il ne suffit pas, tout simplement, de se garder d'interpréter le vécu in-tentionnel en tant que composant psychique résidant dans une conscience considérée comme une sphère ferme en soi. Dans l'ouverture même de la *Ve Recherche*, Husserl met également en évidence deux possibilités d'interprétation erronée qui peuvent émerger lorsqu'on prend la thèse de l'« intentionnalité » comme leitmotiv de la description. Il s'agit, d'un côté, de tenir l'intentionnalité pour « un processus réel *(reale)* ou pour une relation réelle qui se nouerait entre la conscience ou le moi et la chose », et, de l'autre côté, de considérer celle-là en tant que « rapport entre deux choses : acte et objet intentionnel se trouvant au même titre réellement *(reell)* dans la conscience »[67]. Parmi ces deux possibilités, c'est surtout la seconde qui peut se trouver en opposition directe avec la position que Husserl cherche à établir pour son compte, et qui mérite par conséquent d'être analysée en détail, la première pouvant être écartée aussitôt que l'on adopte l'attitude méthodologique propre à la phénoménologie elle-même[68].

En fait, la seconde interprétation renferme aussi deux assertions différentes : d'une part, que la relation intentionnelle s'effectue chaque fois entre deux facteurs en soi complets et

---

66 *Cf.* Husserl, *Recherches logiques*, tome II/2, p. 145.

67 *Ibid.* p. 174.

68 Car, comme le dit Husserl, dès que l'on prend le vécu « au sens purement phénoménologique [...] toute relation avec l'existence empirique réelle *(reale)* est exclue », *Ibid.* p. 147. Voir également la référence à la méthode de l'idéation phénoménologique lorsque Husserl se démarque de cette même mésinterprétation de l'intentionnalité dans les *Idées I*, p. 116.

intégraux, le vécu et l'objet, et, d'autre part, que ceux-ci ne sont finalement que des propriétés internes d'une conscience dont la configuration interne est définie par eux. La première assertion va donc jusqu'à tenir l'intentionnalité pour une forme de médiation entre des composantes qui existent indépendamment l'une de l'autre, tandis que la deuxième assertion définit la conscience, à la manière de Brentano, comme un milieu d'éléments immanents et réels qui, en absorbant l'objet intentionnel lui-même, garantirait l'homogénéité gnoséologique requise pour une telle mise en rapport. Or la position de Husserl dans les *Recherches logiques* est loin de souscrire à de telles interprétations qui ne sont en mesure de voir dans l'intentionnalité qu'un terme médiateur de la représentation ou bien un critère distinctif de l'immanence de la conscience. Au lieu de s'abandonner à une orientation rétrograde vers une intimité psychique articulée sur des éléments à la fois exclusifs et interdépendants, la théorie husserlienne part plutôt, de façon descriptive, de ce qui doit être simplement présent comme *forme de relation* une fois que l'intentionnalité est reconnue comme étant une propriété inhérente des vécus de conscience en général. En ce sens, on pourrait même dire que s'il y a une certaine neutralité philosophique dans les *Recherches logiques* en ce qui concerne une conception propre du « sujet » connaissant ou une détermination ontologique de l'« objet » connu, c'est parce que Husserl ne s'occupe à vrai dire dans cette œuvre que de ce qui paraît *pivotal* du point de vue de la théorie phénoménologique de la connaissance. Cela signifie qu'il se consacre à analyser tout d'abord et principalement ce qui doit être en un certain sens *plus fondamental* que toute forme de « subjectivité » et d'« objectivité », c'est-à-dire la structure intentionnelle qui sous-tend la conscience rapportée aux objets.

C'est ainsi que si un vécu peut être dit intentionnel chez Husserl, ce n'est pas parce qu'il est destiné à entrer en relation, de façon occasionnelle ou nécessaire, avec un objet qui existerait face à lui, et ce n'est surtout pas parce que ces deux éléments, le vécu et l'objet, doivent appartenir au même titre à la trame de la conscience. À proprement parler, le vécu intentionnel comme composant « réel » de la conscience n'est rien de plus qu'une « intention à », un « rapport de », et c'est bien ce caractère transitif qui constitue sa propre raison d'être comme sa valeur épistémique. L'être du vécu n'est en ce sens, selon la conception des *Recherches*, qu'un « être en rapport ». Il est tout à fait remarquable, sinon même paradoxal, que bien que ce soit par le concept du « vécu intentionnel » que Husserl apporte l'une des définitions principales de la « conscience », il n'y a presque rien dans cette définition qui pourrait être considéré comme un « principe » ou même un « fondement » purement subjectif. Bien au contraire, la définition de la conscience intentionnelle repose principalement sur ce qui *n'est pas de la conscience* : le vécu intentionnel est un « visé de l'objet », un « se rapporter à des objets », et c'est bien là que réside, comme nous pouvons le lire, « le sens de l'*intention* »[69]. Or c'est précisément ce statut presque *a-subjectif* du vécu qui est mis en relief expressément par Husserl lorsqu'il souligne, dans la première édition des *Recherches*, que « la relation selon laquelle nous rapportons les vécus à une conscience qui les vit *ne renvoie à aucune situation phénoménologique spécifique* »[70]. Autrement dit, l'explication de la subsistance propre des vécus intentionnels au sein de la conscience ne requiert pas « un principe égologique » *(Ichprinzip)* pour son support[71]. Ainsi, il ne semble pas exagérément hâtif de dire que ce que Husserl cherche à élaborer de façon descriptive par l'analyse phénoménologique du vécu intentionnel dans la *Ve Recherche logique*, ce n'est pas au sens strict une problématique de la « conscience ». Il s'agit plutôt d'une problématique de la *relation fondamentale* qui permet de définir cette dernière comme étant un milieu cognitif intrinsèquement

---

[69] Husserl, *Recherches logiques*, tome II/2, p. 174.

[70] *Ibid.*, p. 152. C'est Jan Patočka qui a souligné le caractère « a-subjectif » des vécus intentionnels selon la doctrine des *Recherches logiques. Cf.* Patočka : « Le subjectivisme de la phénoménologie husserlienne et la possibilité d'une phénoménologie 'asubjective' », in *Qu'est-ce que la phénoménologie ?*, J. Millon, Grenoble, 1988, p. 201.

[71] Husserl, *ibid.* p. 153.

ouvert sur les objets. Ce qui signifie, en effet, que sans la mise en évidence de ce « rapport à l'objet » comme phénomène tout premier, le vécu, pour autant qu'il est intentionnel, serait dépourvu de tous ses caractères épistémiques véritables.

L'enjeu de cette problématique se reflète clairement, par ailleurs, dans le caractère des analyses qu'elle rend possible. En fait, lorsque Husserl donne enfin, dans la *Ve Recherche*, au terme d'une démarche constituée de l'argumentation et de la description, les définitions proprement phénoménologiques de l'intentionnalité, il le fait de manière telle que c'est bien l'analyse de la relation elle-même qui gouverne celle de ses termes :

> « il n'y a pas deux choses qui soient présentes dans le vécu, nous ne vivons pas l'objet et, à côté de lui, le vécu intentionnel qui se rapporte à lui ; il n'y a pas non plus là deux choses au sens de la partie et de tout qui la comprend, mais c'est une seule chose qui est présente *(präsent)*, le vécu intentionnel, dont le caractère descriptif essentiel est précisément l'intention relative à l'objet »[72].

De la même manière, les descriptions de la « conscience intentionnelle », sur lesquelles les analyses phénoménologiques plus poussées reposent dans cette *Recherche*, ne cessent de souligner qu'au fond ni le vécu, ni l'objet ne peuvent être considérés en dehors de la « relation » qui, en tant qu'intentionnelle, les caractérise. Comme Husserl l'affirme :

> « Si ce vécu est présent *(präsent)*, alors *eo ipso*, la "relation intentionnelle à un objet" est réalisée, et *eo ipso* un objet est "présent *(gegenwärtig)* intentionnellement"; car l'un et l'autre veulent dire la même chose »[73].

---

[72] *Ibid.* p. 174.
[73] *Ibid.* p. 175.

Ou encore :

> « La relation à l'objet est une caractéristique appartenant à la composition essentielle propre au vécu d'acte, et les vécus qui la comportent s'appellent (par définition) vécus intentionnels ou actes »[74].

Manifestement, décrire et définir l'intentionnalité pour Husserl équivalent à la valoriser comme un phénomène qui s'expose *en tout premier lieu* dans l'analyse de la conscience et de l'objet. Ce qui signifie qu'elle s'expose précisément en tant que mode de relation principal qui est topologiquement central, gnoséologiquement fondamental permettant de définir la conscience elle-même sous la forme d'un nœud de relations qui renferment nécessairement les renvois cognitifs aux objets.

Cependant, il est aussi important de constater que si la définition du « vécu intentionnel » n'est possible selon Husserl qu'en tenant compte de sa fonction objectivante, une qualification ontologique intégrale de l'objet n'est pas pour autant requise. Ce qui revient à dire que le caractère essentiellement « ouvert » de l'intention n'est pas fatalement absorbé par telle ou telle détermination déjà donnée du monde. L'objet peut exister ou ne pas exister, peut être réel ou idéal, peut être sensible ou catégorial selon le cas, sans que ces différences de « matière » puissent apporter la moindre modification en ce qui concerne le statut épistémico-relationnel du vécu qui le vise[75]. Autrement dit, le statut de l'objet ou de l' « objectité » *(Gegenstandlichkeit)* maintient une sorte de neutralité dans les analyses des *Recherches logiques* dans la mesure où l'on n'est pas tenu de rendre compte de sa teneur ontologique concrète pour comprendre l'intentionnalité. Il s'agit plutôt de comprendre l'objet avant tout comme

---

[74] *Ibid.* p. 219

[75] *Cf. Ibid.* p. 218-219. Sur l'importance de cette thèse, à partir de laquelle on peut sans doute poser la question de la portée ontologique générale des *Recherches logiques*, *Cf.* les analyses de J. F. Lavigne, *Husserl et la naissance de la phénoménologie*, *op. cit.*, p. 129-142.

le « terme » d'une relation, c'est-à-dire comme un élément corrélatif d'un rapport cognitif. Comme Husserl l'affirme fermement à cet égard : « être un objet n'est pas un caractère positif, ni une espèce positif du contenu, cela désigne seulement le contenu comme corrélat intentionnel d'une représentation »[76].

Ainsi, on peut sans doute dire que chez Husserl ce n'est pas seulement la *totalité* des objets elle-même qui doit être prise comme étant essentiellement atteinte par le rapport intentionnel, mais aussi que ceux-ci doivent être compris finalement comme des éléments *a-mondains*. En fait, les déterminations des objets, ou bien sont établies du point de vue de l'ontologique formelle, ce qui constitue la tâche propre de la *IIIe Recherche logique*, ou bien ne sont prises en compte au sein d'une analyse proprement phénoménologique qu'en fonction de ce que ces derniers sont entièrement dépendants, c'est-à-dire relèvent du vécu intentionnel. Dès lors, tout comme dans le cas de la conscience, l'analyse phénoménologique de l'objet reste subordonnée, d'une certaine manière, à l'analyse de ce qu'il n'est pas. Il faut voir cependant que cette relégation de l'objet au second plan dans les analyses de la *Ve Recherche*, qui s'exprime dans l'indistinction à l'égard des couches matérielles des différents types d'objets, est une conséquence nécessaire de la manière selon laquelle le problème directeur de l'intentionnalité peut être posé. Car, pour garder sa valeur gnoséologique, celui-ci doit en effet précéder, dans l'ordre de l'analyse, aussi bien toute problématisation philosophique du « sujet » que toute description de ce qui peut appartenir, comme objet, au registre « mondain ». Il suffit manifestement de souligner l'hétéro-

---

76 Husserl, *Recherches logiques*, tome III, p. 109. Et *Cf.* aussi la remarque suivante : « Je choisis fréquemment l'expression plus imprécise d'objectité *(Gegenstand-lichkeit)*, parce qu'ici il s'agit partout non pas simplement d'objets au sens étroit, mais aussi d'états de choses, de caractéristiques, de formes réelles ou catégoriales dépendantes, etc. », *Recherches logiques*, tome II/1, p. 44, note 1. À propos de la question de l'« objectité » et de l'« objectivité » comme corrélats intentionnels purs chez Husserl voir, Jean-Luc Marion, *Réduction et donation*, Paris, PUF, 1989, p. 22.

généité spécifique qui se montre, lorsqu'ils sont pris l'un en fonction de l'autre, entre la nature du vécu comme composant réel de la conscience et celle de l'objet comme composant intentionnel.

Sans doute, le primat de la « relation » dans l'analyse de l'intentionnalité a l'avantage de faire comprendre d'emblée que la sphère « transcendante » des objets ne compose pas une région séparée de la sphère « immanente » de la conscience. Ce qui veut dire que l'explication gnoséologique de la possibilité de la « représentation » de l'objet par la conscience ne se pose pas comme un problème directeur des analyses phénoménologiques. En effet, constater qu'être un objet signifie être essentiellement en rapport avec la conscience définie comme vécu intentionnel, c'est déjà mettre au jour l'intentionnalité elle-même comme *une trame fondamentale de la représentation* à laquelle rien n'échappe et en dehors de laquelle il est absurde de chercher une réalité ou une sphère objective non représentées. Et cela permet ainsi d'abolir la distinction rigide qui pourrait être établie, du point de vue de l'objet, entre ce qui est *intentionnel* et ce qui est *ontologique* dans sa représentation. Tout comme le dit Husserl,

> « l'objet intentionnel de la représentation est *le même* que son objet véritable éventuellement extérieur et il est *absurde* d'établir une distinction entre les deux. L'objet transcendant ne serait, en aucune façon, l'objet de cette représentation s'il n'était pas son objet intentionnel. Et c'est là, bien entendu, une simple proposition analytique. L'objet de la représentation, de l'"intention" est et signifie : l'objet représenté, l'objet intentionnel »[77].

Ainsi, on peut constater que l'analyse de l'intentionnalité nous livre en vérité des déterminations descriptives de l'objet qui sont bel et bien déjà impliquées dans la détermination du vécu intentionnel lui-même. Demander, dès lors, comment ce

[77] *Ibid.* p. 231.

qui est « transcendant » peut entrer dans une relation avec ce qui est « immanent », et comment le premier peut y régner à titre de vécu, est donc dépourvu de sens, étant donné que l'objet est compris comme étant un terme constitutif d'une référence intentionnelle. Cela signifie que malgré l'hétérogénéité essentielle qui caractérise leur mode d'être respectif, les objets ne peuvent subsister qu'en étant impliqués essentiellement dans la composition du vécu de conscience qui les comprend et les détermine selon leur « sens » spécifique et duquel ils ne peuvent être décollés sans perdre précisément ce qui leur confère leur propre caractère d'objectivité. Bref, on peut dire que sans la relation intentionnelle qui sert de « fondement » à leurs déterminations, les objets non seulement ne seraient pas *représentés* dans la conscience, mais ils ne seraient pas tout simplement ce qu'ils *sont*.

b) *Relation intentionnelle et phénomène de représentation*

Étant suffisamment généralisée comme structure propre de la conscience, ainsi qu'elle est définie dans la *Ve Recherche logique*, l'idée de l'intentionnalité permet d'élaborer de manière approfondie l'idée de la corrélation fondamentale entre la conscience et les objets. De ce point de vue, il est sans doute légitime de dire que la théorie husserlienne de l'intentionnalité déborde d'emblée, dans l'horizon gnoséologique qu'elle ouvre pour ses propres analyses, le cadre traditionnellement défini de la problématique de la « représentation ». Qu'il s'agisse des problèmes de la médiation ou de l'accord entre les propriétés de la conscience connaissante et des objets connus, problèmes qui relèvent de l'ordre de la signification, du jugement ou de la perception, l'idée de l'intentionnalité se montre capable de les écarter tous en permettant, du même coup, leur mise en chantier de manière nouvelle. Ainsi, si Husserl peut aller jusqu'à affirmer que sa théorie est d'une nature telle, que « précédant toute métaphysique, [elle] se trouve au *seuil* de la théorie de la connaissance »[78], c'est sans doute parce qu'il aperçoit qu'en effet tous les problèmes gnoséologiques traditionnels doivent être reformulés, pour ne pas dire même abolis par la découverte de la thèse de la corrélation intentionnelle. En fait, chercher à ajuster, en quelque manière que ce soit, les propriétés déjà fixées d'une conscience avec celles déjà données des objets pour que l'on puisse trouver une explication de la possibilité de la « représentation » entre ces deux registres, ce serait passer complètement à côté des phénomènes par lesquels ces deux éléments se montrent comme étant déjà et toujours en rapport les uns avec les autres. Au fond, pour qu'un objet puisse être « représenté » par une conscience selon Husserl, il faut que celui-là soit tout d'abord reconnu comme n'ayant en fait jamais échappé à l'orbite fonctionnelle de la conscience. Bien plus, que la relation intentionnelle entre le vécu et l'objet ne puisse point être comprise comme une relation qui requiert chaque fois un « acte de représentation » spécifique pour son fondement, cela constitue en effet l'un des *demonstranda* les plus décisifs du projet de la *Ve Recherche logique*[79]. De ce point de vue, il semble tout à fait légitime de parler d'une « déchéance » ou même d'une « ruine » de la « représentation » chez Husserl[80] en ce sens précis que c'est sans doute une orientation traditionnelle de la théorie de la connaissance qui s'y trouve altérée profondément par la

---

78 *Ibid.*

79 Voir le long examen que Husserl consacre à cette thèse, en partant de la théorie de Brentano, dans le *Ve Recherche* (p. 232-314), ce qui lui permettra en même temps de lancer une analyse détaillée de la structure de la relation intentionnelle elle-même. Nous reviendrons sur cette question fondamentale dans le chapitre suivant.

80 *Cf.* René Schérer, *La phénoménologie des « Recherches logiques » de Husserl*, PUF, 1967, p. 278. L'auteur se réfère également aux travaux d'Emmanuel Levinas relatifs à ce sujet. Aussi J. F. Lavigne évalue la démarche husserlienne comme ce qui a pu briser à son tour « la clôture subjectiviste sur soi imposée à la conscience par la métaphysique de la 'représentation' », *Husserl et la naissance de la phénoménologie*, *op. cit.* p. 137.

formulation d'une conception nouvelle de la mise en rapport gnoséologique.

Cependant, la déchéance n'indique point un retrait complet. Au contraire, Husserl fait déjà appel de façon appuyée au terme de « représentation » lui-même dans l'Introduction de la *Ve Recherche*. Comme il l'annonce, « l'essence des actes comme tels ne peut être expliquée d'une manière suffisante sans que l'on pénètre assez loin dans la phénoménologie des 'représentations' » *(Vorstellungen)*[81]. Mais cette remise en jeu, bien qu'elle s'appuie délibérément sur le pouvoir explicatif gnoséologique qui est traditionnellement associé à ce terme[82], signifie plutôt l'ouverture d'un travail de redéfinition qu'un retour à la perspective philosophique sous laquelle ce terme était jusque-là utilisé. Comme Husserl l'explique clairement dans ce même paragraphe, la phénoménologie des « représentations » ne peut commencer que précisément par la réalisation d'une tâche de « discrimination entre les phénomènes entremêlés qui sont ici à la base des équivoques »[83]. C'est seulement en consacrant un effort à la classification et à la clarification des équivoques qui entourent la notion de la « représentation », sous sa double forme *Vorstellung* et *Räpresentation*, et le terme de « représenter », *das Vorstellen*, qu'il sera possible d'assigner à elle une fonction et une valeur qu'elle mérite dans la démarche des analyses phénoménologiques[84]. C'est seulement sous la réserve d'un tel travail, en d'autres termes, que ces notions peuvent être prises et reprises dans les analyses diverses des *Recherches logiques* pour indiquer certaines de déterminations intrinsèques de la relation intentionnelle elle-même.

---

81 Husserl, *Recherches logiques*, tome II/2, p. 143.

82 Comme cela est évident depuis les analyses qui sont consacrées à ce terme déjà dans les « Etudes psychologiques pour la logique élémentaire » de 1894 de Husserl. *Cf. Articles sur la logique (1890-1913)*, tr. fr. J. English, Paris, PUF, 1975. p. 135 sqq.

83 Husserl, *Recherches logiques*, tome II/2, p. 143.

84 Cette tâche ne sera accomplie, en effet, dans toute son ampleur que dans le dernier chapitre de la *Ve Recherche. Ibid.*, p. 315-322.

On comprend ainsi que si le sens général de la thèse de l'intentionnalité peut être caractérisé d'avance, à partir de la première *Recherche*, au moyen de telles définitions qui font une référence directe au phénomène de la « représentation », c'est parce que celui-ci peut être pris, certes en un sens qui reste encore à préciser, comme une détermination propre du rapport intentionnel lui-même[85]. Cela apparaît aussi dans le fait que Husserl peut déterminer tout simplement ce qu'il entend par « intention » et par « acte intentionnel » comme une « relation à un objet » qui se fait « au moyen de la représentation *(Vorstellung)* »[86]. En effet, on peut même dire que si le recours à ce terme est très répandu dans les analyses des *Recherches logiques*, c'est parce que Husserl attribue au phénomène de la « représentation » la fonction d'être en quelque sorte un dénominateur commun des différents « modes de la relation intentionnelle à l'objet »[87]. Cela explique pourquoi il n'y a pas d'inconvénient pour lui à souscrire finalement à la thèse gnoséologique selon laquelle « il est *évident* que tout vécu intentionnel a une "représentation" *(Vorstellung)* pour base »[88]. Mais on peut également voir que ce n'est qu'au profit d'une élucidation de la structure interne de la relation intentionnelle elle-même que Husserl se permet un usage à la fois relativisé et surchargé de ce terme. Au fond, la « représentation » ne devient au sens strict un thème proprement phénoménologique qu'au moment où Husserl se met à analyser en profondeur la structure interne des actes intentionnels eux-mêmes. C'est, en d'autres termes, en le décomposant en ses éléments de base qu'il tente de montrer comment le rapport intentionnel s'avère être un rapport proprement *représentatif* qui fait graviter à sa manière tous les

---

[85] *Cf.* par exemple : « tous les objets et toutes les références objectives ne sont, pour nous, ce qu'ils sont que par les actes de viser essentiellement différents d'eux, dans lesquels ils nous deviennent présents *(vorstellig)* »,Husserl, *Recherches logiques*, tome II/1, p. 48.

[86] *Ibid.* tome II/2, p. 180.

[87] *Ibid.* p. 189.

[88] *Ibid.* p. 248.

éléments principaux de la connaissance autour de la figure gnoséologique fondamentale de la corrélation.

4. *La structure intentionnelle de la représentation*

D'une manière générale, on pourrait dire qu'en allant jusqu'à décomposer la relation intentionnelle en ses parties constituantes, et en procédant à l'analyse des caractères principaux des actes de types différents, Husserl cherche, en effet, à mettre en évidence trois thèses fondamentales qui fournissent, conjointement, les aspects les plus décisifs de la théorie phénoménologique de la connaissance élaborée dans les *Recherches logiques*. La première thèse est que toutes les déterminations principales de la connaissance, qu'il s'agisse des déterminations de l'intuition ou de la pensée, celles de la sphère sensible ou catégoriale, non seulement renferment une idée vague de la corrélation entre le « connaître » et le « connu », mais aussi elles s'articulent chaque fois selon *le rapport intentionnel* bien déterminé de la conscience et de l'objet ; la deuxième thèse est que les déterminations intentionnelles se composent des *formes de représentation* et c'est bien à partir de celles-ci qu'elles tirent tout leur caractère spécifique ; et la troisième thèse est que ces formes de représentation enveloppent une *fonction fondatrice* qui fait que la configuration générale de la relation intentionnelle est conformée par un mode d'objectivation ultime et irréductible se manifestant dans la fonction de présenter l'objet selon son « sens » intentionnel. Sans doute, comme en témoignent les analyses approfondies de la *Ve Recherche logique*, ce n'est pas tant la découverte de l'idée de l'intentionnalité que la découverte de son caractère essentiellement « fondateur » dans la connaissance qui exprime l'originalité radicale de la phénoménologie husserlienne. Mais, étant donné que ce n'est que par la thèse intermédiaire, c'est-à-dire celle qui affirme le rôle décisif des *représentations*, que les deux autres communiquent l'une avec l'autre, il n'y a rien d'étonnant dans le fait que ce sont précisément autour de phénomènes propres de « représenter » que s'orientent dans une large mesure les descriptions les plus importantes de l'intentionnalité. En effet, en se consacrant, dans les deux dernières *Recherches logiques*, à l'analyse minutieuse de la structure interne des actes, Husserl aborde d'emblée le problème phénoménologique de la « représentation » dans la mesure où il identifie celle-ci comme étant une *variable corrélationnelle* dont les fonctions différentes correspondent aux diverses formes de déterminations au moyen desquelles se constitue, en son propre fondement, la relation intentionnelle elle-même.

a) *La matière et la qualité des actes comme représentations*

La distinction husserlienne entre la « qualité » et la « matière » des actes, dont l'analyse gouverne dans une large mesure les descriptions phénoménologiques de la *Ve Recherche*, correspond à deux usages bien différents du terme « représentation ». C'est bien en partant de cette distinction que Husserl aboutit, au fur et à mesure des analyses très complexes, au problème des « actes objectivants » et aussi, de ce fait, à un concept plus complexe de la représentation par lequel se révèle finalement en quoi consiste la nature fondatrice de la relation intentionnelle.

La « matière » intentionnel est l'un des composants les plus fondamentaux du rapport intentionnel en général[89]. Il s'agit

---

[89] Nous laissons de côté pour le moment, comme le fait d'ailleurs toute la *Ve Recherche* elle-même, le fait qu'à ces deux composants essentiels de l'acte intentionnel, c'est-à-dire la matière et la qualité, est ajouté un troisième, celui du « contenu représentatif » qui ne concerne que les actes objectivants et qui permet la spécification de ces derniers conformément à leur teneur signitive et intuitive. *Cf.* Husserl, *Recherches logiques*, tome III., p. 114.

d'un composant grâce auquel un objet peut être considéré comme le corrélat d'un acte intentionnel, c'est-à-dire comme étant déterminé sous la forme d'une visée objectivante. C'est la matière, en d'autres termes, qui confère directement à l'acte sa « relation à une objectité », mais elle le fait de telle sorte, dit Husserl, que « ce n'est pas seulement l'objectité en général que vise l'acte, mais aussi le mode selon lequel la vise, qui est nettement déterminé »[90]. La matière intentionnelle doit ainsi être comprise comme une détermination pré-modale qui concerne le contenu de l'acte et qui nous informe chaque fois non seulement du type d'objet dont il s'agit dans une intention, mais elle permet aussi de savoir sous « quelle forme *(als was)* » l'objet s'y trouve visé. De ce point du vue, comme Husserl le précise, la matière mérite aussi le nom de « sens de l'appréhension objective » ou encore celui de « sens d'appréhension »[91].

Ce qui permet alors à Husserl de conférer le terme de « représentation » à la matière d'acte, désignée par ailleurs par le terme de *Repräsentation*[92], cela revient à la fonction principale qui est à l'œuvre dans toute réalisation particulière de la relation intentionnelle elle-même : viser un objet, c'est une manière de l'appréhender, c'est-à-dire préalablement trier et primitivement attester l'objet par la conscience sous la forme d'un *sens* spécifique. Or c'est précisément grâce à cette fonction qui relie, l'un avec l'autre, l'acte comme « appréhension » et l'objet comme « sens » que la matière intentionnelle peut être considérée par Husserl comme ayant un rôle proprement *représentatif* à jouer. Car le « sens » n'est pas tout simplement l'objet lui-même ni, bien entendu, une propriété interne de la conscience : une telle caractérisation ne lui laisserait d'autre possibilité que d'être classé soit comme un élément purement ontologique, soit comme un élément vécu. Le « sens » est plutôt ce qui est appré-

---

90 Husserl, *Recherches logiques*, tome II/2., p. 221.

91 *Ibid.* p. 222.

92 *Cf. Ibid.* p. 267. À propos de la traduction française de ce terme comme « représentation représentative » voir les *Remarques sur la traduction* à la fin du tome II/1 des *Recherches logiques*, p. 281-282.

hendé *d'un* objet quelconque *dans* un acte particulier – son *noème* dira Husserl à partir des *Idées*[93] – c'est-à-dire, ce par quoi l'objet se fait présenter soi-même dans une intention comme contenu intentionnel concret. La matière possède donc une fonction « représentative » en tant que *Repräsentation* dans la mesure où il s'agit précisément d'un composant grâce auquel l'objet ne peut être présent au sein de la conscience qu'à travers un renvoi cognitif bien déterminé. Étant un élément essentiel au sein de la structure du rapport intentionnel, la matière traduit donc ce qui confère à l'objet son mode d'être proprement intentionnel, son « être en relation » en ce sens précis qu'elle atteste l'objet directement, et indépendamment encore de toute modalité doxique, comme quelque chose de spécifique et pleinement assuré impliquant en lui-même telles ou telles articulations, caractères objectifs et déterminations catégoriales[94].

Or, tandis qu'un caractère représentatif adhère intrinsèquement à la *matière* en vertu de la fonction intentionnelle que celle-ci représente, l'autre composant fondamental de l'acte, la *qualité* n'a trait au modèle de la représentation qu'en un sens à la fois altéré et limité. Comme Husserl le dit, la qualité intentionnelle est ce qui exprime « la manière pour des objectités d'être intentionnelles »[95]. Cette « manière » peut être différente selon les cas et elle renvoie, de ce fait, à toute une série de modalités possibles qui permettent aux actes intentionnels d'être « qualitativement » distincts en se rapportant à un même objet qui est déjà représenté d'après sa matière. Ainsi, comme Husserl l'explique, « la qualité détermine seulement si ce qui, sous une forme déterminée, est déjà "donné dans la représentation" *(« vorstellig Gemachte »)* est présent intentionnellement *(intentional gegenwärtig)* en tant que souhaité, demandé, posé judicativement, etc »[96]. Il s'agit donc des modalités comme celle du souhait, de

---

93 *Cf.* Husserl, *Idées I*, p. 437.

94 Sur cette définition de la matière voir la longue explication de la sixième *Recherche logique*, tome III, pp. 110-112.

95 Husserl, *Recherches logiques*, tome II/2, p. 219.

96 *Ibid.* p. 221.

la demande, du jugement, ou encore de l'approbation, du doute, de la présomption et c'est précisément à la série de ces caractères « doxiques » ou de la « croyance »[97] que se trouve insérée aussi une fonction proprement représentative. Dans cet usage, Husserl appelle « représentation », mais cette fois au sens de *Vorstellung*, une modalité doxique particulière qui fait que quelque chose peut être connu sous la forme d'une simple compréhension ou d'une présentation imaginative sans que cette connaissance soit surcomposée au même moment par une « prise de position » à l'égard de ce qui y est ainsi visé. Représenter signifie alors dans cet usage rendre présent quelque chose dans la pensée sans effectivement le poser. Husserl parle également à cet égard, empruntant le terme lui-même à Brentano, de la « simple représentation » *(bloße Vorstellung)*[98] comme un élément proprement phénoménologique de la connaissance. Aussi est-ce cette détermination qualitative qui permet que l'on puisse considérer la représentation comme un acte qui tient effectivement de la même espèce, dans l'ordre intentionnel, que le jugement, le souhait, la question, etc[99].

La *forme représentative* se dessine donc de façon générale chez Husserl non seulement comme une détermination intrinsèque qui concerne le « sens » intentionnel, mais aussi, quoique tout différemment, la « modalité » des actes. Elle a ainsi un rôle à jouer dans chacune de deux formes fondamentales de détermination qui définissent, de manière conjointe, la structure propre de la relation intentionnelle elle-même. En fait, dans les analyses de la *Ve Recherche,* Husserl distingue nettement entre ces deux sens de la représentation intentionnelle :

> « Au *premier* sens, *représentation* est un acte (ou une *qualité d'acte* sui generis), tout comme jugement, souhait, question, etc [...]

---

[97] Husserl les nomme ainsi dans les *Idées I*, p. 355.

[98] *Cf. Ibid.* p. 266-267, et 316. Sur ce terme et sur la problématique qui nécessite son usage chez Husserl, voir Ernst Tugendhat, *Der Wahrheitsbegriff bei Husserl und Heidegger*, Berlin, Walter de Gruyter, 1970., p. 41-42.

[99] *Cf.* Husserl, *ibid.* p. 265.

Au *second* sens, *représentation* ne serait pas un acte, mais la *matière de l'acte* [...] ce à quoi nous donnerons ultérieurement le nom de *représentation représentative (Repräsentation)*. Cette « représentation » *(Vorstellung)* se trouve à la base de tout acte, donc aussi de l'acte du représenter (au *premier* sens) »[100].

b) *Le problème fondamental de la représentation*

L'élaboration plus précise de la doctrine phénoménologique de la matière et de la qualité des actes, qui constitue pour Husserl le cadre général pour la mise en relief de la portée générale de l'intentionnalité, requiert toutefois des analyses plus poussées. Celles-ci aboutissent en effet, dès le quatrième chapitre de la *Ve Recherche*, à la formation d'une nouvelle perspective sur le problème de la « représentation », celui des « actes objectivants » à partir de laquelle tous les résultats acquis jusque-là se trouvent en un certain sens réarticulés[101]. La raison principale de cette réorientation est manifestement que les analyses portant sur le rapport intentionnel ne peuvent être réduites tout simplement à celle qui concerne les composants des actes et les fonctions propres qui leur correspondent. L'essentiel doit se jouer également autour de la question de savoir en quoi consiste l'*unité fonctionnelle* de l'acte intentionnel comme tel. Bien plus, cette question doit être posée et élaborée conformément à la démarche des analyses précédentes, en partant précisément des moments internes des actes. Ce qui explique pourquoi les analyses husserliennes prennent désormais principalement pour thème le phénomène du « rapport » lui-même, qui se constitue entre la matière et la qualité au sein de chaque acte[102]. En d'autres termes, il s'agit de tenir compte

[100] *Ibid.* p. 266-267.

[101] *Cf. Ibid.* p. 268-272.

[102] « La seule question est de savoir – écrit Husserl au début du troisième chapitre de la *Ve Recherche* – ce qu'est ce moment identique [de la matière] et

du fait qu'une élucidation phénoménologique de la structure interne de l'acte intentionnel ne peut être satisfaisante sans expliquer ce qui constitue, au-delà de la décomposition, la cohérence propre de cette structure. C'est bien sous cet angle que, d'une part, Husserl cherche à mettre en évidence le rapport de la matière et de la qualité intentionnelle comme un *rapport de fondation* qui est interne à l'acte, et d'autre part, qu'il tend à définir comme *fondatrice* la fonction que les actes objectivants comme actes complets, grâce à leur pouvoir représentatif propre, doivent remplir au sein de la structure intentionnelle de la connaissance.

Il semble être ainsi absolument non-fortuit que pour profiter au mieux de la distinction faite entre la matière et la qualité des actes, Husserl reprend, pour la déconstruire aussitôt, une thèse gnoséologique venant de Brentano d'après laquelle « tout acte a besoin d'une 'représentation' *(Vorstellung)* qui lui serve de fondement *(Grundlage)* »[103]. La mise en place d'une telle problématique au centre des analyses phénoménologiques comporte manifestement un double avantage : elle permet non seulement d'aborder des réflexions sur la composition, c'est-à-dire la *fondation* interne, des fonctions intentionnelles de la « représentation » qui est définie par la matière et la qualité, mais elle rend possible du même coup de s'interroger sur le caractère essentiellement *fondateur* du rapport intentionnel en général dans la connaissance, alors même qu'il s'agit d'analyser minutieusement les composants de la structure interne des actes. En fait, poser les questions de la « fondation » et du « fondement » à l'égard du phénomène de la représentation permet pour Husserl, sans s'écarter du cadre de la problématique de l'intentionnalité, d'accéder immédiatement aux considé-

comment il se rapporte au moment de la qualité [...]. Cette question est d'autant plus importante que la matière doit être ce qui, dans l'acte, confère à celui-ci la relation déterminée à l'objet », *ibid.* p. 233.

103 *Ibid.* p. 232. Voir aussi l'autre formulation: « tout vécu intentionnel ou bien est une représentation, ou bien repose sur des représentations qui lui servent de base *(Grundlage)* », *ibid.* p. 234.

rations phénoménologiques dites « fondamentales » sur la connaissance elle-même[104]. Cette stratégie d'analyse apparaît clairement dans le fait selon lequel la démarche générale de l'élucidation phénoménologique des vécus intentionnels passe – comme l'indiquent par ailleurs les titres eux-mêmes des Chapitres III et IV de la cinquième *Recherche* – par les réflexions précises portant d'abord sur le mode de représentation « sur laquelle repose la matière », c'est-à-dire sur ce qui lui sert à titre de « fondement *(zugrunde liegende Vorstellung)* »[105], et ensuite sur les formes des « représentations fondatrices *(fundierende Vorstellungen)* »[106] qui doivent également y entrer en jeu. Aussi, ces analyses gravitent dans une large mesure autour des thèmes proprement « fondamentaux » : il s'agit de la question du « principe de la fondation *(Satz von der Fundierung)* »[107] ainsi que de celle du « fondement *(Grundlage)* »[108] des représentations, tandis que d'autres analyses ont pour objectif de dégager certains des « principes fondamentaux *(Fundamentalsätze)* »[109] eux-mêmes qui régissent la constitution interne des actes.

En outre, cette orientation explicite vers la thématique de la « fondation » et du « fondement » dans la problématique des *Recherches logiques* incorpore également une intention critique tout aussi manifeste. Parce qu'elle donne l'occasion à Husserl de se confronter à une conception traditionnelle de la représentation qui, de plus, se trouve formulée, à l'instar de Brentano, dans le cadre de la problématique de l'intentionnalité elle-même. En ce sens, la thèse gnoséologique selon laquelle tout vécu

---

104 Il est tout à fait remarquable que face à cette problématique Husserl reprend aussitôt pour ainsi dire le langage du « fondement », et parle tout aussi bien des « difficultés fondamentales » *(fundamentale Schwierigkeiten)* que de « l'intérêt fondamental pour la théorie de la connaissance » *(fundamentalem erkenntnistheoretischen Interesse)* en ce qui concerne l'élucidation de la véritable portée de la thèse brentanienne. *Cf. ibid.* p. 232-233.

105 *Cf. Ibid.* p. 232.

106 *Cf. Ibid.* p. 266.

107 *Ibid.* § 32 et § 33, pp. 266 et 268.

108 *Ibid.* § 41, p. 308.

109 *Ibid.* § 42, p. 309.

intentionnel, quelle que soit sa forme ou sa modalité, devrait présupposer comme fondement[110] un acte distinct de la « simple » représentation constitue un véritable chantier phénoménologique pour Husserl. La stratégie qu'il suit dans l'analyse critique de cette thèse est en effet double : d'un côté, il admet qu'une *certaine forme* de représentation ait un rôle essentiel, et même fondateur, à jouer dans la constitution de la structure intentionnelle des vécus. Mais, de l'autre côté, il refuse catégoriquement que ce rôle soit considéré comme étant le privilège d'*un acte particulier* capable de s'adapter à sa manière à n'importe quel acte à titre de son fondement cognitif. Sans doute, écrit Husserl à cet égard :

> « y a-t-il dans tout vécu intentionnel, une composante ou un aspect inhérent qui amène la chose à l'état de chose représentée. Mais est-ce une composante qui soit elle-même un *acte entier* – là est précisément la question »[111].

En fait, ce sur quoi les analyses husserliennes attirent l'attention à ce propos, c'est que dès lors qu'on définit l'acte intentionnel en le divisant en « matière » et en « qualité », on ne peut donner d'emblée à cette question qu'une réponse négative. Parce que, une fois admise, la division n'autorise à proprement parler que deux possibilités pour un acte d'être représentatif : ou bien en considérant l'acte intentionnel selon sa qualité, mais alors parler de la « représentation » en tant que forme fondatrice ne peut être, dit Husserl, qu' « une exception surprenante »[112] étant donné qu'il y a d'autres qualités intentionnelles du même ordre qui ne peuvent certainement pas être dites fondatrices, comme celles du désir, du jugement ou de la volonté. Ou bien, il faut prendre la « représentation » comme un caractère propre d'un acte complet, mais, de cette manière, c'est précisément la

---

[110] Voir les nombreuses formulations de cette même proposition en référence à Brentano, *ibid.* p. 234.

[111] *Ibid.* p. 264.

[112] *Ibid.* p. 244.

fonction « fondatrice » qui y perd d'emblée toute sa particularité, car en fait n'importe quel acte porte déjà en lui-même un « fondement » représentatif au titre de sa matière. Ainsi, dans ce cas, conclut Husserl, un « tel privilège accordé aux représentations [...] ressemble sans doute à une hypothèse inutile »[113].

C'est ainsi qu'étant tout à fait ambiguë en ce qui concerne sa portée véritable, la thèse brentanienne selon laquelle tout vécu intentionnel ou bien est lui-même une représentation, ou bien a une représentation pour fondement se révèle être aux yeux de Husserl, en dernière instance, « une pseudo-évidence »[114]. En revanche, dès que l'on interprète la « représentation » comme « sens appréhendé intentionnellement », c'est-à-dire comme « matière complétée », cette même proposition s'avère porteuse d'une « évidence authentique »[115]. Mais cela signifie alors, et c'est sans doute capital, que contrairement à la conception de Brentano, la fonction du « fondement » propre à l'intentionnalité ne saurait être cherchée selon Husserl que dans la structure générale de cette relation elle-même : si elle ne se trouve pas dans la sphère des objets, cela ne veut pas dire non plus qu'elle se trouve dans la profondeur de tel ou tel vécu particulier de la conscience. Au-delà du clivage ainsi ouvert, le fondement tend plutôt à se révéler, selon sa conception phénoménologique, comme la *forme représentative* elle-même qui anime et détermine à l'intérieur tous les actes intentionnels en général.

Les analyses de la *Ve Recherche logique* concluent ainsi en donnant une nouvelle définition du phénomène de la « représentation », celle des actes objectivants. Par ces derniers, Husserl entend « tout acte dans lequel quelque chose s'objective pour nous dans un certain sens étroit »[116]. Cependant, la question à laquelle cette définition doit répondre ne réside pas

---

113 *Ibid.* p. 245.
114 *Ibid.* p. 268.
115 *Ibid.*
116 *Ibid.* p. 269.

simplement dans celle de savoir quelle est la fonction centrale qui gouverne la relation intentionnelle en général. Elle concerne également la question, à la fois corrélative et plus spécifique, qui concerne le statut du *fondement* lui-même au moyen duquel l'intentionnalité peut être définie comme une structure d'objectivation propre aux actes de conscience eux-mêmes. Les figures de la « fondation » et du « fondement », avec tout un lexique qui leur appartient en propre, occupent désormais une place centrale au sein des analyses phénoménologiques qui prennent la corrélation intentionnelle comme sujet principal.

5. *La doctrine du fondement dans la problématique des* Recherches logiques

a) *Fondation et fondement*

Il est important de noter qu'à l'horizon de la problématique générale qui est développée de façon systématiquement diffuse dans les *Recherches logiques*, le terme « fondation » *(Fundierung)* appartient, en tout premier lieu, au vocabulaire de ce que Husserl appelle l'« ontologie formelle ». Celle-ci est la discipline phénoménologique qui a pour but d'élaborer les formes, les modes de relation et les lois aprioriques qui sont propres à une « théorie pure (a priori) des objets »[117], c'est-à-dire qui sont à décrire comme les déterminations pures découlant *a priori* de l'idée de l'objet en général. Dans le cadre de cette problématique, déployée en détail dans la troisième *Recherche logique*, la figure de la « fondation » est présentée comme l'une des déterminations ontologiques les plus importantes. En elle Husserl reconnaît un mode de rapport qui appartient essen-

[117] Husserl, *Recherches logiques*, tome II/2, p. 5.

tiellement aux deux catégories sous lesquelles tous les objets ou contenus sont susceptibles d'être formellement subsumés : les objets « dépendants » et les objets « indépendants »[118]. À ce titre, le rapport de fondation est pourvu d'une fonction tout à fait particulière parmi les lois de la logique objective établie au nom « des touts et des parties » en ce qu'elle y apparaît comme l'indice d'une forme de synthèse transposée au plan ontologique : elle permet de comprendre comment peut s'articuler *a priori* une unité et une liaison synthétique de type objective ou catégoriale, là où les contenus objectifs préalables appartiennent à des espèces différentes et ne disposent pas d'une fonction unificatrice innée à leurs subsistances. En ce sens, la fondation ne représente rien moins au plan ontologique, selon le terme qui est emprunté à Stumpf, que la forme de « fusionnement *(Verschmelzung)* »[119]. Pour démontrer sa validité, Husserl procède par la mise en œuvre d'une série de « théorèmes » qui définissent les manières selon lesquelles les « rapports de fondation *(Fundierungsverhältnis)* »[120] s'imposent aux contenus dont la subsistance nécessite d'entrer en connexion ou de fusionner avec d'autres contenus ou avec leurs agrégats. Aussi met-il en lumière en même temps la figure spécifique de l'« unité de fondation *(Einheitlichkeit der Fundierung)* »[121] qui caractérise à sa manière tous les ensembles d'objets ou de contenus pouvant subsister en soi sans le secours d'autres éléments complémentaires. En somme, en esquissant une théorie intégrale de ce qui *fonde* et de ce qui doit *être fondé* pour être ontologiquement valide et reconnaissable en tant qu'objet ou unité d'objets, Husserl procède par une déduction axiomatique « formelle » de laquelle ressortent également les constatations ontologiques d'ordre « matériel ». Se situant constamment, en quelque sorte, au croisement de ces deux perspectives, il ne cesse pas d'associer le caractère d'« être fondé » avec celui de la « dépendance », et

118 *Cf. Ibid.* p. 9.
119 *Ibid.* p. 26-29.
120 *Ibid.* p. 46.
121 *Ibid.* p. 61.

affirme qu'en cas de fondation unilatérale, « le contenu qui fonde peut être indépendant »[122]. Il arrive ainsi à la constatation générale selon laquelle « ce qui unit véritablement toute chose, ce sont les rapports de fondation »[123].

Cependant le fait que les analyses portant sur les figures « ontologiques » de la fondation laissent délibérément de côté, ce en quoi, d'ailleurs, consiste leur caractère formel, tout renvoi à la problématique phénoménologique propre de l'intentionnalité ou celle de la représentation, ne les rend pas pour autant incompatibles avec ce qui procède de l'élaboration de ces dernières. Il est vrai que les analyses ontologiques se déploient principalement au niveau formel, et par conséquent le concept d'*a priori* sur lequel elles prennent appui ne tient pas, Husserl le dit expressément, à « une incapacité subjective de ne-pas-pouvoir-se-*représenter*-autrement, mais [à] une nécessité idéale objective de ne-pas-pouvoir-*être*-autrement »[124]. Il est non moins vrai que vouloir expliquer les lois idéales qui régissent la sphère de l'ontologie formelle des objets « au moyen des faits phénoménologiques qui appartiennent à la sphère des actes »[125], ce serait réanimer en quelque sorte le danger du psychologisme lui-même. Mais cela n'empêche pas, en revanche, que la validité des lois ontologies pures, précisément en vertu de caractère d'idéalité qui est la sienne, puisse être transférée, sinon même appliquée, à la sphère de l'objectivité dont les corrélats concrets se situent exclusivement dans les régions *matérielles* des objets. En fait, lorsque Husserl distingue nettement, au début de *III*e *Recherche*, entre l'« a priori analytique formel » et l'« a priori synthétique matériel », ce n'est pas seulement pour attirer l'attention sur la « division cardinale »[126] qui dissocie la sphère formelle et la sphère matérielle. Il s'agit également d'ouvrir la voie des analyses phénoménologiques vers les « particularisa-

---

122 *Ibid.* p. 50.

123 *Ibid.* p. 65.

124 *Ibid.* p. 21-22.

125 *Ibid.* p. 32.

126 *Ibid.* p. 36.

tions »[127] à travers lesquelles les lois pures de la première sphère s'avèrent être applicables aux contenus concrets de la seconde. L'exemple d'une telle application est donné par Husserl lors de la mise en jeu de la catégorie formelle de l'« unité » pour expliquer la formation des « touts sensibles » par laquelle c'est précisément la loi de la fondation qui se trouve transposée sur une scène proprement matérielle[128].

Il s'ensuit que la théorie ontologique « des touts et des parties » semble pouvoir maintenir une certaine validité partout où il s'agit d'objets ou d'objectivité indépendamment de ce que leur teneur soit formelle ou matérielle. Bien plus, on peut même aller jusqu'à dire que les déterminations ontologiques des objets ne font, à leur tour, qu'esquisser de façon formelle ce qui se déploie de façon concrète au niveau intentionnel[129]. Cela peut expliquer pourquoi Husserl n'hésite pas à utiliser le terme de « fondation » lorsqu'il s'agit de décrire non seulement les déterminations objectives pures, mais aussi la relation intentionnelle elle-même qui se fait entre l'objet et la conscience qui le vise. En fait, dans la mesure où l'objet ne peut être intentionnel qu'en rapport avec des actes, il semble tout à fait nécessaire que la figure de la fondation, comme détermination principale, réapparaisse au niveau des actes en tant que rapports de la formation des unités intentionnelles elles-mêmes. En d'autres termes, c'est bien le principe de la corrélation qui exige, chez Husserl, qu'aux rapports de fondation assurant l'unité synthétique de type « ontologique » correspondent les rapports de fondations qui sont propres à la sphère « phénoméno-logique ». Comme René Schérer l'a remarqué à juste titre, « le concept de

---

[127] *Cf. Ibid.* p. 38.

[128] *Cf. Ibid.* le § 22, intitulé « Formes d'unité et touts sensibles ».

[129] Robert Sokolowski a souligné avec force cette solidarité essentielle des déterminations ontologiques et des déterminations intentionnelles chez Husserl dans son article, « The Logic of Parts and Wholes in Husserl's *Investigations* », in *Readings on Edmund Husserl's* Logical Investigations, ed. J. N. Mohanty, The Hague, Martinus Nijhoff, 1977., p. 94-112. *Cf.* aussi son *Husserlian Meditations*, Evanston, Northwestern Univ. Press, 1974, p. 8-18.

la fondation peut être transféré des objets aux actes en vertu de leur corrélation apriorique qu'il aide précisément à définir »[130].

Cela signifie, plus précisément, que si la constitution de ce que Husserl appelle de manière générale les « formes complexes » présuppose, toujours et par essence, la subsistance des « éléments absolus jouant le rôle d'ultimes fondateurs »[131], alors ce mode de conditionnement doit entrer en jeu non seulement au niveau où ces formes sont définies selon leur propriétés objectives, mais aussi au niveau où elles renvoient aux fonctions purement intentionnelles. Husserl n'hésite pas à parler, dès lors, à partir de la *Ve Recherche logique*, de différents modes de « fondation » lorsqu'il s'agit de déterminer la « complexité » propre des actes eux-mêmes ainsi que celle qui caractérise leurs formes des représentations, celles-ci étant impliquées dans leurs relations aux objets. En fait, la nécessité de distinguer entre les « actes fondateurs » et les « actes fondés » *(fundierende und fundierete Akte)*[132] ressurgit partout où il s'agit de définir une configuration ou un rapport de nature complexe ou synthétique qui soit propre aux sphères des actes. Ce n'est qu'au moyen de cette distinction, par exemple, que Husserl peut définir la fonction tout à fait spécifique que les « actes objectivants » doivent remplir par rapport à celle de tous les actes[133]. Aussi est-ce cette même distinction qui permet de parler d'une « unité de la connaissance » qui est produite par la synthèse de deux actes où l'un, celui qui est intuitif, vient précisément « fonder » l'autre, celui qui est signitif, en lui fournissant ainsi son « remplissement »[134]. Enfin, c'est bien au moyen de la figure de la « fondation » que Husserl arrive à montrer comment les formes catégoriales s'articulent à leur manière à partir d'une matière sensible qui leur sert de soubassement primitif[135]. Dans

---

130 R. Schérer, *La phénoménologie des « Recherches logiques » de Husserl*, *op. cit.* p. 95. Sur ce sujet voir aussi, p. 269-270.

131 Husserl, *Recherches logiques*, tome II/2, p. 68.

132 *Ibid.* p. 208.

133 *Cf. Ibid.* p. 271-272.

134 *Cf.* Husserl, *Recherches logiques*, tome III, pp. 38, 40, 47, et 67.

135 *Cf. Ibid.* p. 179.

ces usages, comme Husserl le souligne expressément, le terme « fondation » reprend dans un nouveau contexte le sens et la détermination qui lui ont été attribués dans la *IIIe Recherche*[136].

Toutefois, cette manière d'intégrer la fonction de « fonder » dans l'explication de certaines des déterminations les plus importantes du dispositif intentionnel de la connais-sance entraîne également une certaine redéfinition de la fonction en question elle-même. Étant donné que les com-posants proprement phénoménologiques de la conscience appartiennent à un registre tout à fait différent de celui qui caractérise la sphère des objets, Husserl recourt de plus en plus, dans la description des diverses figures de la fondation, à une terminologie qui, à l'évidence, n'est pas empruntée directement au vocabulaire de l'ontologie formelle[137]. En fait, au lieu de parler tout simplement des caractères d'« indépendance » et d'« dépendance », et aussi de « fusion » et de « séparation » pour définir les formes et les rapports synthétiques capables de déterminer *a priori* la composition des actes et de leurs modes de représentation dans leur propre constitution, Husserl utilise plutôt des termes qui sont, du point de vue phénoménologique, plus adéquats et sans doute gnoséologiquement plus prégnants : il parle du « fondement » au sens de *Grundlage*, de *Fundament*, selon le cas aussi de *Grund*, ainis que de la « fondation » comprise au sens de *Grundlegung*, de *Gründung*, et plus particulièrement de *Fundierung*[138]. Dans la

---

[136] *Cf.* Husserl, *Recherches logiques*, tome II/2, p. 210., note 1.

[137] En fait Husserl ne manque pas de faire attention, dès le début de la *IIIe Recherche*, aux différences descriptives qui peuvent émerger au niveau formel entre la sphère de la conscience et celle des objets. En parlant des « moments d'unité » comme formes ontologiques, il rappelle avoir établi une « distinction complémentaire » en ce qui concerne « les moments d'unité *phénoménologiques*, qui confèrent l'unité aux vécus ou aux parties de vécus elles-mêmes (aux données phénoménologiques réelles) et les moments d'unité *objectifs*, qui appartiennent aux objets ou aux parties d'objets *intentionnels* et, en général, transcendants par rapport à la sphère des vécus », *ibid.* p. 16.

[138] Pour voir dans quelle mesure l'usage de ces notions, et plus particulièrement celui de *Fundierung*, sont redevables à une problématique gnoséologique qui est tout à fait propre à l'école de Brentano et dont la présence est marquée dans les écrits de Husserl déjà antérieurs des *Recherches*

première série de ces termes, qui indiquent l'équivalent de l'indépendance ontologique, il s'agit manifestement de marquer la condition de l'*irréductibilité* dans la sphère purement phénoménologique, c'est-à-dire la présence des formes et des fonctions fondatrices « ultimes » au sein de la configuration des éléments vécus et intentionnels de la conscience. Par la seconde série, qui désigne d'une manière propre les formes gnoséologiques de la dépendance, Husserl définit principalement un mode de *conditionnement a priori* se faisant de façon synthétique et hiérarchique entre les composants intentionnels qui appartiennent à la sphère des actes.

b) *La portée fondamentale des actes objectivants*

On ne saurait, dès lors, être surpris qu'au cours des analyses de la *Ve Recherche logique*, l'élaboration de la problématique phénoménologique de la « représentation » se révèle être fondamentalement inséparable de l'élaboration d'une problématique, non moins phénoménologique, de la « fondation » et du « fondement ». Cela signifie, non seulement que l'un des objectifs principaux de ces analyses consiste à dégager les formes et les fonctions « ultimes » de la relation intentionnelle en général, mais aussi que celles-ci ne peuvent être définies, ni même analysables à partir des principes formelles régissant la sphère ontologique des objets. En fait, ce qui peut être dit « fondamental » au sens proprement phénoménologique ne se définit que directement et concrètement à partir de la *relation* elle-même que l'acte de conscience entretient avec son objet. C'est alors précisément dans cette perspective, qui est bel et bien celle de la corrélation intentionnelle, que le thème des actes objectivants,

---

logiques, voir les analyses de Robin Rollinger dans son *Husserl's Position in the School of Brentano*, *op. cit.*, pp 52-56., 179-182., 219.

pris comme formes propres de représentation, acquiert une importance particulière dans les analyses husserliennes.

En fait, la référence aux actes objectivants et leur mise en jeu de plus en plus appuyée dans la démarche descriptive de la *V*e *Recherche* ne sont rien de moins que des conséquences nécessaires du problème « fondamental » de la représentation qui y est élaboré. C'est qu'après avoir clarifié le sens authentique du « principe de la fondation » *(Satz von der Fundierung)*[139] selon lequel ce dernier est la matière intentionnelle au sens de *Räpresentation*, c'est-à-dire le contenu complet de l'acte comme sens, qui « se trouve à la base de tout acte »[140], Husserl expose une nouvelle série d'analyses : celle-ci consiste à élargir et aussi à redéfinir la problématique acquise jusque-là. Si bien que cette nouvelle orientation lui permet d'aboutir à un nouveau principe phénoménologique, selon lequel « la représentation *(Vorstellung)* est le fondement *(Grundlage)* de tous les actes »[141] où les actes sont pris précisément comme les unités intentionnelles fondées par leur matière. Or ce qui nécessite cette nouvelle orientation chez Husserl, c'est la question portant sur la structure et sur la fonction de l'acte intentionnel comme acte complet. Il s'agit plus précisément de répondre à la question de savoir s'il existe une forme de la représentation en vertu de laquelle non seulement la matière prise en elle-même, c'est-à-dire le sens d'appréhension, mais aussi l'unité intégrale de la matière et de la qualité, c'est-à-dire l'acte complet lui-même, peuvent être considérées comme remplissant une fonction fondatrice dans la sphère des déterminations intentionnelles. Autrement dit, si, comme Husserl le dit, « à l'unité de l'acte correspond, dans chaque cas, l'unité objective qui lui appartient, l'unité de l'objectité (entendue ici dans son sens le plus large), à laquelle cet acte se rapporte 'intentionnellement' »[142], alors il est clair que c'est à ce niveau, celui de la « correspondance » entre les unités

---

139 Husserl, *Recherches logiques*, tome II/2. p. 266.

140 *Ibid.* p. 268. Voir aussi une autre formulation à la page 315.

141 *Ibid.* p. 308.

142 *Ibid.* p. 269.

objectives et les unités vécus, que l'on peut retrouver, dans sa forme la plus prégnante et fondatrice, la relation intentionnelle elle-même.

Motivé par ces questions, Husserl appelle donc désormais également « représentations », *Vorstellungen*, les actes intentionnels dont les corrélats peuvent être déterminés, préalablement encore à toute modalisation, comme « unités » objectives. En ce sens, est représentation, « tout acte dans lequel quelque chose s'objective pour nous dans un certain sens étroit »[143]. Cela signifie, selon cette nouvelle définition, que toute l'objectivation intentionnelle peut être caractérisée comme un rapport de représentation dans la mesure où elle comporte les actes « qui appréhendent d'un seul coup et tiennent l'objet sous un seul rayon intentionnel *(Meinungsstrahl)* »[144]. Il s'agit d'actes – Husserl les appelle de manière globale les « actes objectivants » – tels que ceux de la perception, de l'imagination ainsi que les actes de la nomination, de l'expression et du jugement par rapport auxquels la *VIe Recherche logique* apporte des précisions essentielles en dissociant soigneusement les actes objectivants intuitifs et signitifs.

Reste à comprendre en quoi consiste précisément le caractère « fondateur » de cette « classe fondamentale » *(Grundklasse)*[145] qui est celle des actes objectivants. Au début de ses analyses, Husserl prend pour exemple les actes de « juger », afin de montrer qu'il y a une différence essentielle entre un jugement qui porte directement sur un état de choses et celui qui ne porte que sur le jugement lui-même ainsi fait[146]. Selon lui, on peut sans doute dire que le mode de représentation qui entre en jeu dans le premier cas ne fait que « fonder *(fundiert)* » le rapport intentionnel qui est en cause dans le second cas. Cette fondation tient non pas à ce que le premier acte impliquerait en quelque sorte le caractère propre du deuxième acte, mais

143 *Ibid.*
144 *Ibid.*
145 *Ibid.* p. 316.
146 *Cf. Ibid.* p. 270-271.

signifie qu'il le conditionne au sens qu'il lui fournit *directement* et *préalablement* une objectité sans laquelle le second serait dépourvu d'une base de référence intentionnelle objectif. Le rapport direct à l'objet dans un jugement de perception, par exemple, se conserve et se maintient de façon tout à fait fondatrice dans tous les jugements qui prennent pour objet à leur tour ce jugement lui-même. Bien plus, ce qui est vrai par rapport aux jugements, s'avère être encore plus vrai dans le cas des actes où la configuration intentionnelle, c'est-à-dire l'appréhension du sens selon telle ou telle qualité, dépasse ou même dissimule le caractère simplement « thétique » de la référence objective. C'est ce qui arrive dans le cas des actes de volition, de désir, de joie, etc., ou encore dans les actes synthétiques énonciatifs ou catégoriaux qui ne peuvent précisément être édifiés que sur le fondement des actes de la perception sensible. Ainsi se dégage, d'emblée et en un sens nouveau, l' « évidence » de la proposition selon laquelle « tout acte est lui-même une représentation, ou bien il est fondé dans une ou plusieurs représentations », à condition que l'on n'entende par représentation que les *actes objectivants*, c'est-à-dire « les actes non diversifiés (à un seul rayon) »[147] se rapportant de façon thétique aux objectités.

Manifestement, le privilège des actes objectivants réside, pour Husserl, dans le fait qu'étant capable de rendre présent *directement* les unités objectives, ils possèdent aussi le pouvoir inhérent de conditionner et, par conséquent, de fonder les actes plus complexes qui ne visent à leur tour qu'*indirectement*, étant modifiés ou synthétisés, ces mêmes unités conformément à leur propre caractère intentionnel. Autrement dit, l'objectivation intentionnelle se révèle proprement fondatrice dans la mesure où, sans l'instanciation préalable de sa forme représentative édifiée « à un seul rayon », nulle modification ou synthèse d'acte ne peut en effet avoir lieu dans la conscience comme effectuation intentionnelle. Ce qui permet alors à Husserl d'aller jusqu'à annoncer la thèse phénoménologique fondamentale selon

[147] *Ibid.* p. 271.

laquelle « dans toute complexion d'actes, les actes fondateurs en dernière instance *(letztfundierenden Akte)* sont nécessairement des représentations *(Vorstellungen)* ». Mais à celle-ci il faut alors sans doute ajouter que : « ces actes appelés à servir d'ultime fondement *(letzten Fundierung)* ont ceci de commun qu'ils "présentent" *('vorstellig' machen)* en un certain sens fort de ce mot, quelque chose qui est leur objet »[148].

Dès lors, on s'aperçoit qu'en effectuant une délimitation précise de la classe essentielle que sont les actes intentionnels envisagés en tant qu'actes objectivants, Husserl donne également, pour conclure la *Ve Recherche*, une nouvelle formulation au « principe de la fondation *(Satz von der Gründung)* »[149] selon laquelle tout acte ou bien est une représentation ou bien est fondé sur une représentation. Au fond, cette thèse exprime un véritable principe phénoménologique dans la mesure où le concept de la représentation y est pris au sens des actes objectivants.

Toutefois, il est important de voir que cette mise en évidence de la fonction fondatrice des représentations parmi les autres types d'actes intentionnels ne signifie aucunement un retour à la doctrine de Brentano. Parce qu'il ne s'agit nullement de contredire la thèse affirmée auparavant par Husserl selon laquelle c'est bien dans la « matière intentionnelle » que réside le « fondement » propre de tout acte en général. En fait, ce qui constitue le véritable enjeu phénoménologique des analyses portant sur l'objectivation, c'est précisément de montrer que le fait qu'un rapport interne peut venir à s'établir entre les actes fondateurs et les actes fondés, est rendu possible par la fusion des *matières intentionnelles* des actes. Autrement dit : entre une perception et un jugement de perception ou alors entre un acte simple et un acte complexe la fondation doit s'effectuer au niveau du *sens* objectif qui est visé par chacun de ces actes et non au niveau de la détermination qualitative qui peut même en être entièrement différente. Cela veut dire, plus précisément,

148 *Ibid.* p. 272.
149 *Ibid.* p. 291.

comme l'affirme Husserl, que c'est bien « dans la matière [que] interviennent des renvois d'une espèce plus ou moins compliquée, et par là même des implications d'articulations et de formes synthétiques » entre les actes[150]. C'est seulement au sein de renvois matériels, en d'autres termes, que peut s'effectuer la fondation intentionnelle des actes non objectivants ou des actes plus complexes par les actes objectivants dans la mesure où les premiers présupposent toujours ces derniers comme « membres » qui « ne renvoient plus à d'autres, de ce point de vue aussi ils sont alors simples »[151]. La fondation présuppose donc une telle « simplicité » de l'acte qui est définie par le caractère purement objectivant comme renvoi unitaire à un sens objectif. C'est ainsi que Husserl peut finalement affirmer que « toute matière est matière d'un acte objectivant » et par cela il met en évidence un caractère essentiel de la fonction fondatrice qui est propre aux actes objectivants[152].

Du point de vue de la question du caractère fondateur du rapport intentionnel, on peut ainsi constater que les analyses approfondies sur les actes objectivants ont une portée doublement articulée chez Husserl : d'un côté, elles montrent l'importance de l'opération de l' « objectivation représentative *(vorstellenden Objektivierung)* » au sein de l'intentionnalité comme un processus tout à fait constitutif qui s'édifie à partir des actes les plus simples de la représentation, c'est-à-dire à partir des actes objectivants. Cette forme de représentation, à la différence du caractère qualitatif des actes, dit Husserl, se donne comme « réitérable à l'infini », « applicable à tous les objets en général » et « concerne essentiellement les matières » des actes[153]. De l'autre côté, la forme de cette objectivation se déploie de plus en plus, au fur et à mesure des analyses précises, comme une *forme*

150 *Ibid.*, p. 296.

151 *Ibid.*

152 *Ibid.* 309. Comme le souligne Renaud Barbaras, « le propre de l'acte objectivant est qu'il est à la fois un acte et ce qui confère la matière aux autres actes, car il est l'acte même de donation de la matière ». Barbaras, *Introduction à la philosophie de Husserl*, Chatou, La Transparence, 2004, p. 76.

153 Husserl, *ibid.* p. 300.

de fondation inhérente à la relation intentionnelle elle-même. C'est-à-dire qu'elle se révèle comme un mode de *conditionnement a priori* pouvant affecter tous les actes possibles, qu'ils soient simples ou synthétiques, parce qu'elle porte chaque fois en elle-même, à titre de *fondement*, et fait valoir à travers toute modification ou synthèse d'acte une *fonction intentionnelle irréductible* qui est la représentation directe de l'objet comme unité de sens. C'est ainsi que la thèse annoncée à la fin de la *Ve Recherche* selon laquelle « les actes objectivants ont précisément la fonction spécifique de fournir avant tout, à tous les actes, la représentation de l'objectité à laquelle ils se rapportent dans les modes nouveaux qui sont les leurs »[154] s'avère être, en dernière instance, une doctrine phénoménologique de nature fondamentale. Car elle renvoie précisément à ce jeu bien déterminé de la fondation et du fondement qui s'articule, à partir des modes inférieurs de l'objectivation, comme l'ordre de *distribution ultime* des actes intentionnels de types différents : il s'agit donc de « la fondation d'actes non objectivants dans des actes objectivants », lorsqu'il s'agit des actes de joie, du souhait, de la volition, etc, et de « la fondation d'actes objectivants dans d'autres actes objectivants »[155], lorsqu'il s'agit de l'objectivation traversant les actes complexes ou synthétiques.

c) *Le fondement ultime comme* Repräsentation

Les analyses de la cinquième *Recherche logique* font clairement ressortir que ce que Husserl entend à cette époque par « fondement », ce n'est rien d'autre en effet que la *représentation intentionnelle* elle-même prise au sens d'acte objectivant. Et le mode de représentation dont il s'agit ici est défini non pas comme une sorte de fonction médiatrice posée entre la

154 *Ibid.* p. 309.
155 *Ibid.* p. 313.

conscience et son objet, où chacun de ces deux éléments pourrait être déterminé pour son compte et indépendamment de l'autre, mais plutôt comme une fonction unificatrice rapportant de façon irréductible l'un à l'autre l'acte de l'appréhension, le sens intentionnel et l'objet visé. Ainsi, la représentation intentionnelle désigne une forme d'objectivation primordiale qui fait exposer à partir d'elle-même les déterminations de base de la conscience et de l'objet au sein desquelles elle se déploie. Cela veut dire, en effet, qu'il serait tout à fait vain de chercher ce qui est « fondamental » au plan intentionnel chez Husserl sous la forme d'un ordre logique ou d'une facticité objective. Il serait encore plus vain de chercher à y retrouver quelque fonction originaire et ultime qui ne renverrait qu'à une « vie intime » de la conscience. Le fondement, chaque fois qu'il se trouve exposé dans telle ou telle analyse particulière des *Recherches logiques*, est défini avant tout au niveau du rapport primordial qui se fait entre la conscience et la chose. Ce rapport se montre, sous la forme de la corrélation intentionnelle, comme produit par l'unité fonctionnelle de termes qui sont en soi hétérogènes : le vécu et l'objet. Ceux-ci sont reliés par une forme représentative de l'objectivation au sein de laquelle n'intervient ni la préséance d'une facticité dernière, ni celle d'une effectuation cognitive intime. C'est sans doute la raison pour laquelle l'analyse du « fondement » n'a pas à proprement parler une forme « pure » chez Husserl. De même que sa description phénoménologique ne conduit pas à l'élaboration d'une sorte d'ontologie fondamentale, formelle ou matérielle, de même elle ne se dégage pas non plus comme une théorie de la conscience fondatrice. L'analyse du caractère fondateur de la représentation y reste, au contraire, intrinsèquement et exclusivement liée, suivant l'ancrage général de la problématique des *Recherches logiques*, au projet en soi plurivalent d'une théorie phénoménologique de la connaissance.

Ainsi, lorsque la *VIe Recherche logique* reprend, sous un nouvel angle, le travail de critique et d'élucidation de la connaissance tout en s'appuyant sur ce qui avait été déjà établi dans les recherches précédentes, la doctrine du fondement y reçoit particulièrement une nouvelle mise en forme. Ce qui fait que bien que Husserl affirme fermement que ses analyses soient loin d'épuiser les problèmes gnoséologiques abordés dans toute leur ampleur dans cette *Recherche*, il ne manque pas d'exprimer par ailleurs son espoir d'avoir « mis à nu les ultimes fondements, les premiers en soi *(die unersten und ihrer Natur nach ersten Fundamente)*, de la critique de la connaissance »[156]. En fait, si la *VI*^e^ *Recherche* peut être considérée à bon droit comme une sorte de nouveau traité phénoménologique du « fondement », c'est parce que ce sont précisément autour des rôles et des fonctions des actes objectivants eux-mêmes, pris comme fondements de représentation, que semblent graviter toutes les analyses principales. C'est bien en partant de cette problématique que Husserl s'efforce de définir tout d'abord en quoi consiste l' « unité » de la connaissance fournie par les formes intentionnelles de la représentation, tout comme il se consacre du même coup à mettre en œuvre une « phénoménologie des degrés de la connaissance »[157]. Aussi, en cherchant à mettre en évidence avec une force nouvelle les diverses formes des « fondations » sur le plan de la connaissance objective et catégoriale, l'ambition de Husserl n'est rien moins en effet, dans ces analyses, que de dégager les déterminations phénoménologiques ultimes des distinctions qui sont établies traditionnellement entre « pensée » et « intuition » d'un côté, et entre « sensibilité » et « entendement » de l'autre[158]. Qui plus est, au cours de ces analyses, on trouve également une nouvelle et, de toute évidence, dernière définition de ce que « l'ultime fondement de tous les actes » comme « représentation »[159] doit vouloir dire.

L'ouverture des analyses de la *VI*^e^ *Recherche logique* s'appuie dans une large mesure sur une distinction dite « fondamentale » qui relève précisément de la sphère des actes objecti-

---

156 Husserl, *Recherches logiques*, tome III., p. 17.
157 *Ibid.* p. 13-14.
158 *Ibid.* p. 16.
159 *Cf. Ibid.* p. 119.

vants. Il s'agit de la distinction que Husserl établit entre les intentions *signitives* et les intentions *intuitives.* Leur critère de démarcation est d'abord donné en référence à une thèse déjà élaborée dans la *I^e^ Recherche*[160] : tandis que les intentions signitives, telle que nommer, énoncer, exprimer, c'est-à-dire les « actes de pensée » proprement dits, ne sont manifestement « porteuses » que d'une signification conformément aux objets auxquels elles se réfèrent, les intentions intuitives, quant à elles, « déterminent » la signification en l'orientant effectivement vers l'objet soit par une présentation perceptive, soit par une illustration imaginative[161]. Toutefois cette distinction, quoique importante, en vérité s'avère être auxiliaire, et elle est remplacée d'emblée par une autre, plus essentielle, qui se fonde directement dans les différences descriptives propres aux caractères internes des types d'intentions en question. Husserl reconnaît le fond de ces différences dans le caractère qu'il appellera « plénitude » *(Fülle)* ou plus généralement, le « contenu représentatif » d'un acte objectivant[162]. Ce contenu est une détermination propre de la teneur de l'acte, pouvant être sensible, imaginatif, signitif selon le cas, et il se trouve évalué ici du point de vue de la fonction qu'il remplit dans un rapport intentionnel particulier à un objet. Il correspond, autrement dit, au mode de la « présence » objective qui doit être en chaque acte intentionnellement impliqué. Le fait qu'un objet puisse être visé, c'est-à-dire « représenté » tantôt de façon signitive, tantôt de façon intuitive par un acte d'intention dépend, en effet, de la manière bien déterminée dont cet objet s'y fait « présenter », de sorte que cette détermination contribue en tant que *contenu spécifique* à la constitution de l'acte lui-même. En fait, ce contenu n'est qu'un « manque » de la présence effective dans le cas des actes signitifs, et témoigne en revanche d'une « plénitude » de l'objet lui-même dans celui des actes intuitifs[163]. Cela veut dire plus

---

160 *Cf.* Husserl, *Recherches logiques*, tome II/1, p. 43-44.
161 *Cf.* Husserl, *Recherches logiques*, tome II/2, § 5.
162 *Cf. Ibid.* pp. 98-99. et 102-107.
163 *Ibid.* p. 98-99.

précisément que bien que les actes de signification et d'intuition appartiennent à la même classe fondamentale d'actes, à celle des actes objectivants, il existe pourtant « une différence phénoménologique irréductible »[164] entre eux qui renvoie directement aux *contenus de la représentation* elle-même dont ils sont pourvus. Ainsi Husserl peut-il différencier davantage les actes objectivants en soulignant que,

> « l'intention signitive ne fait que renvoyer à l'objet, l'intention intuitive nous le représente *(macht vorstellig)* au sens fort du mot, elle apporte quelque chose de la plénitude de l'objet lui-même [...]. Au contraire, la représentation signitive [...] n'est 'à proprement parler' pas du tout 'une représentation' *(Vorstellung)* , il n'y a rien de l'objet qui vive en elle »[165].

En fait, en dégageant une nouvelle détermination intentionnelle, celle de la « plénitude », à partir de la configuration phénoménologique de la représentation elle-même, Husserl ouvre, au cours de la *VIe Recherche*, toute une nouvelle voie dans l'analyse descriptive de l'intentionnalité. Et cela parce que le recours à cette détermination ne sert pas seulement à acquérir un véritable critère de démarcation capable de séparer les actes signitifs et intuitifs selon leur mode de représentation, mais parce qu'il rend également possible que la question de leur rapport phénoménologique soit explicitement posée. En effet, pour mettre en évidence ce rapport dans sa spécificité phénoménologique, Husserl introduit le terme de « remplissement *(Erfüllung)* » qui est défini d'emblée comme une forme de la *fondation*[166].

---

164 *Ibid.* p. 118.

165 *Ibid.* p. 98.

166 La « plénitude », dit Husserl, est un concept « spécialement forgé pour l'examen comparatif des actes dans leur fonction de remplissement », *ibid.* p. 118. Aussi il ne cesse de souligner que le « remplissement » n'est en effet qu'un rapport spécifique de la « fondation » à travers laquelle l'acte conférant la signification s'édifie sur un acte intuitif de la représentation. *Cf. Ibid.* pp. 33, 38, 67, 113, 119.

De plus, la notion du « contenu représentatif », qui traduit la fonction généralisée de la plénitude, permet également de donner une ultime définition à la figure de la représentation intentionnelle au sens prégnant, c'est-à-dire aux actes objectivants eux-mêmes. En effet, se servir d'une telle définition n'est possible pour Husserl que par le fait que le caractère de la « plénitude », par-delà le contraste phénoménologique qu'il fait apparaître entre les différents types d'intentions, renferme une fonction intentionnelle qui se présente comme un élément commun à tous les actes objectivants. Cette fonction renvoie à l'apport du « contenu » de tout acte lorsqu'il est envisagé selon sa fonction d'appréhension. Or ce que les analyses de Husserl font ressortir à cet égard c'est que non seulement la plénitude intuitive, mais aussi la simple visée, objectivement vide, de l'acte signitif sont destinées à jouer un rôle tout à fait déterminant dans la constitution des intentions en général : tandis que la plénitude n'a trait qu'au contenu sensible des actes intuitifs, le contenu représentatif de l'acte signitif coïncide avec ce qui est donné dans l'acte comme « signification pure *(reine Signifikation)* »[167]. Par conséquent, Husserl peut parler, en plus du contenu « purement intuitif » des actes, du contenu « purement signitif » de la représentation en définissant précisément ce dernier, afin de souligner son équivalence *fonctionnelle* avec l'intuition, comme « cas-limite de la représentation intuitive »[168]. Ce qui veut dire, en dernière analyse, que chaque acte est en fait pourvu d'un « contenu représentatif » de type signitif ou intuitif qui lui est propre, et qui doit contribuer en même temps, car il s'agit d'un composant en soi irréductible à la qualité ou à la matière, à la détermination de la structure de l'objectivation intentionnelle en général. D'où la nouvelle définition de la composition interne des actes objectivants :

---

[167] *Ibid.* p. 104.

[168] *Ibid.* Ce qui permet à Husserl de parler également de « degrés de la plénitude quant au contenu intuitif » dont l'idéal serait la « perception adéquate », p. 107.

> « Tout acte objectivant concrètement complet a trois composantes : la qualité, la matière et le contenu représentatif. Suivant que ce contenu remplit la fonction de représentant *(Repräsentant)* purement signitif ou purement intuitif, ou de l'un et de l'autre à la fois, l'acte sera purement signitif, purement intuitif, ou mixte »[169].

Cette nouvelle détermination de la configuration de la représentation apporte à sa manière des considérations essentielles en ce qui concerne le *caractère fondateur* de cette dernière. C'est tout d'abord parce que la complétion du tableau des fonctions objectivantes de la représentation intentionnelle par l'instance des « contenus représentatifs » permet de mettre en pleine lumière la coappartenance stricte des deux sens du « fondement » intentionnel qui sont définis par Husserl, jusque-là sans doute trop distinctivement, par les termes de *Vorstellung* et de *Repräsentation.* Autrement dit, la question capitale du rapport entre, d'une part, la fonction représentative *fondamentale* des actes objectivants et, d'autre part, la matière intentionnelle au sens du *fondement* de la représentation ne peut certainement être légitimement posée que si la structure entière de la représentation intentionnelle est démontrée par l'analyse phénoménologique. Husserl se donne les moyens d'une analyse concordante de ces deux fonctions en abordant précisément la question de la relation qui se fait entre « plénitude » et « matière » intentionnelle[170]. Or à première vue, il se trouve que la détermination de la matière ne peut qu'être indifférente à ce qui est donné sous la forme de contenu représentatif dans la mesure où le « sens » intentionnel d'un objet reste identiquement le même, indépendamment du fait qu'il soit rapporté intuitivement ou signitivement à l'objet. On peut tout de même constater, dit Husserl, que « matière et plénitude ne sont pas sans rapport »[171]. Ce rapport exprime en effet une forme

[169] *Ibid.* p. 114.
[170] *Cf. Ibid*, p. 110-115.
[171] *Ibid.* p. 112.

d' « unité phénoménologie » particulière qui s'articule de façon différente selon qu'il s'agit d'actes intuitifs ou signitifs. Cela veut dire que tandis que dans le premier cas la matière entre de façon « essentielle et interne » en rapport avec le contenu intuitif qui la représente, car une intuition n'est chaque fois qu'une visée effective de l'objet dont le contenu représentatif est nécessairement de nature sensible, ce même type de rapport s'avère être « extérieur et contingent » lorsqu'il s'agit des intentions signitives[172]. La raison en est que dans ce dernier cas « nous ne trouvons aucun lien de nécessité », constate Husserl, entre l' « individualité spécifique » de la matière, c'est-à-dire l'objet visé particulaire, et la « composition spécifique propre de son représentant », un signe ou un nom par exemple[173].

En fait, ce que ces analyses husserliennes donnent clairement à voir c'est qu'au sein de la complexité propre de la représentation objectivante, c'est bien autour de la matière d'acte que s'ordonnent en fin de compte les fonctions intentionnelles les plus constitutives. C'est la matière, en d'autres termes, qui détermine dans chaque réalisation d'un acte objectivant non seulement le « sens d'appréhension » de l'objet, comme cela a été souligné dans la *Ve Recherche logique*, mais également le rapport de ce sens à la plénitude, ce rapport étant désigné ici comme « forme d'appréhension » ou comme « forme de la représentation représentative » *(Form der Repräsentation)* de l'acte[174]. De plus, c'est bien dans cette dernière forme que l'on peut reconnaître *la forme ultime* de la représentation intentionnelle dans la mesure où elle exprime, comme Husserl l'affirme, « dans son fondement phénoménologique *(phänomenologischen Grunde)* la relation existant entre le contenu représentatif et le contenu représenté (l'objet ou la partie d'objet dont il est le représentant) »[175].

---

172 *Ibid.* p. 117.
173 *Ibid.*
174 *Ibid.* p. 115.
175 *Ibid.*

Or ce qui importe dans ces analyses husserliennes portant sur la nature de la relation intentionnelle, c'est que la définition plus précise de la fonction représentative de cette dernière, et surtout la clarification du rapport entre les différents types de ses « contenus » conduisent, à travers les analyses de la *VIe Recherche*, à une véritable redéfinition de la fonction de la matière intentionnelle elle-même. Car celle-ci, comprise comme *Repräsentation*, semble bien avoir le pouvoir d'envelopper en elle-même, comme parties intégrantes de sa propre configuration, les fonctions qui ont été attribués auparavant aux actes objectivants, donc aux *Vorstellungen*, eux-mêmes. Il s'agit, en d'autres termes, de reconnaître que l'objectivation intentionnelle comme mode de représentation ne peut s'effectuer en général qu'en étant animée par des formes d'appréhension qui sont précisément déterminées, d'un côté, par ce qui est visé comme *sens objectif*, et, de l'autre côté, par ce qui est en même temps appréhendé comme *contenu* de nature sensible ou signitif. La matière n'est ainsi pas seulement portée par l'acte en tant que sens d'appréhension, mais elle va jusqu'à contribuer effectivement à la *constitution* de l'acte grâce aux contenus représentatifs qu'elle renferme conformément à l'objet dont elle est la *Repräsentation*[176].

Or, ce sont précisément ces déploiements qui font que le sens de la thèse phénoménologique du « fondement des actes » peut être spécifiée davantage par Husserl. En effet, ce que les analyses de la *VIe Recherche logique* tendent à effectuer à cet égard, c'est de définir la fonction propre de ce qui est, pour ainsi dire, le composant « subjectif » au sein de la relation intentionnelle, c'est-à-dire le vécu, et la fonction de ce qui y remplit le rôle du composant « objective », c'est-à-dire l'objet

176 Cela permet à Husserl, en partant de l'analyse de la matière intentionnelle, d'établir une distinction entre l'« essence intentionnelle » d'un acte objectivant, c'est-à-dire l'essence prise comme contenu de signification, et l'« essence cognitive », en définissant cette dernière précisément comme « étant le contenu total qui entre en ligne de compte pour la fonction de connaissance » et qui comporte en elle-même « qualité, matière, et plénitude ou contenu intuitif », *ibid.* p. 122.

visé, à partir d'un *seul et même plan de déterminations intentionnelles ultimes*. C'est la forme de la représentation fondée dans la matière qui détermine, en dernière instance, les caractères généraux d'un rapport intentionnel vécu à l'objet. Ce qui fait que pour caractériser le « fondement des actes » comme représentation, il ne suffit plus de dire tout simplement, comme le font par ailleurs encore les analyses de la *Ve Recherche logique*, que « tout acte objectivant porte une représentation représentative *(Repräsentation)* comme fondement », ni que « tout acte en général ou bien est lui-même un acte objectivant, ou bien a un tel acte pour fondement ». Les spécifications obtenues dans la *VIe Recherche logique* exigent en effet une nouvelle définition que Husserl n'hésite pas à mettre en forme de la manière suivante :

> « L'ultime fondement de tous les actes *(letzte Grundlage aller Akte)*, ce sont des représentations *(Vorstellungen)* au sens de représentations représentatives *(Repräsentationen)* »[177],

Auquel il faut ajouter que les représentations représentatives renferment précisément trois composants qui leur sont exclusivement constitutifs :

> « *a)* la *forme d'appréhension* : si l'objet est représenté d'une manière purement signitive ou intuitive, ou d'une manière mixte [...] ; *b)* la *matière d'appréhension* : si l'objet est représenté avec tel ou tel "sens" [...] ; *c)* les *contenus appréhendés* : si l'objet est représenté au moyen de tels ou tels signes, ou au moyen de tels ou tels contenus présentatifs »[178].

Force est donc de constater, d'après cet extrait des analyses husserliennes de la sixième partie des *Recherches logiques*, que la relation intentionnelle n'est rien d'autre dans son propre

---

[177] *Ibid.* p. 119.
[178] *Ibid.*

fondement, selon sa conception phénoménologique la plus sophistiquée de cette œuvre, qu'une *affaire de sens* et notamment une affaire de sens qui se définit en tant que *représentation* à partir d'un renvoi bien déterminé, signitif, intuitif ou mixte, à l'objet. Au fond, toutes les formes principales du *Fundierung* qui sont élaborées au plan intentionnel chez Husserl, c'est-à-dire la fondation des actes dans les actes objectivants, la fondation comme remplissement ou encore la fondation des actes catégoriaux par les actes sensibles, présupposent à leur manière non seulement une orientation objective préalable, mais également, au sein de celle-ci, la mise en œuvre d'une configuration de *Repräsentation* qui est celle du contenu intentionnel, du contenu représentatif et de leur rapport bien déterminé. C'est précisément le caractère impassible et irréductible de cette configuration du « sens représenté », inscrite au sein de chaque acte objectivant, qui permet à Husserl de la définir comme « fondement ultime ». Et cela montre en même temps que malgré le fait que les analyses phénoménologiques s'orientent dans une large mesure, et surtout dans la dernière partie des *Recherches*, vers la problématique propre des « actes » de la conscience, la relation intentionnelle comme « représentation » n'y est cependant envisagée, selon sa fonction la plus fondamentale, que sous une forme par essence *objectivement déterminée*. En effet, le caractère « a-subjectif » et « a-mondain » des doctrines phénoménologies des *Recherches logiques* s'illustre magistralement sur ce point : l'analyse du fondement des actes comme tel se trouve suspendue, ne serait-ce qu'au profit d'une clarté gnoséologique optimale, au moment même où l'élaboration plus précis de sa portée doctrinale demande d'être complétée par l'élucidation de l'*origine* de ses composants.

Chapitre II

Fondement et apparition

1. *La reconfiguration de la problématique phénoménologique et les nouvelles enquêtes sur le fondement*

a) *Sur le développement de la phénoménologie*

Quelle que soit la manière dont on essaye d'évaluer les motifs qui ont conduit Husserl à adopter une position dite « idéaliste » de la phénoménologie, que ce soit en les traçant au niveau des contraintes méthodologiques ou en les envisageant comme résultats des problèmes ontologiques, on ne peut en aucun cas nier que le problème de l'intentionnalité suppose une continuité fondamentale entre les grandes étapes de la pensée husserlienne. Le fait, pour dire autrement, que la théorie de l'intentionnalité a été élaboré par Husserl au plan de la théorie de la connaissance bien auparavant qu'au plan de la phénoménologie transcendantale permet au moins de reconnaître une sorte de *filiation doctrinale* dans le développement des problèmes propres de la philosophie phénoménologique. Cette filiation s'explique à partir de l'antériorité des définitions principales au moyen desquelles, à l'époque des *Recherches logiques*, Husserl rend compte de la portée générale de l'intentionnalité : il s'agit donc, *premièrement*, de l'affirmation de la thèse de la corrélation apriorique qui fait rapporter intrinsèquement les vécus de connaissance et les objets connus les uns aux autres, *deuxièmement* de la mise en évidence des « représentations » comme formes proprement intentionnelles de la connaissance, et *troisièmement* de l'insistance sur le caractère fondateur de ces représentations, prises au sens d'« actes objectivants », dans l'édification de toutes formes de rapport intentionnel. Ce qui signifie, en bref, que si la pensée husserlienne a connu certaines transformations principales au cours de la période qui a suivi les *Recherches logiques*, comme cela a été évidemment le cas, celles-là n'ont pu s'y produire sans que ces définitions initiales aient été reconfigurées du même coup, c'est-à-dire valorisées autrement. Si bien que c'est précisément le statut ainsi modifié du problème de l' « intentionnalité » elle-même qui permet peut-être d'apercevoir le mieux, d'un point de vue rétrospectif, ce qu'un « développement » en général veut dire sur la scène doctrinale de la phénoménologie husserlienne[179].

Or, étant donné que c'est sans doute la thèse de la corrélation intentionnelle qui assure l'unité de la problématique de Husserl, ou du moins qui fournit le leitmotiv de son progrès, il semble tout à fait légitime de chercher ce qui a pu conditionner la remise en question de certains priorités inhérents à cette thèse , à savoir le tournant idéaliste, en partant les deux autres déterminations doctrinales qui, dans la problématique des *Recherches logiques*, y sont intimement liées : la détermination du rapport intentionnel comme *représentation* objectivante, d'un côté, et la détermination des actes objectivants comme *fondement ultime* de tous les actes, de l'autre. De cette perspective, la portée des nouvelles recherches gnoséologiques qui ouvrent et

[179] Sur la question du « développement » de la phénoménologie husserlienne comme étant le résultat d'une communication entre « doctrine » et « problème », *Cf.* l'étude d'Eugen Fink, « Le développement de la phénoménologie d'Edmund Husserl », in Fink, *De la phénoménologie*, *op. cit.*, et aussi, en ce qui concerne le problème de l'intentionnalité, D. Souche-Dagues, *Le développement de l'intentionnalité dans la phénoménologie husserlienne*, Den Haag, M. Nijhoff, 1972.

jalonnent dans une large mesure, jusqu'à la parution des *Idées I*, l'orientation générale de la pensée husserlienne ne saurait être méconnue. Car ces nouvelles tentatives visent non seulement à reprendre, d'une part, l'examen des déterminations de ce qui se pose comme corrélat « objectif » des vécus intentionnels de la conscience, mais elles le font de telle manière que les types d'objets dont il s'agit se multiplient considérablement, de même que les perspectives et les échelles possibles de l'analyse intentionnelle. D'autre part, ces analyses visent du même coup à dégager, en s'appuyant sur les phénomènes de la « temporalité » de la conscience, les caractères spécifiques des vécus eux-mêmes pris dans leur constitution grâce auxquels une série de problèmes gnoséologiques entièrement nouveaux s'ouvre à Husserl.

Or, on peut sans doute s'apercevoir que ce qui donne la particularité du développement des recherches phénoménologiques chez Husserl après les *Recherches logiques*, c'est précisément le fait que bien qu'elles ne mettent pas *directement* en question la doctrine de la « conscience intentionnelle » telle qu'elle a été élaborée dans les deux dernières *Recherches*, elles ne se situent pas non plus *exclusivement* dans le champ théorique ainsi ouvert[180]. Cela veut dire qu'au lieu d'être devenu, en quelque sorte, une référence de principe assurée une fois pour toutes, la doctrine de l'intentionnalité sera plutôt mis au service d'une série des nouvelles recherches grâce auxquelles la problématique phénoménologique se trouve progressivement reconfigurée. En ce sens, on peut également dire que les divers problèmes husserliens dont l'élaboration met à jour d'une façon nouvelle les aspects ontologiques et épistémiques de la relation intentionnelle, gravitent de plus en plus autour d'une seule question fondamentale : celle de savoir à quoi « renvoie » pré-

---

180 Jean-François Lavigne a analysé de façon minutieuse cette période de transformation dans la pensée husserlienne en mettant l'accent sur les motifs de la « crise », du « revirement », du « passage » et du « déploiement » dans le développement qui va des *Recherches Logiques* jusqu'à la publication des *Idées I*. *Cf. Husserl et la naissance de la phénoménologie (1900-1913)*, *op. cit.*

cisément la structure de l'intentionnalité en général[181]. Ce qui explique en même temps pourquoi la remise en chantier des problèmes proprement gnoséologiques de l'« objet » et du « sujet » de la *représentation* chez Husserl s'avère être inséparable des nouvelles enquêtes phénoménologiques qui portent directement sur la question du *fondement* de l'intentionnalité.

b) Une nouvelle orientation vers le fondement

En fait, le problème du « fondement » lié, d'une certaine manière, à celui de la « représentation » n'a pas tardé à apparaître parmi les thèmes propres des travaux husserliens postérieurs aux *Recherches logiques.* Dans le cours sur la « Logique et théorie de la connaissance » des années 1901-1902[182], Husserl se donne déjà explicitement pour but, sous la forme d'une « élucidation gnoséologique », de retourner « aux vécus dans lesquels les concepts purement logiques se réalisent, dans lesquels ils possèdent leur fondement concret *(ihr konkretes Fundament)* »[183]. De plus, il justifie cette orientation par une référence explicite à la lettre de Kant à Marcus Herz, en se demandant « sur quel fondement *(Grund)* repose la relation de ce que nous appelons représentation avec un objet »[184]. Or ce

181 Sur l'enjeu possible de cette question dans la genèse de l'idéalisme transcendantale de Husserl et sur la problématique qui l'entoure, voir László Tengelyi, *Der Zwitterbegriff Lebensgeschichte*, W. Fink, München, 1998, p. 51-74.
182 *Cf.* Husserl, *Logik, Vorlesung 1902/1903. Husserliana Materialenbände*, Band 2, Kluwer, Dordrecht/Boston/London, 2001.
183 *Ibid.* p. 50.
184 *Ibid.* p. 16. Il est remarquable que cette référence à la question kantienne réapparaisse, mais cette fois en étant strictement rejetée, dans le cours de 1907 qui porte sur la problématique phénoménologique de la perception. *Cf.* Husserl, *Chose et espace*, tr. fr. J.-F. Lavigne, Paris, PUF, 1989. p. 172. (désormais *Chose et espace*).

qui permet de voir dans cette formule davantage qu'une tournure rhétorique, c'est précisément le contexte dans lequel elle s'insère. Parce que c'est bien en partant de cette question que Husserl commence à déployer, dans ce cours, l'horizon de la problématique gnoséologique auquel il ne cessera de revenir dans ses travaux ultérieurs et dont l'analyse marque précisément, dans de nombreux cas, la *phase d'ouverture* des recherches phénoménologiques, c'est-à-dire l'horizon du problème de la « transcendance » entre la connaissance et le connu. Celui-ci se trouve soulevé ici par la question suivante « comment est en général possible un savoir d'objets, puisque l'objet est pourtant un étant pour soi *(für sich seiend)*, et la conscience connaissante est pour soi *(für sich)* »[185].

Il est tout à fait remarquable que cette manière de poser la question de l'énigme de la connaissance fait manifestement un pas *en arrière* de la position doctrinale qui a été obtenu dans les *Recherches logiques*. Puisqu'elle remet d'actualité un problème, celui du rapport de la connaissance et du connu, qui était susceptible d'y avoir été définitivement clarifié. Cependant, il semble bien que Husserl adopte cette attitude perplexe car il pense être ainsi en mesure de pouvoir *dépasser* l'horizon déjà fixé de sa problématique. C'est qu'il cherche précisément de cette manière à élargir le champ des recherches phénoménologiques afin de s'interroger sur le statut ontologique du corrélat intentionnel ainsi que sur les conditions proprement subjectives des vécus eux-mêmes. Or, comme nous allons le voir, de ce véritable purgatoire de la phénoménologie, ni les déterminations préalables de la représentation intentionnelle, ni celles de ses fonctions fondatrices ne sortiront intactes.

Dans cette refonte de la problématique phénoménologique, qui s'effectue par la reprise des questions portant sur la possibilité de la connaissance bien fondée, le cours donné par Husserl dans les années 1906/1907, intitulé « Introduction à la

[185] *Ibid.* Tous ces passages du cours de 1901/02 sont cités, traduits ainsi que longuement commentés par J.-F. Lavigne dans *Husserl et la naissance de la phénoménologie, op. cit.*, p. 230-232.

logique et à la théorie de la connaissance »[186], occupe une place tout à fait particulière. En fait, dans ce cours, le cadre gnoséologique qui justifie, en quelque sorte, la mise en œuvre des réflexions proprement phénoménologiques est dégagé directement à partir du problème de la « fondation ». C'est bien de ce point de vue que seront définies et évaluées non seulement les déterminations intrinsèques des procédures scientifiques, en allant jusqu'à affirmer que « toutes les méthodes scientifiques qui ne sont pas elles-mêmes des fondations *(Begründungen)*, sont des opérations auxiliaires pour fonder *(für ein Begründen)* »[187], mais aussi les déterminations plus générales qui relèvent du domaine de la « logique pure ». Or si cette logique peut être interprétée par Husserl comme une « doctrine de la science », c'est précisément parce que ses déterminations fournissent « les lois formelles de fondation *(formale Begründunggesetze)* »[188] pour toutes les sciences en général. Cependant, là où l'élaboration de cette problématique épistémologique s'écarte visiblement de celle qui était posée auparavant dans les *Prolégomènes à la logique pure*, qui est, par ailleurs, elle-même citée de nombreuses fois dans le cours, c'est sur le fait que Husserl ne manque pas d'étendre l'horizon de la question de la fondation jusqu'à celle des « *sources subjectives* » de la connaissance. Si bien qu'en abordant une nouvelle série de réflexions sur « le rôle de la subjectivité dans les sciences »[189], il thématise d'emblée les vécus de conscience comme les éléments dans lesquels doit résider « le pur fondement de droit *(reine Rechtsgrund)* » de la connaissance[190]. Par cela, Husserl cherche à établir une théorie de la

---

186 *Cf.* Husserl, *Introduction à la logique et à la théorie de la connaissance (1906/1907)*, [Hua. XXIV]

187 *Ibid.* p. 73. Notons que les paragraphes 1-9 de ce cours offrent une véritable pléthore des définitions et déterminations diverses de la figure gnoséologique de « fondation ».

188 *Ibid.* p. 82.

189 *Ibid.* p. 163.

190 *Ibid.* p.165. Voir aussi, « Toute connaissance s'accomplit en tant qu'acte subjectif, et l'acte subjectif doit receler en lui ce qui défend et fonde

connaissance qui, d'une part, a principalement « affaire à la subjectivité »[191], et qui, d'autre part, en élaborant le fondement de cette dernière, n'autorise aucun compromis avec la psychologie prise au sens de science de la nature. En effet, étant donné que la tâche de l'exploration des "fondements" subjectifs qui entrent en jeu dans la connaissance scientifique ne peut, par principe, être effectuée par aucune procédure scientifique, la réponse est nécessairement négative à la question de savoir si « la psychologie est donc, au fondement ultime *(in letztem Grund)*, la science philosophique fondamentale »[192].

D'où l'exigence, selon Husserl, d'avoir recours à une nouvelle discipline proprement philosophique qui, sous le titre de « noétique »[193], non seulement se donne la tâche d'explorer les actes de connaissance selon leur revendication de droit, mais permet aussi, beaucoup plus radicalement encore, de « comprendre à partir du fondement *(von Grund aus verstehen)* l'œuvre que la connaissance et la science au sens ultime accomplissent »[194]. C'est précisément à cette exigence que répond alors la mise en jeu de la méthodologie propre de cette discipline : il s'agit de celle de la « skepsis critique », à partir de laquelle émerge d'emblée la nécessité elle-même d'effectuer une « réduction phénoménologique »[195]. Celle-ci, en mettant hors circuit tous les éléments susceptibles de doute dans la sphère de la connaissance objective et subjective, est en mesure d'apporter la certitude qui, affirme Husserl, « n'implique plus rien qui soit problématique pour la théorie de la connaissance », et qui

---

(begründet) sa revendication de droit. C'est seulement en lui que <le droit> est à chercher », *ibid.* p. 177.

191 *Ibid.* p. 213.

192 *Ibid.* p. 214.

193 *Ibid.* p. 178-180.

194 *Ibid.* p. 217. Cet énoncé est repris à la fin du cours : « Au moyen d'analyses phénoménologiques du genre de celles que nous avons accomplies, nous comprenons à partir du fondement *(verstehen wir von Grund aus)* comment établir phénoménologiquement est en général possible et comment on peut en déterminer le sens ultime et le droit à la validité », *ibid.* p. 365.

195 *Ibid.*p. 254.

fournit ainsi elle-même l'évidence « de ce qui est connaissable sur ce fondement *(Fundament)* de façon purement immanente »[196]. Grâce à la réduction et aux visions générales qui sont rendues possible par elle, se profile donc, pour les recherches phénoménologiques, « un fondement purement immanent et intuitif *(rein immanentem und intuitivem Grund)* »[197]. De plus, ce dernier a une importance épistémologique particulière dans la mesure où il renvoie, selon Husserl, à « ce fondement originaire *(Urgrund)* phénoménologique » à partir duquel « proviennent les axiomes de toutes les disciplines aprioriques »[198]. Il est tout à fait clair, de cette manière, que l'élaboration de la problématique de la « fondation » au niveau de la théorie de la science et de la logique ne serve, à proprement parler, chez Husserl, qu'à ouvrir une voie directe vers la formation des questions spécifiquement phénoménologiques du « fonder » et du « fondement »[199].

Si Husserl peut déclarer que « la critique systématique de la connaissance doit éclaircir toutes les sortes et toutes les formes de la connaissance à partir du fondement *(vom Grund)* »[200], alors on peut constater que le projet phénoménologique impliqué dans cette tâche aura pour effet une radicalité qui, dans cette forme, n'est pas encore présente dans les analyses des *Recherches logiques*. Car, en effet, l'orientation vers le « fondement » de la connaissance ne reste pas seulement inscrite, de façon presque opératoire, dans l'orientation des analyses, mais sa pertinence et sa nécessité sont explicitement déclarées. L'apparition d'un certain ton programmatique dans le

196 *Ibid.* p. 259.

197 *Ibid.* p. 270.

198 *Ibid.* p. 283.

199 Paul Ricœur attire l'attention sur le fait que, quoique le *Begründung* husserlien garde « une certaine continuité avec les questions principielles que les sciences posent sur elles-mêmes [...] le procès de remontée au fondement est absolument hétérogène par rapport à toute fondation interne à une science ». Ricœur, « Phénoménologie et herméneutique », *Phänomenologie heute, Phänomenologische Forschung*, Bd. 1, Freiburg/München, Verlag Karl Alber, 1975, p. 33.

200 Husserl, *Introduction à la logique et à la théorie de la connaissance*, p. 378.

discours husserlien témoigne bien de l'intention de faire valoir cette orientation dans la démarche phénoménologique : il est affirmé, par exemple, qu'au lieu de « se former des théories sur le fondement *(Grund)* d'opinions préconçues, sur le fondement *(Grund)* de toutes sortes de traditions, de connaissances effectives et de connaissances présumées », les recherches requises doivent aspirer à la « compréhension ultime »[201], ou encore « à la vérité ultime, à la donation du sens ultime »[202]. De la même manière, la théorie phénoménologique de la connaissance est définie, dans ce cours, comme une véritable « Philosophie première », et ainsi elle est caractérisée comme « la science de l'explication ultime, de la justification et la donation de sens ultimes, donc de la mise au point ultime »[203]. Or, pour obtenir son caractère définitif, cette science ne peut être établie que

> « sur le fondement *(Grund)* de l'établissement complet et de la clarification par la critique de la connaissance de toutes les 'formes de pensée' [...] ainsi que sur le fondement *(Grund)* de la clarification complète correspondante des formes métaphysiques [...]. Et, finalement, sur le fondement *(Grund)* de la clarification de l'ensemble des catégories noétiques [...] »[204].

Cependant, il est essentiel de voir que ce qui rend possible, sinon nécessaire, dans cette nouvelle orientation phénoménologique, que l'analyse des phénomènes de la connaissance soit menée sous la forme d'un travail dirigé explicitement sur la question du « fondement », ne tient pas

---

201 *Ibid.* p. 217.

202 *Ibid.* p. 275. *Cf.* aussi la remarque suivante de Husserl : « nous devons étudier la connaissance à ses sources, nous devons remonter aux mères *(Müttern)* de la connaissance. Mais cela veut dire que nous devons étudier l'essence de la connaissance dans le procédé purement intuitif [...] des essences et des lois d'essences qui s'ouvrent à nous dans l'intuition générale sur le fondement *(Grund)* de la donné effective », *ibid.* p. 276.

203 *Ibid.* p. 211.

204 *Ibid.* p. 212.

uniquement aux exigences de la radicalité méthodologique de la position husserlienne. Ce qui importe également, c'est précisément le fait que non seulement la méthode de la phénoménologie comme procédure à la fois réductrice et intuitive, mais aussi ce *sur quoi* cette méthode est appliquée dans les analyses concrètes, c'est-à-dire les phénomènes « noétiques » eux-mêmes, sont destinés à être considérés comme les éléments phénoménologiques proprement fondateurs. Autrement dit, si « la base de tout *(das Fundament von allem)* – comme le dit Husserl dans la même période dans ses *Cinq leçons* – consiste à saisir le sens de la donnée absolue, de la clarté absolue de la présence *(Gegebensein)* »[205], telle qu'elle s'offre au sein de l'immanence réduite de la conscience, alors la conséquence est claire : c'est bien l' « être donné » saisie de façon noétique lui-même qui porte en sa structure la plus propre ce qui doit être caractérisé comme « fondamental » au sens de la phénoménologie.

2. *Les nouvelles déterminations de la fondation et du fondement*

a) Fundierung *: multiplication de ses contextes et enrichissement de ses fonctions*

L'un des éléments les plus importants que les travaux ultérieurs d'Edmond Husserl ont hérité de la problématique gnoséologique des *Recherches logiques*, c'est que l'analyse phénoménologique de la connaissance, et en fait de toute la sphère couverte par la corrélation intentionnelle, reste insépa-rable de la mise en évidence des *rapports de fondation.* L'homogénéité de la relation *a priori* des vécus et des objets se complique sans cesse

205 Husserl, *L'idée de la phénoménologie*, p. 111.

par une hiérarchisation qui est inscrite directement dans la composition de ces derniers. Lorsqu'il s'agit d'analyser la « constitution » des objets, à travers la coopération d'actes de types différents, la hiérarchie en question se trouve souvent définie par Husserl comme celle qui est établie entre les couches « inférieures » et les couches « supérieures » de l'objectivation[206]. C'est au moyen de cette distinction, donc, qu'il s'efforcede démonter comment s'effectue la formation des objets qui présupposent, pour leur subsistance, l'« unification », la « fusion » ou la « synthèse » d'un certain nombre d'actes. De cette manière, on peut même dire que la théorie phénoménologique des modes fondateurs et des modes fondés fournit une ressource presque inépuisable pour Husserl dans l'explication de la constitution de l' « unité » au plan de la corrélation intentionnelle.

Mais, on peut également constater que dans la mesure où la phénoménologie de Husserl pénètre de plus en plus, non seulement le domaine des problèmes qui sont liés aux processus de l'objectivation intentionnelle, mais aussi celui qui fait apparaître les phénomènes de la constitution tout à fait propre des vécus eux-mêmes, les figures de la fondation seront reconnues comme ayant aussi des fonctions plus « dynamiques » à remplir. Au lieu d'être pensées, dans cet usage, selon le modèle d'une mise en ordre hiérarchique, emprunté sans doute au registre de l'ontologie formelle, ces fonctions indiquent plutôt certains des rapports constitutifs de l'effectuation de la « vie » interne de la conscience intentionnelle elle-même. Il s'agit donc, pour Husserl, de rendre compte du fait qu'une certaine *structure de fondation* reste en vigueur même au niveau phénoménologique où la constitution des données est soumise à des lois intentionnelles telles que celle de la « motivation », de la « modification » ou encore celle de la « synthèse » temporelle. Ainsi, rien ne semble interdire en effet que le *Fundierung* husserlien soit défini d'une façon générale comme une donnée universelle par laquelle c'est bien l' « ordonnance interne » de la

[206] *Cf.* Husserl, *Introduction à la logique et à la théorie de la connaissance*, p. 318.

phénoménalité intentionnelle elle-même qui parvient en quelque sorte à sa propre manifestation[207].

Ce qui explique pourquoi, dans la remise en jeu des divers modes de fondation chez Husserl, il ne s'agit pas tout simplement d'un retour aux définitions principales qu'offrent, à cet égard, les *Recherches logiques*. Certes, la plupart des définitions de cette œuvre, comme celle du rôle fondateur de la « représentation » intentionnelle dans la connaissance ou bien celle du rapport de fondation entre « les objets sensibles et les objets de pensée » continuent à garder une certaine importance dans les analyses phénoménologiques à venir[208]. Aussi Husserl revient-il souvent, pour expliquer la formation des unités de la perception et de la signification, à un modèle de fondation qui est pensé clairement selon le rapport général « des touts et des parties »[209]. Mais cela n'empêche que la multiplication des contextes phénoménologiques à partir desquels le *Fundierung* sera désormais dégagé entraîne un enrichissement, si ce n'est même un renouvellement doctrinal, dans les manières dont les fonctions propres de ce dernier seront définies.

On trouve un développement nouveau, par exemple, au sein des analyses phénoménologiques du cours des années 1908/09, lors d'une élaboration systématique d'une problématique de la « fondation » au sujet de la constitution des « va-

---

207 Max Scheler souligne cet aspect du *Fundierung* husserlien. En l'opposant vigoureusement à toute conception de causalité, il caractérise celui-ci comme le « selbst phänomenologisch „gegebenen" Ordnung der Phänomene ». Aussi parle-t-il de la « fondation » au sens de la phénoménologie comme « Gegebenheitsordnung », c'est-à-dire comme « eine feste Ordnung der Fundierung » qui fournit une forme authentique de l' « a priori » immanent. *Cf.* Scheler, *Schriften aus dem Nachlass*, Band I, *Zur Ethik und Erkenntnislehre*, Der Neue Geist Verlag, Berlin, 1933, pp. 336 et 308-309.

208 Sur ces « rapports de fondation », *Cf.* Husserl, *Introduction à la logique et à la théorie de la connaissance*, pp. 291. et 331., et *Phantasia, conscience d'image, souvenir*, tr. fr. J. F. Pestureau, R. Kassis, Grenoble, J. Millon, 2003. p. 119.

209 *Cf.* à cet égard, Husserl, *Chose et espace*, § 12, et § 81 ; Husserl, *Sur la théorie de la signification*, tr. fr. J. English, Paris, Vrin, 1995. pp. 110-111, 148-150, et 156-159.

leurs » et plus précisément des « objectivités axiologiques »[210]. Ces dernières, déclare Husserl, sont les entités susceptibles d'être fondées de manière intentionnelle par leur « nature ». Cependant, comme il le souligne et le montre, la fondation qui caractérise leur propre constitution ne s'effectue pas tout simplement selon le rapport que mettent en œuvre de façon générale, par rapport aux actes non objectivants ou plus complexes, les actes objectivants. En opposant le mode du « remplissement » des ces derniers à celui des actes du « souhait » et de la « volonté », qui sont les actes constituants les objets de valeur, Husserl va donc jusqu'à modifier à cet égard un aspect essentiel de la doctrine des *Recherches logiques*[211].

De la même manière, un recours inédit à la figure de la « fondation » marque les recherches husserliennes qui, à cette même période, portent sur le problème de l'intersubjectivité. La tâche principale consiste ici pour Husserl à mettre en évidence les phénomènes spécifiques qui caractérisent la constitution de la « chair *(Leib)* ». C'est précisément grâce à sa constitution tout à fait propre que celle-ci peut devenir une source primaire des expériences emphatiques. Or la constatation générale selon laquelle le moi est « fondé *(fundierte)* charnellement »[212] mène à la nécessité d'élaborer d'une théorie phénoménologique de la « double constitution », c'est-à-dire celle qui affirme que le moi est rapporté, dans son être charnel, à la fois à la corporéité *(Körperlichkeit)*, donc à la constitution spatio-temporelle, et à la corporéité charnelle *(Leiblichkeit)* qui est un mode de constitution interne au sujet. Et pour ces deux modes de constitution, affirme Husserl, c'est bien une « fondation *(Fundierung)* qui fournit une unité » et qui fait qu'elles comportent une « unité expérientielle »[213] qui s'avère transmissible de façon analogique

---

210 *Cf.* Husserl, *Vorlesungen über Ethik und Wertlehre (1908-1914)*, Hua. XXVIII, Kluwer, Dordrecht/Boston/London, 1988. p. 249-262.

211 Comme Husserl remarque à ce propos, « In diesem Punkt habe ich mich auch in meinen *Logischen Untersuchungen* täuschen lassen », *ibid.* p. 343

212 Husserl, *Sur l'intersubjectivité I*, tome I, tr. fr. N. Depraz, Paris, PUF, 2001. p. 52. (texte de 1909) (désornmais *Sur l'intersubjectivité I*).

213 *Ibid.* p. 57.

aux autres sujets qui se présentent dans le monde vis-à-vis du moi.

Cependant, en ce qui concerne la description plus systématique aussi que plus approfondies des rapports de fondation en général, ces derniers étant définis comme les rapports régissant les connexions internes des intentionnalités diverses, les analyses du cours de 1906/1907 tiennent sans doute une place privilégiée. Car elles s'avèrent être non seulement plus adaptées à l'orientation proprement gnoséologique des recherches phénoménologiques que les autres analyses réalisées à la même période, mais elles dépassent aussi plus radicalement les cadres fixés, à cet égard, dans les *Recherches logiques*. En préparant le terrain afin de pouvoir aborder les réflexions de type nouveau sous la forme d'une « noétique » de la connaissance, Husserl attire tout d'abord l'attention sur le fait que la fondation est un phénomène qui joue un rôle presque « architectonique » dans la sphère des actes :

> « Les actes qui ont en eux-mêmes leur fondement de droit *(Rechtsgrund)* motivent en les fondant *(motivieren begründend)* de nouveaux actes, ceux-ci en motivent encore de nouveau, et c'est ainsi que se dégagent des connexions unitaires *(einheitliche Zusammenhänge)* qui ont un certain caractère normal *(normalen)* et qui doivent être accomplies en étant éclairées sans cesse par l'évidence ou sur le mode de l'évidence »[214].

En fait, dans l'édification hiérarchique des actes, les fondations fournissent une infrastructure générale grâce à laquelle il devient possible d'étudier en ensemble les rapports « gnosiques » qui caractérisent la relation d'intentionnalité. Ce qui signifie, plus précisément, qu'en rendant compte des « fondations » interne aux actes, on s'offre une ligne directrice qui permet d'aborder les réflexions sur « l'entrelacement *(Ineinander)* et les connexions *(Zusammenhänge)* entre signification,

---

[214] Husserl, *Introduction à la logique et à la théorie de la connaissance*, p. 213.

objet et connaissance »[215]. Cependant, contrairement à ce qu'on trouve à ce sujet dans les *Recherches logiques*, les analyses ne se bornent pas ici, en mettant au jour ce qui fonde et ce qui est fondé, à démontrer que ce sont les actes objectivants qui jouent le rôle des formes fondatrices de la représentation. L'enquête sur les différentes formes de l'objectivation, provenant des couches inférieures et supérieures, est menée au contraire du point de vue des différentes « manières » selon lesquelles les objets peuvent être « constitués » dans les représentations. Or, c'est précisément cette façon de poser le problème général de l'intentionnalité qui détermine désormais, dans ce cours, et le contexte général et les thèmes spécifiques des analyses husserliennes.

En effet, la démarche husserlienne dans le cours de 1906/07 ne suit que d'une manière formelle le chemin ouvert par les *Recherches logiques.* Il est vrai qu'après avoir précisé les différents « sens » de la conscience, Husserl aborde la question de l'objectivation intentionnelle en rappelant brièvement la différence qui est faite entre « les représentations simples et celles qui sont composées »[216]. Celles-ci fournissent les éléments de base à partir desquels les « connexions *(Zusammenhänge)* dans lesquelles règne l'unité de la représentation, l'unité de l'objectivation »[217] peuvent être clairement déterminées. Toutefois, cette différence va être vite complétée par une autre, plus spécifique, qui est établie entre « les représentations immédiates et les représentations de degré supérieur ». Cette différence dissocie alors « les représentations qui ne constituent pas leurs objets au moyen d'autres représentations de telles manières qu'elles comprennent leurs objets » et celles « qui pourtant les présupposent comme fondements *(Fundament)* »[218]. Husserl pose ainsi de façon générale le problème de « différents modes de la constitution de représentations sur le fondement *(Grund)*

---

[215] *Ibid.* p. 213-214.
[216] *Ibid.* p. 294.
[217] *Ibid.*
[218] *Ibid.* p. 295.

d'autres représentations », mais il ne fait allusion, dans ce contexte, que, d'une part, aux modifications aperceptives propres à la sphère de la fantasie et, d'autre part, à la représentation d'image qui est saisie « selon leur complexification ou leur étagement *(Komplexion bzw. Übereinanderlagerung)* »[219].

Étant donc loin d'être épuisées, ces analyses ne font en effet qu'échantillonner les rapports des fondations qui sont présentes dans la sphère des représentations. Et si elles le font, c'est parce que Husserl ne les considère manifestement qu'en tant que réflexions préparatoires pour les analyses plus spécifiques qui doivent être consacrées à la constitution des objets pris selon leurs *couches temporelles*. Or, si les problèmes généraux de la représentation peuvent s'avérer inséparables de ceux qui sont à poser à propos de la « conscience du temps » et de la « constitution du temps », c'est avant tout parce que, comme Husserl le montre, le caractère « temporel » donne l'un des aspects les plus essentiels de ce qui est « vécu » dans un rapport représentatif à un objet. C'est la raison pour laquelle il faut poser la question de savoir « comment se constitue la temporalité », car celle-ci « appartient à l'essence originaire *(Urwesen)* de la conscience et à l'essence de chaque objectivité individuelle »[220]. Cela signifie que c'est bien la relation intentionnelle elle-même qui doit être interprétée selon les lois du temps, dans la mesure où il ne peut y avoir d'objectivation sans qu'un certain effet temporel ne conditionne essentiellement cette relation. Si bien que le moment même où l'objet se trouve atteint par la conscience dans tel ou tel mode de représentation se dégage, en fin de comte, comme étant entièrement imprégné par le temps. Mais cela signifie aussi, comme Husserl le souligne, que « le temps est partagé de multiples façons »[221], c'est-à-dire qu'il s'adapte d'une façon tout à fait propre, dans sa subsistance vécue, à la *structure fondative* de l'objectivation intentionnelle elle-même dont il ne cesse de produire le carac-tère dynamique.

---

219 *Ibid.*

220 *Ibid.*

221 *Ibid.*

C'est ainsi que dans les analyses phénoménologiques qui sont consacrées, dans le cours de 1906/07, à la problématique de la constitution temporelle et qui signifient ainsi une nouveauté radicale par rapport aux analyses des *Recherches logiques*[222], la figure de la « fondation » acquiert une importance particulière. En fait, c'est en s'appuyant sur cette figure que Husserl cherche à déterminer le caractère général de la temporalité de la conscience comme étant en lui-même divisé selon les niveaux différents et hiérarchisés de la constitution. Cependant, dès lors que ce ne sont précisément que « les niveaux de l'objectivité »[223], comme cela est dit dans la partie des *Leçons sur le temps* extraites de ce cours, qui peuvent fournir le cadre général d'une telle hiérarchisation, il est clair que le caractère étayé du temps vécu correspond essentiellement à la *composition fondatrice* selon laquelle s'effectue la constitution des objets eux-mêmes. C'est ainsi que Husserl peut parler sans hési-tation d'une temporalité de la « sensation », d'une temporalité qui appartient aux « appréhensions » et aussi de celle qui concerne les « prises de positions qui s'y ajoutent »[224]. C'est-à-dire qu'il identifie en effet une temporalité propre pour tous les modes et niveaux de « représentation » qui ont un rôle à jouer dans l'objectivation intentionnelle en général.

Cependant, cela ne veut nullement dire que la constitution en soi diverse du temps vécu serait entièrement dépendante, selon Husserl, du fonctionnement propre des actes

---

222 C'est Husserl lui-même qui fait remarquer, dans les cours du semestre de l'hiver 1904/1905, que dans les *Recherches logiques* « toute la sphère du souvenir, et par conséquent aussi tous les problèmes d'une phénoménologie de l'intuition originaire du temps, y étaient même pour ainsi dire passée sous silence ». Ainsi parle-t-il du « travail qui doit être désigné de fondamental au sens le plus grave *(im ernstesten Sinn fundamental)* » lorsqu'il s'agit d'étudier les phénomènes du temps, avec ceux de la perception, de la sensation et de diverses formes de représentation. Ces passages sont citées par Rudolf Bœhm dans son « Introduction » au *Sur la phénoménologie de la conscience intime du temps*, p. 11.

223 Husserl, *Sur la phénoménologie de la conscience intime du temps*, p. 176.

224 Husserl, *Introduction à la logique et à la théorie de la connaissance*, p. 296.

objectivants. Tout au contraire, les rapports de fondation qui traversent la composition des temporalités différentes vont bien au-delà de la sphère de la représentation proprement dite. Les textes des *Leçons sur le temps* sont explicites à cet égard : on trouve en effet, au niveau le plus bas de la conscience, les « moments du vécu qui fondent *(fundieren)* spécifiquement les appréhensions du temps » et ce n'est, explique Husserl, que grâce à ces dernières qu' « apparaît du temporel au sens objectif »[225]. Bien plus, il faut voir que c'est « le temps préobjectivé » qui « fonde *(fundiert)* nécessairement l'unique possibilité d'une objectivation des situations temporelles »[226]. Par conséquent, non seulement « la conscience temporelle originaire » ne se donne à sa manière que « sur le fondement *(Grundlage)* d'une apparition »[227], dénuée encore en elle-même de toute objectivité, mais celle-ci présuppose, selon la conception que Husserl a tenu pour vrai en 1904, la production d'un « matériau spécifique qui, en tant que contenu d'appréhension, se trouve au fondement *(zugrunde liegt)* de la dotation de sens temporel objective *(objektiven Zeitdeutung)* »[228].

Or, bien qu'il soit vrai que ces analyses ne représentent qu'un étape tout à fait provisoire dans le développement des analyses husserliennes sur la temporalité de la conscience, l'importance qu'elles attribuent au phénomène de la « fondation » ne saurait être négligée. Car, il s'agit précisément, sur ce point, d'établir certains des cadres généraux qui affectent de façon essentielle le déploiement ultérieur de toute cette problématique. C'est ainsi que lorsque Husserl définit l'impression originaire comme un élément primaire « qui est pur[e], qui est exempt[e] de toute modification et qui est le fondement *(Fundament)* de l'objectivation du maintenant »[229], c'est bien un élément essentiel de la doctrine de la constitution temporelle en

225 Husserl, *Leçons pour une phénoménologie de la conscience intime du temps*, tr. fr. H. Dussort, Paris, Gallimard, 1964. p. 9. (désormais *Leçons pour phénoménologie de la conscience intime du temps*).

226 *Ibid.* p. 93.

227 Husserl, *Sur la phénoménologie de la conscience intime du temps*, p. 93.

228 *Ibid.* p. 99.

229 Husserl, *Introduction à la logique et à la théorie de la connaissance*, p. 309.

général qui y reçoit sa première formulation. De la même manière, parler du « fondement impressionnel *(impressionalen Grund)* » ou encore de la « fondation impressionnelle *(impressionale Fundierung)* »[230] des actes, comme il le fait déjà en 1904, et chercher à définir à partir de là les effets intentionnels de la « représentation-de-phantasia » et du « souvenir », c'est précisément poser la question fondamentale de la *composition interne*, et, en ce sens intrinsèquement *fondée*, de la conscience intentionnelle qui donne précisément lieu aux dynamismes vécus sans lesquels elle ne pourrait être pensée[231].

D'une manière générale, on pourrait dire que c'est en effet la problématique tout à fait essentielle de la « modification » temporelle qui fait que la figure de la « fondation » peut être constamment mobilisée dans les analyses phénoménologiques sur le temps. Car le rapport des termes entre lesquels se produit la modification ne peut être complètement exempt d'une certaine mise en ordre hiérarchisée. C'est ainsi, par exemple, qu'en abordant la question de l'écoulement temporel comme succession dans l'une de ses premières analyses sur ce sujet, Husserl peut affirmer que « la perception de la succession présuppose, comme la perception de toute relation, une perception des fondements *(Fundamente)* » où celle-ci est précisément comprise comme « A ayant-été et B de mainte-

---

230 Husserl, *Phantasia, conscience d'image, souvenir*, p. 240-241. (dans ce passage au lieu du « fondement impressionnel » la traduction française dit « sol impressionnel »).

231 En fait, comme en témoignent les recherches tardives de Husserl sur la constitution du temps, la pure genèse temporelle et les expériences temporelles elles-mêmes se donnent selon une configuration qui est beaucoup plus complexe que celle, toujours plus ou moins statique, du *Fundierung*. Aussi, comme le remarque Rudolf Bernet, l'acte reproductif du « ressouvenir » n'est en vérité jamais pris chez Husserl comme « un rapport de fondation » établi entre deux vécus à la fois temporellement séparés et entrelacés (R. Bernet, « Introduction », in Husserl, *Sur la phénoménologie de la conscience intime du temps*, p. 43.). Il s'agit plutôt, comme Bernet le dit dans un autre texte, d'une « transformation [...] qui est telle, que le nouvel acte est non seulement fondé sur l'acte primitif, mais qu'il préserve sa trace en lui sous la forme d'une *implication intentionnelle* ». Bernet, *Conscience et existence*, *op. cit.*, p. 100.

nant »[232]. Aussi, les modifications faites au sein de la conscience temporelle par le souvenir et par la saisie réflexive dans le souvenir ne sont possibles que grâce à la successivité passive des phases temporelles et par conséquent, explique Husserl, « c'est sur le fondement *(Grund)* de la coexistence non explicite que, dans le l'un-après-l'autre, s'accomplit la saisie au singulier, la mise en relation, le rassemblement etc. »[233]. Manifestement, c'est bien la mise en évidence du rapport entre, d'une part, le niveau primordial et en ce sens non-modifié de toute modification temporelle et, d'autre part, les processus vécus susceptibles d'une telle modification qui permet d'avoir recours ici à un modèle hiérarchique de l'explication. On verra dans quelle mesure ces nouvelles définitions de la « fondation » prédisposent, chez Husserl, la formation d'une nouvelle pensée du « fondement ».

b) *Le déplacement du fondement : de la représentation à l'apparition*

Il n'est pas difficile d'observer que la stratégie générale suivie par Husserl dans la description des diverses formes d'objectivation intentionnelle et de leurs rapports de fondation dans le cours 1906/07 intitulé « Introduction à la logique et à la théorie de la connaissance » n'est pas extrêmement différente de la stratégie des *Recherches logiques.* Les analyses s'y appuient sur la définition de trois « concepts de conscience »[234] qui permettent de discerner le champ propre à partir duquel la saisie systématique des phénomènes de la connaissance devient phénoménologiquement possible. En effet, discerner le « champ de la donnée » *(Feld der Gegebenheit)* qui n'est ni un « être physique », ni

232 Husserl, *Sur la phénoménologie de la conscience intime du temps*, p. 100, note 46.
233 *Ibid.* p. 158.
234 *Cf.* Husserl, *Introduction à la logique et à la théorie de la connaissance*, p. 285-294.

tout simplement un « être psychique »[235], c'est sans doute la première condition à accomplir au cours d'une recherche gnoséologique ayant pour ambition d'explorer les origines ultimes de la connaissance. Pourtant, si les analyses husserliennes de ces deux travaux diffèrent peu quant à la stratégie générale, leurs détails concrets diffèrent manifestement beaucoup plus. Car ce que Husserl entend par « conscience » dans le cours de 1906/07 n'est pas simplement quelque chose de plus élaboré que ce qui se trouve indiqué sous le même titre dans la *Ve Recherche logique*. Les deux usages du terme s'appuient en effet sur des définitions différentes dans la mesure où, en 1906, la notion de la conscience est mise en jeu pour répondre à des questions qui n'ont pas encore pu être posées dans le travail plus ancien. En fait, le recours à la triplicité des « concepts de conscience », bien qu'ils proviennent du même intérêt gnoséologique, renvoie, dans les deux cas, à des situations phénoménologiques fort différentes.

Cette différence s'annonce tout d'abord dans la composition des analyses elle-même. Tandis que dans les *Recherches logiques* les trois concepts de conscience sont présentés comme trois possibilités différentes de définir ce que l'on doit entendre légitimement par ce terme, parmi lesquels le troisième concept, celui du « vécu intentionnel », sert de base aux recherches proprement phénoménologiques, dans le cours de 1906/07 ces concepts désignent nettement trois dimensions de la même unité phénoménologique. Autrement dit, dans ce dernier cas, les concepts servent à indiquer trois couches différentes de la même configuration phénoménologique, plutôt qu'à donner des définitions plus ou moins congruentes dans l'approche du « psychique » en général. Cela montre, en effet, que lorsque Husserl se met à dévoiler, dans ses nouvelles analyses, la structure propre de la conscience, il s'oriente déjà selon l'idée d'une *configuration intrinsèquement fondée*.

Les analyses husserliennes sur la composition de la conscience dans le cours de 1906/07 prennent pour départ le

---

235 *Ibid.* p. 284.

problème phénoménologique de la « perception ». En distinguant soigneusement entre l'« arrière-plan objectif » de ce qui est perçu et le caractère « vécu » de l'acte de la perception elle-même, Husserl attire l'attention sur le fait que ce dernier se donne sous une « forme implicite »[236] dans la conscience. Le vécu de perception est quelque chose qui y est tout d'abord « là ». Il est encore vivant ou vient juste d'avoir lieu avant toute réflexion qui en ferait un objet. Bien plus, c'est précisément cet état « naïf » de la perception qui fait que l'on peut attribuer une telle « existence » *(Dasein)* ou « être » *(Sein)* aux vécus qui, selon Husserl, « ne peut être changé en une donnée et, par là, être constaté que dans la considération réflexive » et qu'il faut alors appeler « l'être du vécu "simple" ou préphénoménal »[237]. La définition du vécu comme « être préphénoménal *(vorphänomenales Sein)* » constitue alors le *premier concept* de la conscience. Au sujet de celle-ci, Husserl n'hésite pas à ajouter qu'il s'agit là d'une conscience « originaire », par principe non objectivée, voire « absolue », qui est traversée entièrement par la temporalité interne du flux des vécus eux-mêmes[238].

Par rapport au premier, le *deuxième concept* de la conscience est défini à partir du caractère objectivant de cette dernière. Husserl se réfère ici à la conscience en tant que « conscience d'objet » en y ajoutant que « c'est le caractère essentiel de la conscience au second sens d'être un vécu mais de n'être pas seulement vécue, mais d'"avoir" en soi un objet, qu'elle l'intuitionne adéquatement ou qu'elle l'ait donné d'une autre manière ou qu'elle vise de manière transcendante »[239]. C'est donc bien le caractère de « l'être-conscient-d'une-objectivité », qui donne toute sa spécificité au second concept de la conscience. À ce titre, elle mérite d'être désignée comme « vécu intentionnel »[240]. C'est cette détermination de la conscience

236 *Ibid.* p. 286.
237 *Ibid.*
238 *Cf. Ibid.* p. 287-288.
239 *Ibid.* p. 289.
240 *Ibid.*

comme vécu intentionnel qui permet alors d'aboutir au *troisième concept*, où celle-ci est définie comme une modalité tout à fait propre des vécus intentionnels eux-mêmes. À vrai dire, Husserl revient ici à son ancienne doctrine sur la « croyance » ou sur la « prise de position » intentionnel qui s'attachent, à leur manière, à chaque acte objectivant en tant que « qualité d'acte ». Dès lors, le troisième concept de la conscience se fonde directement sur le second en ce que, comme Husserl le précise, « en premier lieu se constitue le rapport à l'objectivité et ensuite, là-dessus, une prise de position, une *intentio* au sens prégnant qui est dirigée sur l'objectivité constituée »[241]. De la même manière, le phénomène de l' « attention » se trouve inclus dans cette dernière définition de la conscience dans la mesure où celui-là se donne comme une modalité propre du rapport à l'objectivité, bien que l'attention, prise en tant que telle, ne soit ni un acte, ni un caractère d'acte, et ainsi elle se distingue fondamentalement des prises de position.

Cependant, dans cette présentation de la *composition fondée* de la conscience, il y a quelque chose non seulement de nouveau, mais aussi de frappant. En effet, bien que ces analyses, en allant du niveau de l'être préphénoménal du vécu jusqu'à celui de la croyance en passant par la définition du vécu intentionnel, aient de nombreuses fois recours aux thèses qui ont été élaborées pour la premier fois dans les *Recherches logiques*, la référence à la doctrine du *fondement des actes* comme « re-présentation », référence principale dans la *V*[e] et *VI*[e] *Recherches*, semble leur fait entièrement défaut. Cette absence est d'autant plus étonnante que la question de la « fondation » des actes par les « représentations » se trouve tout de même posée dans l'une des parties du cours de 1906/07. En examinant le rapport intentionnel qui apparaît au troisième niveau de la conscience, et en ayant pris la décision de désigner les « prises de positions » comme « actes » puisqu'elles se dirigent, elles aussi, sur les objectités apparaissantes, Husserl ajoute :

---

241 *Ibid.* p. 291.

> « D'après cela nous pouvons dire : chaque acte requiert comme soubassement *(Grundlage)* une “représentation” *(Vorstellung)*, une apperception objectivante qui, en tout premier lieu, rend “représentative” *(vorstellig)* pour lui son objectivité, la porte à la conscience. Une conscience d'objet doit être là afin que la prise de position trouve quelque chose sur quoi elle puisse prendre position. Une prise de position sans objectivation fondatrice *(fundierende)* et d'abord sans apperception est impensable »[242].

Or, il est clair, en premier lieu, que c'est tout le lexique des *Recherches logiques* qui se trouve employé dans cette description. Mais il est également clair, comme l'indique la formulation et même l'usage des guillemets, que l'importance qui est accordée à ce passage par Husserl n'est aucunement celle qui est à l'œuvre dans les descriptions essentielles qui sont effectuées sur ce même sujet dans le *Ve Recherche.* En effet, non seulement la question de la « fondation » interne des actes se trouve marginalisée, en ce qu'elle n'est posée que par rapport au troisième concept de la conscience comme celle du rapport des vécus intentionnels et des prises de positions, mais aussi toute la théorie de la « représentation » comme fondement d'actes, au sens de *Repräsentation*, semble-t-elle être supprimée dans cette analyse. Le terme « *repräsentative* » n'est utilisé dans ce contexte que pour indiquer la fonction que remplissent les « sensations » dans la constitution intentionnelle d'une « apparition objective »[243]. Et même s'il est vrai que Husserl reprend un peu plus loin l'usage de ce terme dans son sens précis et parle de l'appréhension comme « représentation » *(Repräsentation)*[244], cette définition ne sert en vérité qu'à établir une distinction entre les « représentations propres » et « impropres » dans la sphère des actes objectivants. Le soubassement de ces actes se trouve, par contre, au niveau de ce que Husserl appelle ici les « objecti-

242 *Ibid.*
243 *Cf. Ibid.* et 296.
244 *Ibid.* p. 319.

vations primaires »[245], c'est-à-dire celui des « perceptions » qui renvoient à leur tour à la temporalité des vécus eux-mêmes.

Or, il est évident que cette relégation de la problématique de la représentation chez Husserl dans l'analyse de l'objectivation intentionnelle, et surtout la suppression entière de la doctrine de la « représentation représentative » *(Repräsentation)*, ne peut être sans rapport avec la nouvelle détermination phénoménologique qu'il donne sur la conscience. Car, à partir du moment où la conscience est définie, en tout premier lieu, comme « être préphénoménal » des vécus dont le rapport aux apparitions objectives s'effectue au moyen de la temporalité immanente, une idée du « fondement des actes » selon laquelle l'intentionnalité est prise comme une appréhension du sens qui trouve son support dans un *Repräsentation*, ne peut plus guère être soutenue[246]. Si bien que la nouvelle thèse husserlienne selon laquelle « c'est dans la conscience du temps que s'accomplit toute objectivation »[247] ne laisse manifestement pas intacte, et c'est sans doute une conséquence capitale, l'ancienne doctrine des actes objectivants eux-mêmes. Loin d'être le fondement de tous les actes sous la forme de « représentation », le renvoi intentionnel unitaire à un objet est désormais interprété par Husserl comme s'édifiant lui-même à partir d'un « flux des apparitions » dont l'unité propre se constitue de façon temporelle sous une forme « implicite »[248]. C'est bien à partir de cette forme implicite qu'émerge au deuxième degré, et à travers une prise de conscience identificatrice, la synthèse explicite de cet objet comme « représentation ». Ainsi « la représentation de

---

245 *Ibid.* p. 318.

246 Le caractère tout à fait ambigu de la figure du *Repräsentation*, par rapport à celle de la « donation de soi » et de l'« apparition », chez Husserl a été analysé par Bernard Rang dans son article « Repräsentation und Selbstgegebenheit », *Phänomenologie heute, Phänomenologische Forschungen*, Band 1, Karl Alber, München, 1975, p. 105-135. Sur cette question *Cf.* aussi, R. Bernet–I. Kern–E. Marbach, *Edmund Husserl : Darstellung seines Denkens*, Felix Meiner, Hamburg, 1989, p. 112-113.

247 Husserl, *Introduction à la logique et à la théorie de la connaissance*, p. 306.

248 *Ibid.* p. 321.

l'ipséité *(Selbigkeit)* »[249] de l'objet en général ne s'avère ni première, ni fondamentale au niveau du rapport intentionnel. La conscience de l'identité de l'objet, tout comme celle de son « altérité *(Andersheit)* », présuppose, Husserl le formule très précisément, qu'elle soit « fondée au moyen des apparitions *(Erscheinungen fundierte)* »[250].

La raison pour laquelle Husserl abandonne le concept de « représentation » au profit de celui d' « apparition » dans l'exploration phénoménologique du « fondement » du rapport intentionnel découle, comme on l'a vu, de la découverte du rôle que jouent les phénomènes propres de la temporalité de la conscience au sein de toute sorte d'objectivation. De ce point de vue, certains des passages des *Leçons sur le temps*, écrits bien avant le cours de 1906/07, peuvent être tout à fait éclairants : l'amalgame entre la terminologie descriptive des *Recherches logiques* et celle qui est, à l'évidence, requise par l'analyse phénoménologique encore hésitante du temps montre bien la transformation en cours ayant trait à la doctrine du « fonde-ment des actes ». Dans un manuscrit écrit autour de 1901 sur la question de la « représentation » dans le temps, Husserl part de la constatation suivante :

> « Des actes psychiques se fondent *(gründen)* donc bien toujours sur des apparitions, mais les objets apparaissants reçoivent alors la déterminité-de-“conscience” qui s'y rapporte. Par exemple, le souhait “se rapporte”, c'est-à-dire a pour “fondement” *(Grundlage)* une représentation *(Vorstellung)*, mais ce qui est souhaité, c'est le représenté. C'est de même l'objet de la représentation en cause faisant fondement *(bezüglichen grundlegenden Vorstellung)* qui est réjouissant, valeureux, agréable, fâcheux, etc. »[251].

Or, de cette caractérisation de la représentation comme fondement d'actes, qui corresponde dans une large mesure à la

---

249 *Ibid.*

250 *Ibid.* p. 325. Et voir aussi toutes les analyses dans les pages 321-322.

251 Husserl, *Sur la phénoménologie de la conscience intime du temps*, p. 92.

doctrine qu'on trouve à propos des « actes objectivants » dans la *Ve Recherche*, Husserl passe immédiate-ment aux considérations sur le temps :

> « Il en va de même avec la conscience temporelle. C'est l'objet de la représentation perceptive qui est présent (maintenant) : l'apparition perceptive est une apparition, laquelle est fondement *(Grundlage)* d'une conscience percep-tive, c'est-à-dire de la position perceptive, de ce genre de conscience qui pose l'apparaissant comme présent. L'objet d'une représentation-de-souvenir est passé : le souvenir est un genre de position, de conscience, lequel – peut-être – a pour fondement *(Grundlage)* une apparition toute pareille, mais partage avec l'objet le caractère du passé »[252].

Cependant, on peut constater que l'analogie établie ici par Husserl entre, d'une part, la fonction fondatrice que fournit la représentation d'objet pour une appréhension comme le souhait, et, d'autre part, la fondation que doivent exercer les apparitions temporelles par rapport à la position perceptive de l'objet apparaissant, ne peut guère être féconde. Tout d'abord, comme Husserl l'admet lui-même un peu plus loin dans son texte, parce qu'une apparition dans le temps n'est pas précisément, dans son état originaire, une « représentation d'objet ». Ne pas voir cela, ce serait effacer d'un coup tout véritable critère de distinction entre conscience temporelle *originaire* et conscience temporelle *reproductive.* C'est ainsi que bien que le but principal de ces analyses soit de démontrer que le souvenir possède un pouvoir représentatif qui lui est propre et qu'il existe ainsi une « conscience temporelle représentative et conscience d'objet » dans le temps immanent, Husserl se trouve dans la position d'être simplement forcé d'ajouter que « dans le cas de la perception d'un processus ou d'une durée, la conscience temporelle est au contraire non représentative *(nicht repräsentativ)*, mais originaire *(originär)* »[253]. Cela conduit alors

---

252 *Ibid.*

253 *Ibid.* p. 93.

également à constater que c'est bien l'« apparition » qui fournit le « fondement *(Grundlage)* d'une conscience temporelle originaire du maintenant et du passé »[254]. Ou encore, plus précisément, il s'agit de reconnaître que « la conscience temporelle originaire est seulement une conscience continûment modifiable de caractère déterminé (modes temporels déterminés) sur le fondement *(Grundlage)* d'une apparition »[255]. En outre, la figure de *Repräsentation* ne peut avoir trait, à ce niveau temporel, qu'au « caractère de la reproduction », au souvenir donc, qui présuppose chaque fois, à son tour, une apparition perceptive comme fondement[256]. Ainsi, du point de vue de la conscience temporelle originaire, la « représentation perceptive » sera interprétée d'emblée comme ce qui est d'une nature telle qu'« un maintenant apparaît intuitivement en elle et ce "maintenant apparaissant intuitivement" devient fondement *(Fundament)* d'une conscience représentative » *(repräsentativen Bewußtsein)*[257].

La position défendue par Husserl dans le cours qu'il professe en 1906/1907 et dans les *Leçons sur le temps* dont les résultats y sont largement exploités, semble donc être claire : par rapport à la conception plus ancienne des *Recherches logiques*, le lieu du « fondement des actes » est définitivement *déplacé*. Cela signifie qu'au lieu d'insister sur le caractère « fondamental » du rapport intentionnel tel qu'il est défini par l'unité fonctionnelle de l'appréhension objectivante, de la matière intentionnelle et des contenus appréhendés, c'est-à-dire par l'unité à laquelle, apparemment, le terme *Repräsentation* convenait le mieux, Husserl découvre en effet une nouvelle dimension de l'*irréduc-*

---

254 *Ibid.*

255 *Ibid.* L'indécision de Husserl, sur ce point, en ce qui concerne la véritable portée de la constitution temporelle par rapport à l'objectivation intentionnelle se montre emblématiquement dans l'affirmation selon laquelle « bien évidement, les prédicats temporels originaires ne sont pas laissés à l'arbitraire, même si pour l'objet ils ne sont pas constitutifs. Ils appartiennent *(gehören)* à l'objet », *ibid.*

256 *Ibid.* p. 93.

257 *Ibid.* p. 95.

tibilité phénoménologique. Ce sont bien les « apparitions » vécues et temporalisées qui sont désormais considérées comme capables de fournir les vrais éléments du fondement phénoménologique dans la mesure où elles mettent en œuvre un fonctionnement au sein de la conscience interne qui s'avère être, en dernière instance, la condition ultime de l'objectivation[258]. Au fond, comme on peut le voir, la mise en évidence du rapport de fondation que les apparitions entretiennent avec la temporalité propre de la conscience et, à travers cette dernière, avec les appréhensions objectivantes réoriente, d'une certaine façon, toutes les recherches phénoménologiques sur la conscience et sur la connaissance.

Il faut voir néanmoins que cette nouvelle orientation de la phénoménologie, qui renferme l'exigence de l'élaboration d'une nouvelle doctrine du « fondement », n'implique nullement que Husserl doive renoncer à la doctrine des actes objectivants conçus comme fonctions intentionnelles fondatrices. Il s'agit plutôt du fait, comme cela apparaît déjà clairement dans la nouvelle définition de la conscience, que c'est bien l'objectivation intentionnelle elle-même dont on doit retrouver le fondement phénoménologique nouveau. Mais cela explique pourquoi Husserl va, dans cette même période, jusqu'à réviser en quelque sorte certaines des conceptions principales élaborées dans les *Recherches logiques* concernant le rôle et la portée des actes objectivants. Au lieu de considérer ceux-ci comme conférant tout simplement un « sens » *(Bedeutung)* objectif et identique aux objets, Husserl se propose de repenser leur fonction objectivante fondamentale au profit de l'élaboration d'une nouvelle configuration de contenus présentatifs et de caractères d'appréhension. Comme il le souligne dans ses analyses de 1908/09, les actes qui sont pourvus des « visés » d'objets

---

258 Dans une partie récapitulative des leçons de *Chose et espace* qui traite le problème de la perception, Husserl souligne avoir « mis en relief l'apparition comme un élément fondateur *(Fundierendes)* [...] comme ce en présence de quoi on se trouve et qui est au fondement *(vorliegt und zugrunde liegt)* », *Chose et espace*, p. 176.

renvoient tout d'abord, grâce à leurs recouvrements perceptifs possibles, aux « apparitions » ainsi qu'à la « continuité » propre de ces apparitions[259]. Ce qui nécessite bien évidemment de parvenir à relier toute cette problématique à celle de la perception du temps.

Toutefois, les modifications ainsi apportées dans la doctrine de l'objectivation intentionnelle signifient une véritable ouverture plutôt qu'une simple extension du champ des recherches phénoménologiques. Car en mettant en évidence la thèse, qui a, sans doute, une importance capitale dans le développement de l'idéalisme husserlien, selon laquelle ce n'est que dans « les apparitions où se fondent *(gründen)* les appréhensions »[260] une nouvelle tâche phénoménologique s'impose aussitôt : celle de comprendre et la possibilité et la dimension phénoménologique véritable d'une telle fondation originaire.

3. *Repenser le vécu, retracer la corrélation*

Le terme « apparition », que Husserl emprunte à Brentano[261], surgit dans le discours phénoménologique au moment même où le problème de la conscience s'y trouve explicitement formulé. En effet, c'est au cours d'une première clarification de ce qui peut être appelé à juste titre un « vécu de conscience » dans les *Recherches logiques* que Husserl se met à

---

259 *Cf.* Husserl, *Vorlesungen über Ethik und Wertlehre (1908-1914)*, Hua. XXVIII, *op. cit.* p. 320-321. Husserl parle, dans les cours sur l'éthique de 1908/1909, d'un « manque » *(Mangel)* dans les *Recherches logiques* en ce que celles-ci ne rendent pas assez clairement la distinction entre *Meinung* et *Bedeutung*. Il ajoute « So würde ich nicht mehr von erfüllender Bedeutung, sondern von erfüllender Meinung bzw. Erscheinung sprechen », *ibid.* p. 320.

260 *Cf.* Husserl, *Transzendentaler Idealismus*, Hua. XXXVI, *op. cit.* p. 63. (texte de 1908)

261 *Cf.* R. Rollinger, *Husserl's Position in the School of Brentano*, *op. cit*, p. 25.

dissiper l'équivoque qui fait qu'on donne généralement le nom d'« apparition » *(Erscheinung)* « non seulement au vécu en quoi réside l'apparaître *(Erscheinen)* de l'objet, mais aussi à l'objet apparaissant *(Erscheinende)* comme tel »[262]. En élaborant ainsi la thèse principale selon laquelle l'« apparition » de la chose, c'est-à-dire le vécu, est quelque chose de tout à fait distinct de l'objet « apparaissant », bien qu'elle s'y rapporte nécessairement, Husserl esquisse de façon préliminaire le cadre général de la corrélation intentionnelle elle-même. Cependant, dès lors que la conception husserlienne de la conscience se trouve modifiée, en ce sens où celle-ci est visée comme une configuration unitaire au lieu d'être prise, à la manière des *Recherches logiques*, comme un substrat d'explications différentes, le terme d'« apparition » rentre en scène dans le discours phénoménologique sous une forme nouvelle. En effet, Husserl utilise désormais ce terme tout aussi bien pour rendre compte des éléments « fondateurs » de la constitution intentionnelle des objectités différentes que pour mettre en évidence ce qui y est en effet présupposé, c'est-à-dire le caractère temporel de la constitution interne des vécus eux-mêmes[263]. Ainsi le phénomène de l'« apparition », avec ses variantes descriptives comme celui de l'« apparaître » et de l'« apparaissant », suscitent-ils une attention tout à fait particulière dans les analyses nouvelles de Husserl : ils renvoient d'une certaine manière à l'assise phénoménale à partir duquel on peut comprendre comment la conscience comme *flux de vécus* sous-tend les objets immanents et transcendants intentionnels qui lui sont corrélatifs.

La double tâche devant laquelle se retrouve la phénoménologie de Husserl sur ce point est alors la suivante : penser les apparitions comme « présentations » d'objets à partir

---

262 Husserl, *Recherches logiques*, tome II/2, p. 148-149.

263 Que le rapport entre « apparition » et « détermination temporelle » n'ait pas été quelque chose comme allant de soi pour Husserl, cela se montre clairement dans sa remarque suivante : « Le concept d'apparition m'a causé quelque tracas à l'époque des premières années de Göttingen. Un concept semblait devoir en être circonscrit qui "paraissait exclure tout caractère temporel"», Husserl, *Sur la phénoménologie de la conscience interne du temps*, p. 178.

desquelles, puisque celles-là sont les éléments fondateurs, la formation de tous les modes de « représentation » au sens propre peut être démontrée ; et penser, en même temps, les apparitions comme étant les phénomènes propres des effectuations pour ainsi dire les plus archaïques de la conscience, celles de la constitution des vécus dans leur « être temporel », et mettre ainsi en évidence la conscience elle-même comme une couche absolue qui fonde l'objectivation intentionnelle elle-même. Or la réalisation de ces tâches requiert, on le verra, non seulement une nouvelle mise en réseau des éléments de la corrélation intentionnelle, mais également, et plus essentiellement encore, une certaine transformation dans la définition du vécu de la conscience lui-même.

a) *Apparition objective et apparition temporelle*

Sans doute, le recentrage des analyses husserliennes sur les problèmes de l' « apparition » après la publication des *Recherches logiques* est une conséquence directe de l'accroissement de son intérêt pour les phénomènes propres de la temporalité de la conscience. Le fait, en d'autres termes, que l'importance qui était attribuée jusque là au thème de la représentation se déplace désormais sur le thème de l'apparition s'explique par la découvert de la nature fluante ou dynamique de l'objectivation intentionnelle où ce dynamisme caractérise, précisément, l'être des vécus eux-mêmes. Or, l'avantage du terme d' « apparition » consiste manifestement ici en ce qu'il peut être utilisé pour désigner le côté objectif du rapport intentionnel, c'est-à-dire l'*apparition d'objet*, et son corrélat vécu qui se présente sous la forme de l'*apparition temporelle immanente*. En ce sens, il s'avère être le terme propre de la corrélation elle-même. Cependant, il n'est pas difficile de reconnaître la mesure dans laquelle cette refonte de la détermination de la corrélation pose un problème à Husserl. Car, la nouvelle thèse selon laquelle « ce que nous nommions dans les *Recherches logiques* "acte" ou "vécu intentionnel" est un flux en quoi se constitue une unité temporelle immanente »[264] ne peut être propagée sans que l'ancienne doctrine phénoménologique de la corrélation intentionnelle entre le vécu et l'objet soit considérablement remaniée.

Il est important de rappeler, à cet égard, quel rôle était assigné au concept de l'apparition dans les analyses des *Recherches logiques.* L'« apparition » y désigne tout d'abord le vécu en tant que contenu « réel » de la conscience, mais elle se distingue d'un vécu intentionnel en ce qu'elle n'a trait qu'aux *sensations.* Ces dernières sont les contenus vécus « présentatifs » *(darstellenden)* – visuels, acoustiques, odoratifs – qui possèdent, selon l'expression de Husserl, une « existence brute »[265] dans la trame de la conscience. Par contre, les vécus proprement intentionnels sont des actes qui « appréhendent » les sensations en leur conférant une « interprétation » objective conformément à la forme de représentation qui leur est propre. La distinction entre les contenus « présentatifs » de sensations, d'une part, et les appréhensions au sens des actes intentionnels « représentatifs », d'autre part, constitue l'une des distinctions principales de la doctrine phénoménologique de l'intentionnalité dans les *Recherches logiques*[266]. Grâce à cette distinction, l'intentionnalité peut être définie comme une relation de connaissance qui est fondée dans une pure immédiateté objective. En outre, c'est bien cela qui autorise Husserl à parler de la « plénitude » de la représentation comme d'une fonction intentionnelle qui non seulement fait que les contenus de sensation rendent « présent » un objet tel qu'il est donné selon ses caractères sensibles, mais, du même coup, expose ce dernier comme objet possible d'une appréhension représentative. Or, cela signifie, selon la pensée husserlienne de cette époque, que, d'une part, ce sont « les contenus présentatifs de la perception externe qui définissent le concept

---

264 Husserl, *Leçons pour une phénoménologie de la conscience intime du temps*, p. 100.
265 Husserl, *Recherches logiques*, tome II/2, p. 188.
266 *Ibid.* p. 186.

de sensation au sens étroit »[267], d'autre part, et ceci n'est en effet que l'inverse de la première thèse, que « seuls les actes intuitifs conditionnent "l'apparition" de l'objet »[268].

Or, dans la perspective de ces deux thèses, il n'est pas difficile d'apercevoir ce que Husserl a dû modifier dans la doctrine de la corrélation intentionnelle afin de pouvoir rendre compte, phénoménologiquement, des phénomènes de la temporalité de la conscience. Tout d'abord, il a fallu modifier le concept de « contenu de sensation » dans le sens qu'il était indispensable de lui donner une plus large définition. Car il est clair que jusqu'à ce que la sensation ne soit pensée qu'exclusivement selon le modèle de la perception externe, l'analyse de la constitution du temps reste, en quelque sorte, liée à la sphère des processus objectifs ou naturels de l'expérience. Mais, étant donné que la tâche de la phénoménologie ne peut être rien d'autre, sur ce point, que celle de retourner à l' « origine du temps », c'est-à-dire aux « formations primitives de la conscience du temps »[269] en fonction desquelles tous les moments et toutes les relations temporelles, externes ou internes, doivent se constituer, l'analyse ne peut commencer qu'en dévoilant ce qui est le plus fondamental au plan de la constitution temporelle. Ce qui signifie que le but principal de la phénoménologie de la temporalité doit consister dans la mise en en évidence de la couche *irréductible* et en ce sens « absolue » du « sentir » du temps au milieu de laquelle, précisément, comme Husserl l'explique, « le *Datum* de temps absolu senti n'est pas sans plus l'être-vécu du temps objectif »[270].

Or en ce qui concerne la deuxième thèse, celle qui plaide pour le primat exclusif de l'acte intuitif dans la constitution de l'apparition, la modification effectuée par Husserl semble y être encore plus radicale. Car si chaque apparition comme contenu doit présupposer, à son tour, conformément à la doctrine

---

267 *Ibid.*, tome III, p. 101.
268 *Ibid.* p. 207.
269 Husserl, *Leçons pour une phénoménologie de la conscience intime du temps*, p. 14.
270 *Ibid.* p. 12.

de l'intentionnalité présentée dans les *Recherches logiques*, une appréhension de nature intuitive pour qu'elle puisse être rapportée à une donnée, alors se pose aussitôt la question de savoir quel est l'équivalent de cette appréhension au niveau de la constitution immanente du temps. C'est-à-dire, comment la sensation immanente doit-elle être appréhendée dans son apparition pour que l'objectivation intentionnelle reçoive d'emblée un caractère temporel originaire ? Le problème qui se pose ici est qu'en parlant tout simplement des « actes de l'appréhension » au niveau temporel, le risque est pris de ne concevoir la conscience du temps que comme une sorte d'enchaînements des états en soi distincts de la conscience intentionnelle. Mais, de cette manière, comme Husserl l'admet lui-même, c'est précisément la possibilité de la constitution de la « continuité » temporelle qui resterait foncièrement obscure[271].

Ainsi, il n'est sans doute pas fortuit que ce soit en élaborant la problématique de la constitution temporelle que Husserl décide de renoncer, dans une certaine mesure, à ce qu'il appelle « le schème contenu d'appréhension - appréhension » de la relation intentionnelle[272]. Cela signifie tout d'abord que Husserl n'accorde plus à la sensation, au niveau de la temporalité immanent, qu'un mode de fonctionnement purement immanent. Bien plus, c'est la sensation elle-même qu'il tient pour « la conscience originaire du temps »[273] dans la mesure où il considère cette première non seulement comme un contenu

---

271 Voir à cet égard un texte de Husserl où il se demande explicitement s'il est possible d'expliquer la constitution de la continuité temporelle d'une appréhension objective en présupposant un « continuum de contenus primaires simultanément, et là-dessus simultanément un continuum d'appréhension », Husserl, *Sur la phénoménologie de la conscience intime du temps*, p. 202-206.

272 Robert Sokolowski a analysé en détail les étapes de cette transformation de la doctrine husserlienne de la constitution, *The Formation of Husserl's Concept of Constitution*, M. Nijhoff, The Hague, 1964, p. 79-115. Voir aussi les analyses de R. Bernet dans « Introduction », in Husserl, *Sur la phénoménologie de la conscience intime du temps*, p. 47-49.

273 Husserl, *Leçons pour une phénoménologie de la conscience intime du temps*, p. 141.

primaire, voire originaire, de la constitution du temps, mais précisément comme un contenu dont l'apparition ne s'effectue pas, au sein de la constitution temporelle, en fonction d'une « appréhension », mais plutôt, tout d'abord, comme une « affection »[274]. C'est ainsi que Husserl tend de plus en plus à considérer l'apparition au sens de sensation comme étant strictement équivalente à « la conscience présentative *(gegenwärtigenden)* du temps » qui, pour autant qu'elle renvoie à la forme de la « présentation » *(Präsentation)* enlacée avec la structure de la rétention et de la protention, définit à son tour la « sphère originaire au sens large » de la conscience[275].

Il est clair qu'à partir du moment où la sensation est prise comme élément propre et autosuffisant de la conscience originaire du temps qui, de plus, se constitue sous la forme de l'apparition, il n'est point besoin de présupposer les appréhensions comme fonctions dont le rôle serait en quelque sorte de se rapporter à la sensation pour lui fournir un caractère intentionnel. En effet, au niveau de la constitution originaire du temps, comme Husserl l'affirme clairement dans l'une de ses notes faites au cours de 1906/07, « tout est "conscience" », ce qui signifie, précisément, que pour qu'il y ait constitution originaire à ce niveau, « il n'est pas besoin d'appréhensions particulaires s'avançant vers un matériau mort de "sensations" [...] qui seraient de simples "contenus" »[276].

Ce qui ne veut nullement dire, par contre, que parler d'« appréhensions » en rapport avec la sphère de la constitution du temps originaire serait tout simplement dépourvu de sens. Husserl s'attache plutôt à la tâche de démontrer que ce sont bien les apparitions de sensations en elles-mêmes qui sont pourvues, à leur manière, d'une fonction d'appréhension. En effet, comme il l'explique, les « contenus originaires sont porteurs

---

274 *Cf.* « L'apparition originaire, et le flux originaire des modes d'écoulement dans l'apparition, est quelque chose de bien fixé, dont nous avons conscience par une "affection" », *ibid.* p. 66.

275 *Ibid.* p. 141.

276 Husserl, *Introduction à la logique et à la théorie de la connaissance*, p. 303, note 2.

d'appréhensions originaires *(Urauffasungen)* » et c'est précisément à ce titre qu'ils appartiennent « à la constitution immanente, aux phases du flux originaire lui-même »[277]. Il n'y a donc rien au niveau absolu, c'est-à-dire phénoménologiquement irréductible, de la conscience originaire du temps qui reproduirait en quelque sorte le dispositif originel de l'intentionnalité divisé entre les contenus représentatifs sensibles et les représentations appréhensives intentionnelles. Husserl souligne avec force, dans ses *Leçons sur le temps*, cet aspect de la constitution originaire de la temporalité en apportant ainsi un véritable changement dans la définition du concept de la conscience intentionnelle elle-même :

> « Seulement, que l'on n'aille pas comprendre à tort cette conscience originaire, cette appréhension originaire, ou comme on voudra la nommer, comme un acte de l'appréhension. Sans compter que ce serait là décrire la situation de manière évidemment fausse, on s'empêtrerait par là dans des difficultés insolubles. Si on dit : chaque contenu ne vient à la conscience que par un acte d'appréhension dirigé sur lui, la question se pose aussitôt de savoir en quelle conscience est conscient cet acte d'appréhension, qui est bel et bien lui un contenu, et la régression à l'infini est inévitable. Mais si chaque "contenu" est en lui-même et nécessairement "conscient originairement" *(urbewußt)*, il devient absurde de s'interroger sur une conscience ultérieure qui le donnerait »[278].

Or, dans la perspective de cette nouvelle détermination phénoménologique de la conscience, qui n'est qu'une conséquence directe de la prise en compte des problèmes de la temporalité qui lui sont propres, il semble tout à fait légitime de constater, comme le fait Rudolf Bernet, que chez Husserl, sur ce point, « tout fondement est ainsi retiré à la transposition possible du schème appréhension – contenu d'appréhension à

---

[277] Husserl, *Leçons pour une phénoménologie de la conscience intime du temps*, p. 119.
[278] *Ibid.* p. 161. (le » terme « conscient originairement » *(urbewußt)* est traduit dans l'édition française comme « inconscient »).

la description de la conscience absolue »[279]. Cette remarque est sans doute précise parce qu'elle attire l'attention sur le fait que lorsque Husserl renonce, au profit d'une analyse plus approfondie de la constitution temporelle, à ce qu'il appelle la « théorie de la représentation » qui opère « avec des "contenus" vécus (par exemple des contenus sensibles) et les concevait selon le cas comme appréhendés ainsi et ainsi »[280], c'est en effet la question du « fondement » qui s'y trouve posée. Toutefois, il est clair qu'il n'est possible, de façon général, ni de réarticuler un fondement, ni de changer sa fonction propre sans provoquer une transformation respective dans la structure fondée. C'est ainsi, comme on va le voir, que cette élaboration de la nouvelle doctrine de l'apparition chez Husserl réclame un certain remaniement dans la doctrine de la corrélation intentionnelle elle-même.

b) *L'axe fondamental de la corrélation : l'apparaître et l'apparaissant*

Il y a sans doute quelque chose de remarquable dans le fait que dès le moment où le terme « apparition » tient sa propre place parmi les concepts fondamentaux des analyses husserliennes, son équivocité apparente, qui se trouve encore critiquée dans les *Recherches logiques*, est employée d'emblée pour indiquer ce qui est l'essentiel dans la relation intentionnelle en général, c'est-à-dire le trait de la « corrélation ». En fait, dans ses travaux de la période qui va de 1905 à 1910, Husserl ne cesse de revenir à l'idée principale selon laquelle le mot « apparition », et celui auquel ce dernier fait immédiatement appel, le « phénomène »,

---

279 R. Bernet, « Introduction », in Husserl, *Sur la phénoménologie de la conscience intime du temps*, p. 48.

280 Husserl, *Sur la phénoménologie de la conscience intime du temps*, p.201-202.

comportent un double sens qui permet de dégager ainsi que de préciser les caractères des composants entre lesquels se déploie le rapport corrélationnel de la conscience et de l'objet. Puisque le mot « phénomène » peut être utilisé, d'une part, « au sens de l'apparition en laquelle l'objectité apparaît », et d'autre part, « au sens de l'objectité qui apparaît dans l'apparition » et qui s'y révèle finalement comme « corrélat »[281]. Husserl se réfère à cette dualité d'une façon plus précise encore dans ses leçons sur *L'idée de la phénoménologie* en insistant sur le fait que « le mot phénomène a ce double sens en vertu de la corrélation entre l'apparaître et ce qui apparaît »[282]. De même, « l'inévitable ambiguïté du mot phénomène » qui fait, selon un texte de 1909, que « tantôt alors, apparition veut dire apparaître (conscience en laquelle [elle] apparaît), et tantôt de nouveau apparaissant », cesse de faire « obstacle » aux analyses phénoménologiques dès lors que ces termes sont reconnus comme étant les désignations des éléments fonctionnels propres au rapport corrélationnel en général[283].

À première vue, en distinguant l'apparaître et ce qui apparaît au sein de la corrélation, Husserl présente simplement sous une nouvelle forme la doctrine de base de l'intentionnalité. Car cette nouvelle terminologie ne semble permettre d'élargir la perspective phénoménologique au point de prendre en compte les phénomènes propres de la *conscience interne* et ceux des objets comme *corrélats* de la conscience, qu'à la condition de maintenir la division établie entre les couches sensibles et intentionnelles des actes. C'est ainsi que lorsque Husserl distingue nettement, dans ses *Dingvorlesungen* de 1907, entre « apparition » et « objet apparaissant », il ne le fait précisément que pour désigner le premier terme comme « contenu réel » de la perception et le second comme « contenu de l'objet qui apparaît », c'est-à-dire le

281 Husserl, *Einleitung in die Logik und Erkenntnistheorie*, Hua. XXIV, *op. cit.* p. 425. (texte non inclus dans l'édition française)

282 Husserl, *L'idée de la phénoménologie*, p. 116.

283 *Cf.* Husserl, *Sur la phénoménologie de la conscience intime du temps*, p. 214-215.

contenu « intentionnel » de la perception[284]. Dans un autre texte, il met en valeur cette même division à propos du concept de « phénomène » lui-même[285]. Or, il semble bien que ce soit précisément cette manière de décrire le rapport de la corrélation qui permet à Husserl d'utiliser le terme d' « apparition » également au sens d'acte intentionnel complet. Dans un texte daté de 1905 il parle ainsi explicitement d'un « nouveau concept d'apparition » par rapport à celui qu'utilisent les *Recherches logiques* en soulignant que « l'apparition signifie ici la particularisation déterminée du sens d'appréhension en unité avec les contenus d'appréhension »[286]. Les analyses du cours de 1907 reprennent cette définition lorsqu'elles parlent de l'apparition comme d'une « unité des contenus exposants et de l'appréhension » où l'appréhension désigne la fonction qui « donne un sens » à ces contenus[287]. Le phénomène d'apparition y est ainsi pris comme étant simplement un synonyme de l'acte de « perception », ce qui rend également possible son classement selon ses états « propres et impropres »[288]. En ce sens, on pourrait même dire que la *fonction* attribuée à l' « apparition » dans ces analyses est à peu près la même que celle qui est attribuée, selon la théorie de l'intentionnalité soutenue par Husserl à l'époque des *Recherches logiques*, aux formes diverses de la « représentation ».

Cependant, on ne peut certainement pas soutenir que la portée de cette manière de rendre compte de la fonction, pour ainsi dire « phénoménale », du rapport intentionnel entre conscience et objet consisterait tout simplement en un changement de terminologie chez Husserl. En effet, la mise à jour des déterminations que recèle en soi la structure de l' « apparition » instaure, à son tour, une problématique dont l'analyse tend

---

[284] Husserl, *Chose et espace*, p. 39.

[285] *Cf.* Husserl, *Einleitung in die Logik und Erkenntnistheorie*, Hua. XXIV, *op. cit.* p. 408. (texte non inclus dans l'édition française)

[286] Husserl, *Phantasia, conscience d'image, souvenir*, p. 120.

[287] Husserl, *Chose et espace*, p. 176.

[288] *Ibid.* p. 73.

manifestement à dépasser le cadre simplement gnoséologique de la théorie de l'intentionnalité. Il s'agit plus précisément du fait que l'analyse de la dualité interne de l'apparition permet non seulement de redéfinir les composants du rapport intentionnel selon leur caractère phénoménal, mais aussi d'en dégager *les modes de donation* essentiellement différents à partir desquels toute la question de l'intentionnalité demande à être, dans un certain sens, réarticulée. Husserl fait les premiers pas dans cette direction lorsqu'il indique, dans un texte de 1907, que les « phénomènes », dont il s'agit dans l'analyse phénoménologique, peuvent être pris à la fois « au sens des vécus et au sens ontique » où ce dernier se réfère précisément aux « objets transcendants »[289]. On trouve ce même genre d'indications dans plusieurs textes de la même période : l'objet intentionnel de la perception y est défini comme étant pourvu d'une « transcendance » à laquelle s'oppose l' « immanence » de la donnée qui caractérise le mode d'être vécu de la perception elle-même[290]. L'apparaître et l'apparaissant se trouvent rapportés ainsi aux différentes « régions » dans lesquelles le vécu et l'objet peuvent être donnés pour la conscience de sorte que leur principe de division reste clairement impliqué par le sens de la corrélation elle-même. De plus, en partant du problème de l'apparition, il devient également possible pour Husserl de constater que les termes fondamentaux entre lesquels s'établit le rapport intentionnel en général recouvrent, en dehors de leur portée épistémique, des positions proprement *ontologiques*. Car, dans la mesure où les modes de donations en question impliquent des régions d'objets différentes, celles-ci peuvent être légitimement identifiées comme appartenant intrinsèquement à l' « être » de la conscience et à celui du monde[291].

---

289 Husserl, *Einleitung in die Logik und Erkenntnistheorie*, Hua. XXIV, p. 411. (texte non inclus dans l'édition française)

290 *Cf.* par exemple, Husserl, *Chose et espace*. p. 40. ; *Transzendentaler Idealismus*, Hua. XXXVI, *op. cit.* pp. 42-43., 56-57. ; *Sur la phénoménologie de la conscience intime du temps*, p. 221.

291 *Cf.* à cet égard les textes husserliens de 1908 où l'analyse de la corrélation est élargie jusqu'à traiter, pour la première fois, le rapport intentionnel de la

Au fond, ce nouvel aspect de la problématique de l'intentionnalité, c'est-à-dire la division entre apparition immanente et transcendante comme modes de donation différents, est largement thématisé dans les analyses phénoménologiques que Husserl consacre, dans la période en question, à la problématique du temps. Dans un texte qui traite la question de la « double intentionnalité » du flux de conscience, laquelle étant partagée entre « présentation » et « présentification », il va jusqu'à s'interroger sur le caractère « transcendant » de l'objet externe comme un point d'appui à partir duquel tout aspect « trans-cendant » *(transiente)* de l'intentionnalité présentifiante peut être à bon droit élucidé :

> « la grande question est alors : qu'est-ce qui caractérise de telles intentionnalités originaires, c'est-à-dire "apparitions de..." originaires (immanences) qui ne sont pas seulement des temporalités immanentes mais constituent une temporalité (trans-cendante) *(transiente)* ? [...] ne faut-il pas commencer par mettre en évidence l'objectivation transcendante *(transiente)* la plus simple de la perception externe ? Cela mène donc à la constitution de la choséité avec espace et temps faisant un »[292].

Manifestement, ce que Husserl qualifie de « grande question » dans ce passage, ce n'est pas tout simplement la question de savoir comment les apparitions intentionnelles d'ordre différents s'édifient à partir de la constitution originaire du temps, mais aussi celle de savoir quelles sont les *dimensions* de l'apparition, divisée entre immanente et transcendante, auxquelles cette édification doit se référer selon l'ordre de la constitution des objectités différents. Bien plus, ce n'est précisément que dans le cadre d'une analyse qui rend compte des particularités de ces dimensions comme effets d'une « double intentionnalité », interne et externe, que la question du rapport

---

connaissance comme un rapport entre la conscience et le monde, Husserl, *Transzendentaler Idealismus*, Hua. XXXVI, *op. cit.* p. 3-61.

292 Husserl, *Sur la phénoménologie de la conscience intime du temps*, p. 188.

véritable entre présentation et présentification envisagés comme processus intentionnels temporels peut être clarifiée[293].

En effet, ce que la plupart des analyses husserliennes sur la temporalité de l'objet transcendant visent à démontrer, c'est qu'il est possible de penser ce qui fait l'unité d'un tel objet de manière entièrement *phénoménalisée*, c'est-à-dire comme une *unité temporelle* qui se donne comme une constance au sein du changement continu des apparitions. Par conséquent, la corrélation elle-même peut être pensée comme un rapport qui se fait entre la constitution temporelle de l'apparaître immanent et celle de l'apparaissant transcendant. Comme l'affirme Husserl, à cet égard, dans ses *Leçons sur le temps*, d'une part, « la succession originaire des instants d'apparition constituent [...] l'apparition comme unité temporelle phénoménologique », et, d'autre part, « parmi la multiplicité des apparitions, celles qui appartiennent à la même chose inchangée ont une essence ontique (l'essence de ce qui apparaît) qui est parfaitement la même »[294]. Ce qui signifie que bien qu'elle préserve toute sa portée spécifiquement phénoménologique, puisqu'elle reste l'axe général de la constitution, la corrélation intentionnelle est envisagée entièrement sur ce plan du point de vue de la structure de l'apparition. Elle est décrite, en d'autres termes, non plus sous la forme d'un rapport qui se fait tout simplement entre les éléments vécus et le sens objectif, c'est-à-dire comme un rapport de représentation, mais comme celui qui relie de façon constitutive les *apparitions vécues* aux *apparaissants objectifs*, ces derniers étant définis comme termes d'une coappartenance d'ordre phénoménal. Comme on peut le

---

293 *Cf.* « « Il faudrait bien sûr, pour élucider le cas de la présentification d'un trans-cendant *(Transientem)*, nécessairement commencer par clarifier le double intentionnalité du flux-de-conscience dans lequel d'une part l'unité d'une apparition externe ou d'un déroulement-d'apparition externe est constituée grâce à la forme du temps, et dans lequel d'autre part un objet externe et lui-même à son tour temporel, dont le temps est le temps objectif, se constitue grâce à l'intentionnalité qui est propre aux éléments-de-vécu de ce flux (en vertu duquel tout vécu d'apparition a, comme moment-de-vécu du flux, une intentionnalité externe », *ibid.* p. 187.

294 Husserl, *Leçons pour une phénoménologie intime du temps*, p. 122.

lire en effet : « ainsi sont constitués à la fois intentionnellement les deux éléments d'un couple *(ein Doppeltes intentional)* : l'apparition et ce qui apparaît, lequel apparaît, sans changer ou en changeant, dans les diverses apparitions »[295].

Sans doute, le texte husserlien qui cherche à profiter au mieux dans cette période, pour élucider la position de fond de la philosophie phénoménologique, de l'opposition phénoménale de l'immanence et de la transcendance, en mettant ainsi en évidence l'aspect universel de la corrélation de l'apparition, est celui des leçons sur *L'idée de la phénoménologie.* Dans ce texte, la distinction phénoménologique entre les deux sens de l'immanence comme *immanence réelle* et *immanence intentionnelle* sert précisément à démontrer que la portée de la question de l' « apparition » ne peut être nullement réduite à celle du contenu « effectif » de la conscience. « L'objet peut apparaître – écrit Husserl à cet égard – peut avoir une certaine présence *(Gegebenheit)* dans l'apparaître, pendant qu'il ne se trouve pourtant pas dans le phénomène cognitif effectivement *(reell)*, ni n'existe d'aucune autre façon comme *cogitatio* »[296]. La notion de l'immanence non-réelle est ainsi employée pour faire comprendre que la synthèse de l'apparition s'applique à sa manière à tous les cas où il y a une « donation d'objet » pour la conscience. C'est que « l'apparaître et ce qui apparaît s'opposent au sein de la présence pure *(reinen Gegebenheit)*, donc de l'immanence authentique »[297], où cette dernière est définie comme la sphère propre de la conscience d'objet, donc intentionnelle. Cependant, il faut voir que l'opposition dont il s'agit dans ce contexte n'en est rien moins, au sens strict, que le trait de la corrélation elle-même : elle ne dissocie, pour dire autrement, les modes de donation que pour les réunir du même coup comme instances d'un rapport constitutif. Ainsi, selon Husserl, l'analyse de l'immanence intentionnelle permet de constater deux choses : d'une part, une distinction fondamentale entre les modes de

295 *Ibid.*

296 Husserl, *L'idée de la phénoménologie*, p. 79.

297 *Ibid.* p. 112.

donation, c'est-à-dire « la présence *(Gegebenheit)* de l'apparaître et la présence de l'objet », tout en maintenant que « l'objet n'est pas, à l'intérieur de cette immanence, immanent au sens effectif *(reellen)*, il n'est pas une partie de l'apparaître »[298], et, d'autre part, la possibilité de reconnaître la pertinence de ce schéma corrélatif dans n'importe quelle situation de connaissance au sens large où il y a une présence de l'objet en général.

Ainsi, il n'est sans doute pas trop hâtif de dire qu'en s'efforçant d'exploiter la portée de la synthèse de l'apparaître et de l'apparaissant dans toute son ampleur, la pensée phénoménologique de Husserl semble retrouver le domaine véritable de sa propre problématique[299]. Car le recours à ce couple de notions rend non seulement possible d'universaliser l'idée de la corrélation, mais il permet aussi de transformer partout les rapports intentionnels en matrices de constitution au sein desquelles c'est précisément la puissance de l'apparition qui se présente comme une instance dernière. Aussi, en cela, c'est en quelque sorte la structure intentionnelle de la conscience elle-même qui acquiert une plasticité inouïe dans la mesure où la corrélation d'apparition s'avère être l'horizon commun pour expliquer toutes les constitutions d'objet, qu'ils soient immanents ou transcendants. Ce qui fait, finalement, que l'analyse portée sur les déterminations phénoménales qui règnent à chacun de deux pôles de la corrélation intentionnelle permet d'identifier, sous la forme de l'immanence et de la transcendance, les régions proprement *ontologiques* de l'intentionnalité. Grâce à la corrélation axée fondamentalement sur l'« apparition », c'est bien l'« être » lui-même, à la fois celui de la conscience et celui du monde des objets, qui sont retrouvés par Husserl dans leur état intrinsèquement *phénoménalisé.*

---

298 *Ibid.* p. 113.

299 *Cf.* les analyses approfondies de Jean-Luc Marion sur l'importance, et aussi sur la prépondérance, de cette forme de corrélation chez Husserl. Marion retrouve par ailleurs la présence de cette dernière déjà dans les *Recherches logiques. Cf. Réduction et donation*, *op. cit.*, p. 52-54.

c) *L'asymétrie de la corrélation*

La corrélation intentionnelle s'opère en quelque sorte comme une « synthèse disjonctive »[300] chez Husserl : en rendant ses composants strictement inséparables les uns des autres, elle leur confère du même coup un mode d'être disparate. L'idée selon laquelle ce qui apparaît comme objectal ne fait pas effectivement partie du vécu de l'apparaître lui-même est déjà clairement présente dans les analyses des *Recherches logiques.* Elle s'avère être cependant quelque chose de tout à fait nouveau si on la met dans la perspective de la problématique que Husserl, dans la période qui suite la publication de son ouvrage de percée, vise à élaborer. Car selon cette dernière, il ne s'agit plus seulement d'expliquer la possibilité de la connaissance en s'appuyant sur l'idée de l'intentionnalité. Il s'agit également, si ce n'est même préalablement, de démontrer ce sur quoi la connaissance doit reposer au plan phénoménal pour être intentionnelle, c'est-à-dire d'une part sur la constitution du vécu de l' « apparaître », et d'autre part, sur la constitution de n'importe quel objet de connaissance comme « apparaissant ». Ainsi, de toute évidence, la question principale de Husserl évolue-t-elle dans cette période vers celle de la possibilité d'une *synthèse de l'apparition.* Ce n'est précisément qu'en se référant à cette synthèse fondamentale, qui est celle de la corrélation apriorique, que toutes les questions gnoséologiques ou ontologiques de l'intentionnalité peuvent être désormais posées.

Or, lorsqu'il thématise, dans son cours de 1907 intitulé *Chose et espace*, le problème de l'apparition au plan de la perception externe, Husserl fait la constatation suivante :

> « À l'identification de l'apparition et de la chose a peut-être contribué le fait que, dans le passage de la considération de l'apparition à la considération de la chose qui apparaît,

[300] Nous empruntons ce terme, que nous utilisons librement ici, à Gilles Deleuze. *Cf. Logique du sens*, Paris, Minuit, 1969, p. 200-207.

> l'apparition ne se dissocie pas de la chose comme d'un second terme juxtaposé, mais se tient là comme étant le fait de la chose *(als Sache des Ding)* et comme un attribut de celle-ci *(als ihm Zukkomendes)*, ou si l'on veut, que la chose ne se tient là qu'en elle et avec elle »[301].

Bien que Husserl explique vouloir délibérément se tourner, dans ce cours, vers ce qu'il appelle l'« onto-phénoménologie »[302], c'est-à-dire vers une phénoménologie de la chose comme corrélat de la perception, cette constatation ne peut que surprendre. En effet, ne considérer l'apparition que comme un « attribut » de la chose, cela ne signifie pas seulement introduire une certaine asymétrie dans la structure de la synthèse corrélative, mais cela semble signifier également que l'on prenne ici une voie, dans l'explication de cette synthèse, qui est en fait très proche de celle des *Recherches logiques* : l'idée de la corrélation est comprise d'emblée comme étant fondée sur le *composant objectal* du rapport intentionnel. Plus précisément : de même que le sens intentionnel comme *Repräsentation* sert à fournir, selon la théorie des *Recherches*, le fondement pour la relation qui se fait entre l'acte et l'objet, de même l'apparition semble endosser ici cette même fonction dans la mesure où elle est prise comme le « fait de la chose » elle-même. Et cela veut aussi dire, comme Husserl l'explique, que bien qu'elle soit un élément vécu dans l'acte de la perception, et à ce titre elle s'avère être quelque chose de proprement « subjectif », l'apparition comme telle « expose » *(darstellt)* la chose comme inséparable d'elle, « d'après le sens de celle-ci »[303], et, pour cette raison, on peut dire qu'elle « appartient à la chose »[304].

En effet, cette manière de rendre compte du statut phénoménologique propre de l'apparition est d'autant plus étonnante que Husserl caractérise, au début de son texte, la

[301] Husserl, *Chose et espace*, p. 178.
[302] *Ibid.* p. 174.
[303] *Ibid.* p. 181.
[304] *Ibid.* p. 182.

possibilité de l' « exposition » *(Darstellung)* perceptive comme un processus constitutif : « il appartient à l'essence de la perception, écrit-il, même d'exposer un objet en chair et en os, qui est exposé comme intrinsèquement constitué de telle ou telle façon »[305]. Qui plus est, en abordant précisément les réflexions sur le caractère temporel de l'apparition, il va même jusqu'à ajouter que « phénoménologiquement, le contenu de chose se constitue dans chaque phase de l'extension prephénoménale de l'apparition »[306]. Cela étant dit, il semble bien que ce soit alors la question du *primat* des éléments au sein de la constitution perceptive, prise comme pouvoir d'exposition de la chose elle-même, qui se trouve ici à l'origine d'une certaine hésitation husserlienne : il s'agit donc du primat de la chose ou de l'acte. Si bien que cette hésitation se transpose, au fur et à mesure des analyses plus approfondies, en une question capitale, celle de l'ancrage phénoménologique de la synthèse de l'apparition elle-même[307].

Dans un texte qui date de la même année, la position husserlienne sur cette même question paraît cependant tout à fait univoque[308]. En revenant sur le thème de la « phénoménologie ontique », Husserl évoque la tâche de la description des « objets apparaissant en soi » selon leur type et leur mode de donation, mais il juge en même temps cette tâche inséparable de celle de la « phénoménologie des actes ». Or, cette extension est nécessaire puisque, explique-t-il, les « phénomènes d'objets »

---

305 *Ibid.* p. 40.

306 *Ibid.* p. 88.

307 En ce sens, nous ne pouvons pas entièrement souscrire à la thèse de Dominique Demange selon laquelle, dans le cours de *Chose et espace*, Husserl rend compte à sa manière de la forme de l' « extériorité » qui est propre à la constitution intentionnelle. *Cf.* D. Demange, *Les formes de l'extériorité dans la philosophie de Husserl*, Paris, L'Harmattan, 2000. Selon nous, c'est plutôt le fait que Husserl n'est pas encore parvenu à transformer la corrélation de l'apparaître et de l'apparaissant à celle de la noèse et du noème qui se montre, dans ce texte, sous la forme d'une certaine hésitation.

308 *Cf.* Husserl, *Einleitung in die Logik und Erkenntnistheorie*, Hua. XXIV., *op. cit.* p. 410-412. (texte non inclus dans l'édition française).

renvoient d'emblée, dans leur propre déploiement, aux « phénomènes des actes »[309]. D'où la constatation principale selon laquelle « les apparitions "ontiques" ne se déterminent qu'en rapport aux actes » et précisément pour cette raison, ajoute-il, « il n'existe pas de véritable phénoménologie ontique »[310]. Car celle-ci doit toujours présupposer, en effet, une étude préalable des « apparitions » prises exclusivement pour elles-mêmes.

Ces analyses husserliennes semblent ainsi déjà tenir compte du fait qu'il ne suffit pas, pour décrire et déterminer l'intentionnalité, de mettre en relief les termes entre lesquels s'effectue la corrélation. Il est également nécessaire que l'on rende compte du caractère *dynamique* de cette effectuation. Cela signifie que la synthèse de l'apparition doit être pensée comme une synthèse de constitution : bien qu'elle fasse toujours rapporter, l'un à l'autre, l'apparaître et ce qui apparaît, elle établit pourtant, en vertu de sa propre orientation, un certain rapport de conditionnement entre ses composants. En d'autres termes, le fait que ce qui apparaît pour la conscience ne peut être défini autrement qu'à partir de l'apparaître lui-même exprime quelque chose d'essentiel sur une certaine *inégalité* des éléments qui sont présents au sein du rapport intentionnel. Comme Husserl l'explique très clairement dans un texte daté de 1909 : « l'apparition n'est pas séparable de l'être, quoiqu'il soit naturellement faux de dire que l'apparition elle-même est prise pour la chose apparaissante »[311].

Ainsi, s'il est légitime de parler d'une certaine « asymétrie » au sein de la corrélation intentionnelle, car elle est, en effet, prescrite par le sens même de la constitution, il faut chercher ses motifs plutôt du côté de l'apparaître que de celui de l'apparaissant[312]. Car la corrélation ne consiste pas, comme le

---

309 *Ibid.* p. 411.

310 *Cf.* « die „ontischen" Erscheinungen bestimmen sich nur in Beziehung auf die Akte », « Es gibt also keine eigene ontische Phänomenologie », *ibid.* pp. 411 et 412.

311 Husserl, *Sur l'intersubjectivité I*, p. 52.

312 Le terme « asymétrie » est utilisé, dans le contexte de la phénoménologie husserlienne, par J.-F. Lavigne comme « corrélation ontologiquement

dit Husserl dans *L'idée de la phénoménologie*, d'une manière peut-être même autocritique, en ce que « les choses soient [...] là pour elles-mêmes, en "envoyant dans la conscience leurs représentants" *(Repräsentanten)* »[313]. Tout au contraire : c'est bien le vécu d'apparaître qui est à considérer comme un véritable propulseur des renvois intentionnels pour qu'il y ait là quelque chose comme une « apparition » objective. Tout cela peut indiquer, en outre, le sens propre de la constitution, à condition que l'on n'envisage pas la sphère de l'apparaître comme une sphère close de données subjectives et réellement immanentes, ou bien encore, comme Husserl le dit souvent, comme une « boîte ». Dès lors, la constitution signifie tout d'abord que :

> « les données immanentes ne font pas qu'être simplement dans la conscience comme dans une boîte, mais qu'à chaque fois elle se figurent dans quelque chose comme "phénomènes" *(Erscheinungen)* : dans des phénomènes qui ne sont pas eux-mêmes les objets ni ne contiennent les objets effectivement *(reell)* ; phénomènes qui, dans leur structure changeante et très étonnant, créent *(schaffen)* en quelque sorte les objets <pour le moi>, dans la mesure où des phénomènes d'une forme et d'une formation déterminées sont requis, pour qu'il y ait ce qui s'appelle ici une "donnée" *(Gegebenheit)* »[314].

À proprement parler, ce ne sont que les analyses sur la conscience interne du temps, auxquelles Husserl fait par ailleurs

---

asymétrique » pour désigner « la dépendance de toute objectivité à l'égard de la conscience ». Lavigne, *Husserl et la naissance de la phénoménologie*, *op. cit.*, p. 22. En outre, on retrouve la mise en cause de cette même figure chez Jacques English lorsqu'il parle, dans son commentaire des *Problèmes fondamentaux de la phénoménologie*, de « deux groupes généraux de lois d'essence dissymétriques suivant lesquels respectivement les milieux subjectif et objectif de la corrélation se trouvent, intentionnellement et transintentionnellement, ordonnés ». J. English, « Indications générales » in Husserl, *Problèmes fondamentaux de la phénoménologie* p. 68.

313 Husserl, *L'idée de la phénoménologie*, p. 114.

314 *Ibid.* p. 96.

allusion dans ce texte, qui peuvent donner une clarification définitive à ces formulations ainsi que, à travers elles, à la situation phénoménologique qui leur sert de base. Parce qu'au fond, au niveau de la conscience originaire du temps, qui est la scène propre de l'apparaître, on ne peut trouver de renvoi intentionnel qui ne serait d'emblée pourvu d'une fonction proprement constitutive. C'est ainsi que dans ses *Leçons sur le temps*, lorsqu'il traite le problème de la corrélation sous le titre de la « constitution des apparitions des choses », Husserl fait sans cesse valoir la perspective de la conscience interne comme ce à partir de quoi cette constitution doit être expliquée. Ces analyses partent, le plus souvent, du fait de la *parallèle asymétrique* des deux niveaux, immanent et transcendant, grâce auxquels se constitue la conscience perceptive en général :

> « Dans la même conscience impressionnelle en qui se constitue la perception, se constitue aussi, et précisément par là, le perçu. Il appartient à l'essence d'une conscience ainsi édifiée d'être à la fois une conscience d'unité de type immanente et conscience d'unité de type transcendant »[315].

Il s'agit donc de tenir compte du fait qu'une fois que la temporalité est reconnue comme milieu d'effectuation de toute activité intentionnelle de la conscience, la corrélation doit être comprise d'emblée comme un rapport de constitution qui ne fait qu'exposer de façon phénoménale le transcendant à partir de ce qui est en tout premier lieu vécu dans cette conscience. Ou encore, ce qui revient au même, le rapport de constitution doit être précisément considéré comme possédant une forme essentiellement asymétrique et, de ce fait, même fondatrice comme corrélation. Car, dit Husserl,

> « il appartient dans tous les cas à leur essence [celles des actes] d'avoir une intentionnalité de type transcendant, et de ne pouvoir l'avoir que par quelque chose de constitué de

---

[315] Husserl, *Leçons pour une phénoménologie intime du temps*, p. 118.

façon immanent, par des appréhensions. Et ceci fonde *(begründet)* dans tous les cas la possibilité de mettre l'immanent, l'appréhension avec sa teneur immanente, en relation avec le transcendant »[316].

Or, sans pénétrer plus loin dans la problématique de la constitution temporelle de la perception, on peut sans doute dire que la corrélation n'a pas d'autre forme chez Husserl que celle d'un rapport *originairement inégal*, *asymétrique* de l'intentionnalité. Les objets ne peuvent avoir effectivement des apparitions comme éléments de leur propre réalité qu'à condition qu'ils soient visés perceptivement par une conscience qui, grâce à sa propre structure d'apparition, leur permet ainsi d'être donnés sous la forme de déterminations différentes et, tout d'abord, temporelles. En d'autres termes, la corrélation ne peut qu'être foncièrement asymétrique parce que c'est bien l'un des moments principaux de ce rapport, celui de l'apparaître, qui conditionne de manière constitutive l'autre moment, c'est-à-dire ce qui apparaît. En ceci se révèle, en outre, la structure générale du rapport de l'immanence et de la transcendance : comme Husserl l'affirme dans un texte de 1908, « il appartient à l'essence du transcendant qu'il apparaît » et c'est seulement à travers des apparitions, prises comme instances vécues, qu'il peut venir à se donner en général[317].

Ainsi, il n'est pas étonnant que la mise en évidence du caractère foncièrement asymétrique de la corrélation aille jusqu'à contribuer, chez Husserl, à la détermination des caractères proprement ontologiques des termes de ce rapport. Cela veut dire que la phénoménologie comme analyse intentionnelle ne concerne plus, dans son niveau le plus profond, l'objet comme « objet de la connaissance » que dans la mesure où celui-ci y est tout d'abord défini selon son propre « être » qui

---

316 *Ibid.*

317 *Cf.* « Zum Wesen des Transzendenten gehört es zu erscheinen, sich darzustellen und nur durch Erscheinungen gegeben zu sein und gegeben sein zu können », Husserl, *Transzendentaler Idealismus*, Hua. XXXVI, *op. cit.* p. 33.

n'est précisément que l'« être donné »[318]. De la même manière, Husserl parle désormais sans hésitation, dans ses textes de 1908 consacrés à ces questions, de « l'être intentionnel »[319] lorsqu'il s'agit de définir le statut ontologique de la région d'objets qui appartient à la conscience à titre de corrélat englobant. De plus, il se permet de plus en plus de se référer à l'être propre de la conscience comme un « être absolu » étant donné que celui-ci s'avère être en fin de compte la sphère irréductible, voire dernière, par rapport à laquelle toute donnée intentionnelle reste, selon les manières qui leur sont chaque fois propres, dans un état conditionné[320]. Ainsi, dans ces analyses, c'est bel et bien l'« être » lui-même qui est défini par Husserl comme un élément proprement phénoménal : comme il le souligne déjà en 1907, « il n'y a pour nous qu'un seul être, l'être des phénomènes, et cet être n'est nullement un être réal »[321]. Ce qui signifie, et c'est sans doute capital du point de vue de la genèse de l'idéalisme husserlien, que ce que la thèse de l'« asymétrie » de la corrélation soutient en dernier recours, c'est que l'apparition, tout en restant une détermination universelle de l'être lui-même, ne peut en aucun cas être prise pour *un prédicat real.* Elle

---

318 *Cf. ibid.* p. 30-32.

319 *Ibid.* pp. 27. et 32.

320 *Cf.* « Das natürlich Sein ist nicht absolutes Sein, sondern Sein als Korrelatum des Bewusstseins (der Erkenntnis). Dieses Korrelatum aber besagt: Es ist intentionales Sein, das notwendig zurückweist auf Zusammenhänge der *intentio*, d. i. eines denkenden Bewusstseins, dans seinerseits absolut ist, sofern es nicht wieder in dieser Weise zurückweist », *ibid.* p. 27. Voir aussi « Das intentionale Sein ist Sein nur in Relation zu dem absoluten Bewusstsein », *ibid.* p. 32.

321 *Cf.* « Es gibt für uns nur ein Sein, das Sein der Phänomene, und das Sein ist kein reales Sein », Husserl, *Einleitung in die Logik und Erkenntnistheorie*, Hua. XXIV, *op. cit.* p. 409., (texte de 1907, non inclus dans l'édition française). Il est tout à fait remarquable que cette thèse d'origine kantienne selon laquelle « l'être n'est pas un prédicat réal », et à laquelle Husserl fait sans doute allusion ici, sera ultérieurement reprise par Heidegger dans son explication de ce qu'il considère, pour son compte, la portée « véritable » de l'idée l'intentionnalité en général. *Cf.* Heidegger, *Les problèmes fondamentaux de la phénoménologie*, tr. fr. J.-F. Courtine, Paris, Gallimard, 1984, § 9.

n'est aucunement, pour dire autrement, un « attribut » ou une propriété de la chose. Or, pour ne pas l'être, il faut sans doute que l'apparition remplisse, dans son apparaître, non seulement une fonction centrale dans toute effectuation de la conscience intentionnelle, mais aussi qu'elle possède du même coup un rôle tout à fait *fondateur* par rapport à tout ce qui apparaît grâce au pouvoir constitutif universel de cette conscience.

4. *L'apparaître comme fondement : la conscience « phansiologique »*

a) *Conscience absolue et apparition*

Comme on le sait, la doctrine de la « conscience absolue » émerge au sein des analyses phénoménologiques de Husserl à propos du problème du temps[322]. Si bien qu'on peut même dire que cette conscience n'admet guère, lors de ses premières descriptions, une caractérisation qui ne serait pas en lien étroit avec le registre de la constitution de la temporalité originaire. Certes, la conscience absolue est définie comme un « être » et, plus précisément, comme un « être pré-phénoménal »[323], mais cette détermination ne renvoie à son tour qu'au fait qu'à l'essence de l'« être-donné » des vécus appartient nécessairement une condition temporelle qui, en tant que telle, se révèle être le niveau ultime de toute constitution. En ce sens, la définition la plus simple de la conscience absolue est qu'elle

---

322 *Cf.* J. Brough, « The Emergence of an Absolute Consciousness in Husserl's Early Writings on Time-Consciousness », in *Husserl : Expositions and Appraisals*, (eds. F. A. Elliston, P. McCormick), 1977., pp. 83-100., et plus généralement, R. Bernet, « Introduction », in Husserl, *Sur la phénoménologie de la conscience intime du temps*, p. 38-42.

323 Husserl, *Introduction à la logique et à la théorie de la connaissance*, p. 287.

est « un courant temporel »[324] qui anime par essence toutes les apparitions immanentes par le seul fait qu'elles s'y donnent. Mais alors, cela indique également que le caractère « absolu » de cette conscience n'est point associé en tout premier lieu chez Husserl à une forme de *substantialité du sujet*, c'est-à-dire à la détermination du *cogito* ou à un principe purement égologique, mais il est plutôt nourri de l'*irréductibilité de l'apparition* qui renvoie à la détermination d'une fonction ultime de la conscien-ce, celle du temps originaire.

Or, le caractère « fonctionnel », plutôt que « substantiel », de la définition de la conscience absolue doit être d'autant plus souligné que cette dernière s'avère inséparable non seulement des apparitions de vécus qui s'effectuent au sein de l'immanence de la conscience, mais également des apparitions auxquelles ces vécus se rapportent de façon corrélative, c'est-à-dire des apparitions de leurs objets. Au fond, la temporalité comme condition ultime traverse tout mode de donation indépendamment du fait qu'il s'agisse d'une donation d'objet immanent ou transcendant. C'est ainsi que lorsque Husserl estime inévitable de se référer à un niveau « absolu » de la conscience dans ses analyses sur la constitution temporelle, son objectif principal consiste sans doute à déterminer l'ordre interne de *l'objectivation intentionnelle* traversée par le temps plutôt qu'à développer une théorie de la « conscience pure » sous-jacente à cette objectivation. Ce qui signifie que cette conscience se trouve non seulement définie au moyen du fonctionnement irréductible de la temporalité originaire, mais elle est envisagée également, et en quelque sorte respectivement, de la perspective des niveaux au sein desquels s'effectue la constitution des objets selon les synthèses d'apparition immanentes et transcendantes. La conscience absolue est ainsi présentée par Husserl comme le champ irréductible de la temporalité interne qui, tout en conditionnant toute objectivation intentionnelle,

---

[324] *Ibid.* p. 288.

reste, de ce fait, une couche par principe non objectivée[325]. Or, pour désigner par un seul terme la coappartenance du trait de l'*irréductibilité* et du *conditionnement* au plan phénoménologique, il existe déjà un terme descriptif dans le vocabulaire husserlien : c'est celui du « fondement ».

Il faut voir que dès que la relation intentionnelle est interprétée par Husserl selon le modèle de la synthèse *asymétrique* de la constitution, et dès que le caractère intrinsèquement *temporel* de cette constitution est mis en évidence, ces deux aspects fondamentaux marquent sans ambiguïté, pour ainsi dire, le lieu possible du *fondement* phénoménologique de la conscience. Le fait, pour le dire autrement, que corrélation et constitution sont interprétées comme des fonctions équivalentes, c'est-à-dire qu'elles sont considérées comme exprimant, d'une part, la structure et, d'autre part, la manière de la production intentionnelle en général, permet de s'interroger d'emblée sur ce qui donne le caractère « ultime » de la conscience intentionnelle elle-même. De ce point de vue, il ne suffit sans doute pas de faire tout simplement allusion, comme Husserl le fait dans l'une de ses analyses sur ce sujet, à la présence d'une « conscience originaire » au sein de la conscience intentionnelle elle-même. Même si cette indication renvoie à la constitution d'un temps continûment modifiable qui s'effectue dans chacun de ses moments « sur le fondement d'une apparition *(auf Grundlage einer Erscheinung)* »[326], l'essentiel lui fait défaut. Car la question est précisément de savoir comment l'apparition est en mesure de remplir une fonction « fondamentale » dans la constitution temporelle en général.

---

325 *Cf.* « En quelque sorte, la conscience absolue est avant toute position d'unité, c'est-à-dire avant toute objectivation. L'unité est unité de l'objectivation, et l'objectivation est précisément objectivante, mais pas objectivée. Toute objectivation non objectivée appartient à la sphère de la conscience absolue », Husserl, *Sur la phénoménologie de la conscience intime du temps*, p. 176. Sur ce sujet voir aussi, Husserl, *Introduction à la logique et à la théorie de la connaissance*, p. 288-289.

326 Husserl, *Sur la phénoménologie intime du temps*, p. 93.

Ainsi, s'il est légitime de parler d'un « fondement » phénoménologique chez Husserl, ce fondement, étant donné la nature et l'ordre des éléments susceptibles d'être fondés par lui, doit sans doute être envisagé comme un *dynamisme d'apparition* qui rend possible, à l'intérieur de la conscience intentionnelle elle-même, l'effectuation de tous les modes de donation comme constitution. Or, dans un texte complémentaire à ses *Leçons sur le temps*, écrit entre 1907 et 1909, qui aborde précisément la question du caractère « absolu » de la conscience intentionnelle comme conscience temporelle, Husserl fait appel au terme « fondement », en indiquant qu'il s'agit plutôt de quelque chose d'ultime dans l'ordre de la constitution et qui appartient, pourtant, à l'essence de la « phénoménalité » :

> « un "devenir" *(Werden)* fait partie de l'essence de la "phénoménalité" *(Phänomenalität)* (de l'essence de tout absolument phansiologique *(Phansiologischen)*). Pour nous, il n'est un devenir à la façon du surgir, du passer, du durer et du s'y changer que grâce à l'appréhension temporelle. Ce devenir absolu est le fondement *(Fundament)* de toute appréhension temporelle, mais [n'est] pas celle-ci même »[327].

L'importance du caractère « fondateur » de l'apparition immanente et celle de son rapport à la temporalité absolue sont ici clairement indiquées. Il reste à comprendre en quoi consiste la « phénoménalité » comme « tout phansiologique » et en quel sens son « devenir » peut, alors, être caractérisé comme étant le « fondement » de toute appréhension temporelle.

En fait, comme en témoignent des textes husserliens de la même période, c'est sans doute au plan de la *conscience d'apparaître* que les repères de la problématique du « fondement » phénoménologique peuvent être identifiés. Car le fait que Husserl tient l'apparaître comme l'élément originaire du rapport intentionnel, et qu'il exclue par conséquent la possibilité que celui-ci puisse être pris comme un prédicat « réal », c'est-à-

[327] *Ibid.* p. 184.

dire comme un attribut de l'objet apparaissant, ne permet, à vrai dire, qu'une seule orientation aux recherches qui se donnent pour tâche de dévoiler la dimension ultime de la conscience. Il s'agit du fait que l'apparition, bien qu'elle se porte de façon directe sur l'objet et qu'elle soit ainsi destinée à constituer l'« être » même de l'objet, ne peut appartenir, dans son apparaître, qu'à la sphère de l'opération interne de la conscience qui, à ce titre, « est avant toute objectivation »[328]. Ou à l'inverse, comme Husserl l'explique de façon éclairante, si une « apparition » se rapporte à un objet, alors elle « s'avère consciente *(bewußt)* dans l'apparaître, mais elle n'est pas une partie, une face ou un morceau de l'apparaître »[329]. Or pour discerner de façon conceptuelle le moment de l'apparition immanente de celui de l'apparaître, c'est-à-dire pour séparer les vécus d'objectivation des vécus de constitution qui conditionnent cette objectivation au sein de la conscience interne, Husserl dispose déjà d'un terme phénoménologique spécifique, celui du « phansis »[330]. Dans une note complémentaire à son cours de 1909, il fait, à cet égard, la remarque suivante :

> « Nous avons déjà eu l'occasion d'utiliser le terme phansiologique, afin de pouvoir, au sein de l'analyse phénoméno-

---

328 *Ibid.* p. 176.

329 *Cf.* « Die Erscheinung ist bewußt im Erscheinen, aber sie ist kein Teil, keine Seite, kein Stück des Ercheinens », Husserl, *Vorlesungen über Ethik und Wertlehre*, Hua. XXVIII, *op. cit.* p. 312.

330 Ce terme, dont Husserl abandonnera l'usage au cours du développement de sa phénoménologie transcendantale au profit des déterminations « noétiques » et « génétiques », apparaît de nombreuses fois et dans plusieurs textes différents, jusqu'à la période des *Idées I*, pour désigner la dimension réelle et originaire de la conscience interne. *Cf.* par exemple, Husserl, *Introduction à la logique et à la théorie de la connaissance*, p. 303., *Einleitung in die Logik und Erkenntnistheorie*, Hua. XXIV. p. 422. ; *Sur la phénoménologie de la conscience intime du temps*, pp. 169, 179, 184, 198, 215, 244-245. ; *Chose et espace*, p. 181.; *Leçons sur la théorie de la signification*, pp. 140-141., 223.; *Transzendentaler Idealismus*, Hua. XXXVI, p. 63. ; *Sur l'intersubjectivité*, tome II, pp. 204-205., 452-454., et plus particulièrement, *Vorlesungen über Ethik und Wertlehre*, Hua. XXVIII, pp. 306-331.

> logique, bien mettre le doigt sur la différence entre ce qui est l'affaire de la *cogitatio* et <ce qui> [est] l'affaire du cogité *(Kogitierten)* comme tel, et qu'il importe bien aussi de décrire de façon évidente. Nous avons conservé l'expression *cogitatio* à l'exemple de Descartes. Nous qualifions de phansiologique une recherche qui examine la *cogitatio* d'après son fonds réel *(reellen Bestande)* »[331].

La mise en jeu du terme *phansis* dans le discours phénoménologique possède, de toute évidence, deux avantages. D'une part, le recours à ce terme rend encore plus pertinente la décomposition des moments internes de l'« apparition », en faisant une triplicité de ce qui était visé jusque-là sous la forme d'une dualité. De cette manière, Husserl réussit à définir clairement, d'après l'origine grecque de ce terme, le moment propre de l'« apparaître » et à le distinguer tout aussi bien de celui de l'« apparition » que de l'« apparaissant »[332]. En ce sens, la *phansis*, en tant que moment réel de la conscience, et qui est de ce fait dépourvue de toute référence directe à l'objectivité y compris celle des objets immanents, marque *le moment purement phénoménal* de l'apparition en général. D'autre part, et précisément pour cette raison, ce moment ultime ne peut être défini autrement que par son rapport direct à la temporalité interne. En fait, Husserl ne manque pas d'attirer l'attention sur le fait qu'un apparaître phansiologique est toujours un déroulement, et ainsi il doit être pensé comme étant un moment fluent de la conscience, c'est-à-dire comme celui qui y possède un caractère originairement temporel. Le « phansiologique » comme tel se trouve ainsi associé explicitement au « temporel » au sens ultime, c'est-à-dire au flux de la conscience absolue auquel, dit

---

331 Husserl, *Sur la phénoménologie de la conscience intime du temps*, p. 169.

332 *Cf.* « der griechisce Ausdruck φανσις im Gegensatz zum φαινομενον, zum Erscheinenden und der Erscheinung, das Erscheinen selbst als Erlebnis geführt », Husserl, *Vorlesungen über Ethik und Wertlehre*, Hua. XXVIII, *op. cit.* p. 307-308.

Husserl, « toute analyse phénoménologique reconduit » et au sein duquel « toutes les unités se constituent »[333].

Toutefois, il serait sans doute fallacieux de ne voir dans l'ordre phansiologique de la conscience qu'une couche ultime de la constitution au sein de laquelle s'annonce phénoménalement la temporalité originaire. En fait, Husserl souligne à cet égard que la *phansis*, bien qu'elle doive être considérée comme un moment « purement » réel de la conscience[334], n'y subsiste pourtant pas comme une phase absolument close sur elle-même. Si elle entre en jeu dans la conscience, c'est précisément parce qu'elle reste chaque fois intimement liée à la présence d'un vécu intentionnel, c'est-à-dire à la présence d'une « apparition de » dont l'essence consiste dans sa référence à un « sens objectif » *(Bedeutung)*[335]. Dès lors, du point de vue de sa propre fonction, la *phansis* n'est rien moins que *le moment purement phénoménal* de la constitution interne qui confère, dans son flux, une « temporalité » aux apparitions immanentes des vécus eux-mêmes dans la conscience. C'est la raison pour laquelle Husserl n'éprouve aucun problème à parler ni de la « *phansis* d'apparition *(Erscheinungsphansis)* », lorsqu'il s'agit de définir selon son caractère proprement phénoménal le moment impressionnel qui correspond à la phase de maintenant d'une perception[336], ni des « objectités phanseologiques »[337], en entendant par là les actes intentionnels eux-mêmes pris comme objets internes qui sont conditionnés de façon temporelle dans leur apparition. Et c'est bien ainsi qu'il devient possible également de rendre compte du flux de la conscience absolue comme « vie de la conscience » au

---

333 *Cf.* « Ici, dans ce flux, réside l'absolu auquel toute analyse phénoménologique reconduit. Nous parlons du flux temporel phansiologique absolu et disons que toutes les unités se constituent en lui », Husserl, *Sur la phénoménologie de la conscience intime du temps*, p. 169., note 128. Sur cela voir aussi, Husserl, *Sur l'intersubjectivité*, tome II, tr. fr. N. Depraz, Paris, PUF, 2001. p. 452., note 1. (désormais *Sur l'intersubjectivité II*).

334 Husserl, *Vorlesungen über Ethik und Wertlehre*, Hua. XXVIII, *op. cit.* p. 308.

335 *Cf. Ibid.* pp. 318. et 321.

336 Husserl, *Introduction à la logique et à la théorie de la connaissance*, p. 303., note 2.

337 Husserl, *Vorlesungen über Ethik und Wertlehre*, Hua. XXVIII, *op. cit.* p. 328.

sein de laquelle se constituent de façon phénoménale les vécus comme unités immanentes :

> « Le vivre *(Erleben)* comme l'unité [note de Husserl en marge : « pas unité au sens constitué »] du flux dans lequel le temps phansiologique originaire se constitue, avec la constitution des vécus *(Erlebnisse)* en tant qu'unités phansiologiques temporelles »[338].

b) *Le fondement phansiologique*

Or, pour résumer en quelque sorte les diverses réflexions husserliennes sur ce sujet, on pourrait dire que ce qui est pensé sous la figure de la *phansis* chez Husserl, dans un cadre qui ressemble sans doute à une sorte de phénoménologie génétique avant la lettre, c'est bien, pour ainsi dire, la *micro-corrélation* elle-même qui se fait originairement entre temporalisation et objectivation immanente au sein de la conscience. L'appel à ce terme renvoie donc à l'intention de mettre en relief la situation phénoménologique dans laquelle la pure continuité temporelle de la conscience fonctionne comme *condition* pour les vécus qui ont éventuellement une référence intentionnelle. Cela permet aussi pour Husserl de démontrer que les impressions comme moments originaires ne s'articulent dans la conscience que comme étant disposées à apparaître dans les apparitions dont l'unité se fait, en tout premier lieu, à partir des enchaînements phansiologiques, donc à la fois temporels et phénoménales, de cette même conscience. La *phansis*, en ce sens, est bien l'indice d'une *corrélation* tout aussi bien *pure* qu'*asymétrique* grâce à laquelle le caractère temporel de la conscience se met immédiatement en rapport avec son contenu « réel » dont elle constitue

[338] Husserl, *Sur la phénoménologie de la conscience intime du temps*, p. 179.

l'apparition comme unité immanente en vertu de son propre dynamisme phansiologique.

Dans l'une de ses analyses concrètes sur ce sujet, Husserl donne l'exemple de la « conscience phanseologique de l'ouïe » pour illustrer ce qui est en jeu ici[339]. Il s'efforce de démontrer que cette conscience ne se limite ni à un pur courant temporel comme « continuité des phases », ni tout simplement à la conscience intentionnelle de l' « apparition du son ». La conscience d'ouïe en tant que conscience phanseologique désigne bien plutôt la dimension au sein de laquelle ces deux formes de la phénoménalisation entrent en scène, l'une en fonction de l'autre. Il s'agit donc, dans cette conscience, d'un devenir phénoménal du temps immanent comme conscience d'objet, c'est-à-dire comme conscience d'apparition, celle du son, qui a une référence intentionnelle. Ainsi ce que cette analyse husserlienne permet-elle finalement de comprendre, c'est que la dimension phansiologique doit être comprise comme une sorte d'infrastructure phénoménale de la conscience interne elle-même.

Du point de vue de la constitution qu'elle permet de définir, il est sans doute possible de dire que la *phansis* désigne l'archétype de la *fondation originaire* au sein de la conscience intentionnelle, ou encore, qu'elle est le *fondement phénoménal* lui-même à l'état pur de son opération[340]. Ces définitions semblent être légitimes parce que le caractère « absolu » du flux phansiologique de la conscience ne signifie pas qu'elle serait en quelque sorte séparée des opérations de la conscience intentionnelle. L'apparaître phansiologique, certes, est un moment réel et pur de la conscience, mais il ne l'est, en effet, qu'en fonction des vécus bien déterminés qu'il conditionne selon les lois de la

---

339 *Cf.* Husserl, *Vorlesungen über Ethik und Wertlehre*, Hua. XXVIII, *op. cit.* p. 314.

340 C'est Gerhard Funke qui thématise la *phansis* comme « fondation originaire » chez Husserl, en mettant ce terme au service d'une interprétation englobante de la phénoménologie transcendantale. *Cf.* Funke, « Transzendentalphänomenologische Untersuchung über 'Universalen Idealismus', 'Intentionalanalyse' und 'Habitusgenese' », *Il compito della fenomenologia*, Padova, Antonio Milani, 1957, p. 117-154.

constitution originaire du temps. C'est ainsi que Husserl peut insister sur le fait que la *phansis* s'opère au niveau de l' « auto-position *(selbststellung)* » sensible de la conscience[341], c'est-à-dire au niveau impressionnel, auquel, par ailleurs, il est entièrement possible d'assigner, comme en témoignent certains textes husserliens, la fonction du « fondement »[342]. Aussi, c'est bien le caractère fondateur de la phansis qui est affirmé lorsqu'il s'agit de démontrer que la sensibilité phansiologique n'a d'autre fonction à remplir que celle de servir de base à l' « intention » et à la « donation » *(Gemeinheit et Gegebenheit)* par lesquelles se constituent les objectités intentionnelles de type divers, c'est-à-dire celles qui se rangent sous les catégories de l'« apparition », du « visé » et de la « signification »[343].

De la même manière, Husserl soutient l'idée que les appréhensions objectives ne sont possibles que si elles sont « fondées *(gründen)* sur les apparitions phansiologiques », c'est-à-dire sur les « apparitions présentatives *(präsentative Erscheinungen)* au sens phansiologique »[344]. Cela met ainsi en lumière le fait que la fonction fondatrice de la *phansis* ne tient pas tout simplement à ce qu'elle fournit la base sensible de la conscience intentionnelle. Son caractère de fondement consiste au contraire dans *la forme originaire corrélation*, c'est-à-dire *de la manifestation*, qu'elle instaure, au sein de cette conscience, entre temporalisation et objectivation. C'est précisément à ce titre que la *phansis* se réfère à quelque chose d' « ultime » dans la constitution en général. Il s'avère ainsi tout à fait légitime de parler chez Husserl d'une « constitution phansiologique ultime » *(letzkonstituirenden Phanseis)* pour définir cette effectuation ultime de la conscience interne[345]. Et cela explique, du même coup, pourquoi le « tout phansiologique » de la conscience absolue peut être désigné

---

341 Husserl, *Introduction à la logique et à la théorie de la connaissance*, p. 303, note 2.

342 Husserl parle à cet égard du « fondement impressionnel *(impressionalen Grund)* » de la conscience, *Phantasia, conscience d'image, ressouvenir*, p. 240.

343 Husserl, *Vorlesungen über Ethik und Wertlehre*, Hua. XVIII, *op. cit.* p. 330.

344 Husserl, *Transzendentaler Idealismus*, Hua. XXXVI, *op. cit.* p. 63.

345 Husserl, *Vorlesungen über Ethik und Wertlehre*, Hua. XVIII, *op. cit.* p. 330.

comme « le fondement *(Fundament)* » au sein d'un « devenir absolu », celui de la temporalité, qui traverse à sa propre manière toute la « phénoménalité »[346].

Ainsi, il n'est sans doute pas fortuit qu'après avoir défini, dans un texte abordant de la manière peut-être la plus approfondie toute la problématique de la *phansis*, la sphère des « connexions phansiologiques » comme étant la « couche la plus profonde » *(tiefsten Schicht)* qui puisse être atteinte dans l'analyse des modes d' « apparition »[347], Husserl fait aussitôt allusion à la doctrine du « fondement » de la phénoménologie. Il y parle des « fondements ultimes *(letzten Gründen)* » à partir desquels émerge, ou bien du « fondement ultime *(letzte „Gründe")* » auquel reconduit, la phénoménologie comme « science de l'être absolu et ultime »[348]. Cependant, il est clair qu'à travers cette référence à l'être absolu, il ne s'agit nullement d'invoquer un principe ontologique ni de mettre en relief une forme de la subjectivité substantielle ou égologique. Au nom du fondement, c'est sans doute *le mode d'être ultime de l'apparition* comme telle qui est pensé par Husserl, c'est-à-dire la « conscience absolue » qui fonctionne selon les mêmes lois d'effectuation que ce qui est fondé par elle. Comme Husserl nous en avertit : « ce qui se dévoile lui-même, le dit fondateur *(Begründen)*, ce n'est que la conscience » et celle-ci réside dans les « actes ou connexions d'actes »[349].

---

346 *Cf.* Husserl, *Sur la phénoménologie de la conscience intime du temps*, p. 184.

347 Husserl, *Vorlesungen über Ethik und Wertlehre*, Hua. XVIII, *op. cit.* p. 330.

348 *Cf.* « Die Phänomenologie wird dadurch zur letzten absoluten Seinswissenschaft, endlich und schließlich zur absolut systematischen, aus letzten Gründen schöpfenden oder auf letzte „Gründe" zurückführenden Ontologie », *ibid.* p. 331.

349 *Cf.* « Das Sichausweisen, das sogennante Begründen ist selbst nichts anderes als Bewußtsein; es besteht wieder in nichts anderem als in gewissen, wesenmäßig so und so gearteten Akten oder Akt-zusammenhängen », *ibid.* p. 272. Rudolf Bernet ne cesse de souligner la fonction « fondatrice » de la conscience interne chez Husserl, que celle-ci met en œuvre non seulement à l'égard de ses actes propres, mais aussi à l'égard des objets eux-mêmes qui sont constitués dans ces actes : « la conscience interne constitue bien [...] le fondement phénoménologique dernier du processus d'individuation de tous

Manifestement, ce n'est qu'au moyen de la détermi-nation de la conscience interne de l'apparaître pur comme quelque chose d'ultime et irréductible que la doctrine phénoménologique du fondement peut tendre à prendre sa forme définitive, c'est-à-dire qu'elle peut aspirer à être, en dernière recours, une doctrine de la « subjectivité ».

les objets intentionnels », Bernet, *Conscience et existence*, *op. cit.*, p. 131. Sur cette question voir aussi pp. 96-97., 126., 141.

Chapitre III

Fondement et phénoménalité

1. *L'émergence de la perspective transcendantale chez Husserl*

Il y a, sans aucun doute, quelque chose d'à la fois profondément juste et singulièrement étonnant dans l'affirmation énoncée par Husserl dans la *Crise des sciences européennes et la phénoménologie transcendantale*, selon laquelle c'est « la première percée de la corrélation de l'objet d'expérience et de ses modes de donné » qui a fait que depuis, « le travail de toute [s]a vie a été dominé par la tâche d'élaboration de l'*a priori* corrélationnel », alors que, ajoute-t-il,

> « l'insertion de la subjectivité humaine dans la problématique de la corrélation provoqua nécessairement une modification radicale de sens de l'ensemble de cette problématique et devait conduire finalement à la réduction phénoménologique à la subjectivité transcendantale absolue »[350].

D'une part, ces propos évoquent de manière univoque ce qui est à considérer comme l'élément « central » de la problématique husserlienne, c'est-à-dire celui qui tout en assurant l'axe

[350] Husserl, *Crise*, p. 189. note 1.

unificateur des doctrines phénoménologiques diverses fournit en même temps les motifs qui ont pu déclencher une certaine transformation au sein de ces dernières : il s'agit du problème de la « corrélation apriorique » que Husserl définit dans ce texte comme la corrélation reliant l'un à l'autre « l'apparaître et l'apparaissant »[351]. Néanmoins, l'allusion faite au geste par lequel une « insertion *(Einbeziehung)* de la subjectivité humaine » a dû être effectuée dans ce cadre pour y provoquer « une modification radicale de sens », peut sans doute surprendre. Comme si, selon Husserl, le phénomène de la subjectivité avait dû être inséré non seulement après coup, mais aussi, en quelque sorte, *en dehors* de la problématique phénoménologique pour l'amener ensuite sur son véritable terrain. Et comme si, qui plus est, seule une telle insertion avait pu permettre de dégager, par la mise en œuvre de la réduction phénoménologique, la voie d'une élaboration proprement transcendantale de cette problématique. De cette manière, on est presque tenté de dire que la phénoménologie husserlienne n'a été, en vérité, en mesure de s'approprier les possibilités philosophiques promises par la « première percée » de l'idée de corrélation apriorique qu'en ayant recours à une sorte de supplément doctrinal, celui de la subjectivité, par lequel elle s'est précisément détourné de sa découverte fondamentale[352].

Au fond, du point de vue du développement interne des doctrines qui sont les siennes, cette auto-interprétation tardive de Husserl ne saurait être jugée pleinement satisfaisante. Bien qu'il ne soit pas possible de contester que la transformation de la problématique phénoménologique, après la publication des *Recherches logiques*, soit allée de pair avec une exploitation de plus en plus accentuée de la perspective du *cogito*, donc finalement de

351 *Ibid.* p. 188.

352 Une telle critique a été formulée à l'égard de la position husserlienne par Heidegger. Selon lui, ce qui a empêché Husserl de profiter véritablement de la découverte de l'idée de la corrélation intentionnelle, c'était précisément sa décision ultérieure de la considérer essentiellement comme la structure propre de la subjectivité pure, *Cf.* Heidegger, *Prolégomènes à l'histoire du concept du temps*, tr. fr. A. Boutot, Paris, Gallimard, 2006, pp. 118-124.

la « subjectivité », il semble bien que cette refonte doctrinale soit plutôt la conséquence que le précurseur d'une élaboration plus approfondie du problème de la corrélation intentionnelle. En effet, l'émergence de toute une série des nouveaux éléments méthodologiques et théoriques chez Husserl, dans cette période, celui, par exemple, de la réduction, de la configuration temporelle de la conscience interne ou encore de la constitution comme processus de donation de sens, dont l'importance phénoménologique véritable ne se révèle que dans l'optique du tournant transcendantal, s'explique par une orientation vers ce qui, en un sens précis, se situe *au-delà* de la sphère de la « subjectivité humaine ». Qu'il s'agisse du « sujet psychologique » ou du « sujet de la connaissance », c'est précisément l'irrévocable mise hors circuit de ces instances empiriques ou aprioriques qui caractérise, sur ce point, la radicalité de la démarche husserlienne. De ce point de vue, l'analyse de la conscience en tant qu'une instance transcendantale ne peut être en aucune façon confondue avec le simple effort d'insérer le phénomène de la subjectivité dans la problématique propre de la phénoménologie.

En fait, renoncer à toute idée de « subjectivité psychologique » et même à « l'évidence de la *cogitatio* en tant que ma *cogitatio*, celle du vécu en tant que mon vécu »[353] constitue l'une des premières opérations de cette « science universelle de la conscience pure »[354] que Husserl cherche à fonder au moyen de la réduction phénoménologique dans son cours de 1906/07. Ces mêmes motifs apparaissent dans plusieurs textes de la même période. Dans ses *Dingvorlesungen* de 1907, Husserl non seulement souligne l'aspect non « solipsiste » de la réduction, en affirmant que la « pensée » ainsi dégagée est « la pensée de personne *(niemandes Denken)* »[355], mais il va même jusqu'à soutenir l'idée selon laquelle « toute objectité transcendante a son fondement originaire *(Urgrund)* et support dans l'*objectité (Gegenständ-*

[353] Husserl, *Introduction à la logique et à la théorie de la connaissance*, p. 259.
[354] *Ibid.* p. 262.
[355] Husserl, *Chose et espace*, p. 64.

lichkeit) au sens large que nous nommons conscience »[356]. Ce qui n'empêche, par ailleurs, qu'il définit cette conscience-objectité comme un être qui « constitue » les objets au moyen des actes de l'intentionnalité. Il en ressort, comme le montrent également les analyses présentées dans les leçons de *L'idée de la phénoménologie*, que le but de la mise hors circuit de tous les caractères « subjectifs » des données propres de la conscience par la réduction phénoménologique consiste en premier lieu en ce qu'elle rend possible de poser d'emblée la « question fondamentale pure *(reine Grundfrage)* » qui porte sur le rapport entre le vécu cognitif et son objet transcendant[357]. C'est seulement dans un cadre gnoséologique ainsi purifié que deviennent analysables, en d'autres termes, des modes fondamentaux de « connaître » sans qu'il y soit nécessaire de faire référence au *sujet* de la connaissance comme une con-figuration déterminante. En somme, si le phénomène de la « subjectivité » se trouve traité dans les textes évoqués, ce n'est que pour dégager les *fonctions pures* qui régissent, à leur manière, le rapport intentionnel du vécu et de l'objet en tant que tel[358].

Tout semble indiquer ainsi que c'est bien l'ensemble des phénomènes saisis sous le titre général de la « corrélation intentionnelle » qui continue à fournir l'objet privilégié de la pensée husserlienne au moment même où elle connaît son tournant transcendantal. Le fait qu'à partir d'ici, l'accent soit de plus en plus mis sur le caractère « asymétrique » du rapport de la conscience et de l'objet s'explique plutôt par la croissance de l'attention consacrée à la nature *constitutive* de l'intentionnalité que par la mise en valeur du « sujet » propre de cette dernière comme facteur constitutif. Il est particulièrement significatif à cet égard que lorsque Husserl tente pour la première fois,

---

356 *Ibid.* p. 63. (nous soulignons)

357 *Cf.* Husserl, *L'idée de la phénoménologie*, p. 108.

358 L'ensemble de la problématique de la mise hors circuit du sujet « empirique » ou « humain » dans l'émergence de la problématique trans-cendantale chez Husserl a été analysé en profondeur par E. Marbach dans son *Das Problem des Ich in der Phänomenologie Husserls*, M. Nijhoff, Den Haag, 1974. *Cf.* plus particulièrement, p. 23-43.

autour de l'année 1908, de relier l'aspect transcendantal de sa phénoménologie à celui de la conscience constituante, il cherche précisément à assurer la cohérence de ces déterminations en faisant référence à la synthèse de l'apparition ainsi qu'aux motifs phanseologiques qui se dégagent de cette dernière[359]. Ces analyses semblent confirmer de nouveau le fait que l'émergence de la perspective proprement transcendantale dans la pensée husserlienne résulte moins d'un acte d'intégration d'une idée de la subjectivité dans la doctrine de la corrélation intentionnelle que d'un effort entrepris pour retrouver ce qui se montre comme *structure fondamentale* dans ce rapport animant tout mode de connaissance et d'expérience entre la conscience et l'objet[360].

Le caractère tout à fait capital du rapprochement de l'idée de la corrélation intentionnelle avec celle de la conscience comme « fondement » dans la genèse du transcendantalisme husserlien se révèle clairement dans les analyses qui sont consacrées, quelques années avant la parution des *Idées*, à l'approfondissement des problèmes de la constitution et à l'examen de la position gnoséologique qui y est nécessairement liée[361]. Au fond, le privilège accordé dans ces textes à ce que Husserl appelle désormais « subjectivité transcendantale » repose sur deux motifs strictement interdépendants. D'une part, c'est la mise en évidence du caractère « absolu », c'est-à-dire en soi complet et irréductible, du *mode de donation* de la *cogitatio* qui fait que Husserl juge nécessaire de séparer celle-ci du registre des apparitions des objets. Cela est fait, éventuellement, par l'allusion à la nature « phansiologique » de la conscience[362]. D'autre part, la démarcation ainsi faite permet de mettre en relief la

---

359 *Cf.* Husserl, *Einleitung in die Logik und Erkenntnistheorie*, Hua. XXIV, p. 425. (texte non inclus dans l'édition française), et *Vorlesungen über Ethik und Wertlehre*, Hua. XXVIII, *op. cit.* p. 329-331.

360 *Cf.* à cet égard les analyses de J.-F. Lavigne, *Husserl et la naissance de la phénoménologie*, *op. cit.*, p. 549-561., et celles de E. Marbach, *Das Problem des Ich in der Phänomenologie Husserls*, *op. cit.*, p. 44-53.

361 *Cf.* Husserl, *Transzendentaler Idealismus*, Hua. XXXVI, p. 3-79.

362 *Cf. Ibid.* p. 63.

forme intrinsèquement *asymétrique* de la corrélation. Il faut constater, selon Husserl, que l'« être » des objets comme *être donné* ne peut être expliqué autrement que par la référence directe à l'« être » du vécu qui se révèle, quant à son mode de donation, comme un « être absolu ». Or, c'est bien à partir d'ici qu'il souligne, en employant les termes d'« immanence » et de « transcendance » comme caractères d'un rapport dont le déséquilibre renvoie à la différence des positions d'être dérivées des déterminations gnoséologiques, la nature fondatrice du rapport corrélationnel[363]. Il trouve, en effet, qu'il est non seulement légitime de parler de la « sphère de *cogitationes* » comme la « sphère fondamentale » *(Fundamentalsphäre)*[364] de la « donation *(Gegebenheit)* », mais il faut aussi considérer comme inséparable l'exploration phénoménologique de cette sphère et le dévoilement de la « dépendance fonctionnelle » *(funktionellen Abhängigkeit)*[365] au moyen de laquelle s'articule tout rapport corrélatif entre la conscience et le monde des objets.

Ainsi, en partant directement de la problématique des modes de donation et en suivant, d'une certaine manière, la logique propre de la synthèse de l'apparition qui y est impliquée, les analyses husserliennes cherchent à démontrer que la corrélation entre le vécu et l'objet ne peut être pensée autrement que sous la forme d'un *rapport de fondation.* Si bien que sous le signe de « l'idéalisme phénoménologique » ou celui de « l'idéalisme transcendantal »[366], c'est bel et bien le *fondement du monde* lui-même qui commence à être pensé par Husserl. En outre, ce fondement est dégagé précisément à partir d'une différence entre les *modes d'être* qui renvoie à son tour à une différence encore plus fondamentale, celle des *modes de donation.* Dès lors, si la

---

[363] *Cf.* « Das Sein von Nicht-Bewusstem ist nur verständlich als gemeintes und bewährtes, begründetes Sein im Bewusstseinszusammenhängen. Transzendenz überhaupt ist nicht geleugnet, aber jedes Transzendente ist entweder Einheit des Bewusstseins oder aufgrund von Bewusstsein gesetztes, und mit Grund gesetztes Bewusstsein », *ibid.* p. 59.

[364] *Ibid.* pp. 3., 6., et 15-16.

[365] *Ibid.* pp. 52., 56.

[366] *Ibid.* pp. 53., 60., 73.

« conscience absolue » peut être définie par Husserl, dans ces textes, comme « la source de toute fondation *(Begründung)* possible »[367], ce n'est pas parce qu'elle est a trait à une forme de subjectivité autonome, mais parce qu'elle se manifeste dans son « être donné » comme étant « l'assise et la source de tout ce qui par ailleurs s'appelle ou peut être appelé "être" ». Elle est l' « assise *(Wurzel)* » précisément parce qu'au sens radical « elle est porteuse de tout autre être, qu'il soit un être individuel immanent ou transcendant »[368].

On ne peut ainsi que souscrire à la constatation d'Iso Kern selon laquelle ce qui est pensé sous le signe du « transcendantal » chez Husserl, c'est tout d'abord une « position de problème *(Problemstellung)* »[369]. Cette dernière concerne avant tout la question du statut phénoménologique du rapport de la corrélation en tant que celui-ci se fait entre deux sphères de la « donation », celle de la conscience et celle du monde. L'ouverture de la perspective transcendantale chez Husserl conduit manifestement à réarticuler cette relation fondamentale sous une forme qui dépasse largement le cadre phénoménologique de la théorie de la connaissance : car elle permet non seulement de redéfinir en termes proprement ontologiques les *instances* principales entre lesquelles doit s'effectuer la corrélation intentionnelle, mais aussi, et, du même coup, de s'interroger sur la nature de leur rapport fondateur selon les *conditions* qui se rangent sous la catégorie de l' « originarité » phénoménale. C'est précisément cela qui est indiqué par Husserl lui-même lorsque, dans l'un de ses premiers textes où il se met à élucider le sens du caractère « transcendantal » de sa phénoménologie, il définit sa problématique comme celle qui porte sur les « origines de l'objectivité dans la subjectivité transcendantale, de l'être relatif

---

367 *Ibid.* pp. 36., 60.

368 « Das Bewusstsein, das Sein im radikalen Sinn, ist im radikalen, im echten Sinn des Wortes. Es ist die Wurzel und – in einem anderen Bild – die Quelle alles dessen, was sonst noch „Sein" heißt und heißen kann. Es ist die Wurzel: Es trägt jedes andere, sei es immanente, sei es transzendente individuelle Sein », *ibid.* p. 70.

369 I. Kern, *Husserl und Kant*, M. Nijhoff, Den Haag, 1964, p. 243.

des objets à partir de l'absolu (au sens de la conscience) »[370]. Aussi détermine-t-il finalement le sens du « transcendantal » à partir de ce qui se dégage, relativement à cette conscience, comme une configuration proprement phénoménale, c'est-à-dire celle de « l'apparaître et de l'apparaissant »[371]. Cette façon de rendre compte de la problématique phénoménologique met clairement en lumière le fait que l'horizon sur lequel s'ouvre la possibilité de l'analyse transcendantale chez Husserl ne peut être celui de la « subjectivité » sans que cet horizon y soit envisagé également, si ce n'est même préalablement, comme étant le *fondement transcendantal* de l'apparition en général.

2. *La problématique transcendantale du fondement*

a) *Les deux sens du fondement transcendantal : instance ultime et condition ultime*

Comme on l'a vu, le cadre général à partir duquel Husserl cherche à définir, en premier lieu, le caractère proprement transcendantal de sa phénoménologie reste intrinsèquement lié à l'idée de la corrélation intentionnelle déterminée par la synthèse de l'apparition. Bien que ce cadre soit sans doute

---

370 Husserl, *Erste Philosophie I*, Hua. VII, *op. cit.* p. 382.

371 *Cf.* à cet égard la remarque suivante qui indique précisément la perspective à partir de laquelle le sens du « transcendantal » peut être tout d'abord définit chez Husserl : « l'intérêt transcendantal, l'intérêt de la phénoménologie transcendantale porte (...) sur la conscience en tant que conscience d'objet, il ne porte que sur des "phénomènes", phénomènes au double sens : 1) au sens de l'apparition, dans laquelle l'objectité apparaît ; 2) d'autre part au sens de l'objectité, considérée simplement dans les limites où elle apparaît précisément dans l'apparition », p. 425 (texte de 1908, non inclus dans l'édition française, traduit et commenté par J. F. Lavigne dans son *Husserl et la naissance de la phénoménologie (1900-1913)*, *op. cit.*, p. 671.).

réarticulé par l'usage de la notion de « transcendantal », dans la mesure où celle-ci y est introduite comme un « concept de relation » au moyen duquel c'est le rapport entre la conscience et le monde qui est mis désormais au centre des analyses phénoménologiques[372], le problème général de la corrélation ne sera point être aboli, ni même fondamentalement transformé. Et le fait que Husserl puisse définir dans certains de ses textes plus canoniques le concept du « transcendantal » comme ce qui a essentiellement pour corrélat le concept de « transcendant »[373] ne change rien au postulat qu'il faut y avoir, entre les deux registres couverts par ces concepts, un *rapport de fondation.* Car, comme il ne cesse également de le souligner, la transcendance du monde par rapport à la conscience signifie, certes, que le monde ne peut, en aucune manière, être inclus « réellement » dans la vie de la conscience, mais elle ne signifie pas qu'il se situe dans une sphère ontologique qui serait intacte des opérations de cette dernière. La différence de principe entre ces deux sphères renvoie donc clairement au fait que le « sens d'être » du monde présuppose nécessairement, en tant qu'*être donné*, les « actes de fondation *(begründenden Akten)* » de la conscience[374]. Ainsi, la mise en œuvre de la perspective transcendantale chez Husserl implique non seulement que le rapport de la corrélation intentionnelle soit compris comme une « dépendance fonctionnelle » de la conscience et du monde, mais aussi que cette dépendance doive être pensée encore, d'une certaine manière, selon les catégories du « fondement » et du « fondé ».

Or, s'il est légitime de dire qu'au sein du concept husserlien du transcendantal, au moment de sa remise en jeu, « la

372 *Cf.* E. Marbach, *Das Problem des Ich in der Phänomenologie Husserls, op. cit.*, p. 50-51.

373 *Cf.* Husserl, « Article pour l'*Encyclopédie Britannica* », in *Psychologie phénoménologie*, p. 234. ; *Méditations cartésiennes*, p. 69-70. Sur cette question *Cf.* aussi Th. Seebohm, *Die Bedingungen der Möglichkeit der Transzendental-Philosophie*, Bonn, Bouvier, 1962, p. 69-72.

374 Husserl, *Méditations cartésiennes et les Conférences de Paris*, tr. fr. sous la direction de M.-B. de Launay, Paris, PUF, 1994. p. 70. (désormais *Méditations cartésiennes*)

fonction de condition-origine et la fonction de fondation ontologique ultime en viennent à se confondre, dans le même rapport »[375], alors il est peut-être aussi légitime de reconnaître dans cette concomitance principale ce qui donne désormais le caractère tout à fait spécifique de la doctrine phénoménologique du « fondement » chez Husserl. En effet, tout semble indiquer que l'instauration de la perspective transcendantale permet finalement de procéder à un *élargissement ontologique* et à un *approfondissement gnoséologique* de la doctrine de la corrélation intentionnelle elle-même. Il s'agit d'un élargissement dans le sens où ce sont manifestement les *instances ultimes* du rapport corrélationnel qui sont atteintes par Husserl à partir du moment où il définit ce rapport comme étant celui qui relie fondamentalement l'un à l'autre la « conscience » et le « monde ». Et on peut parler aussi d'un approfondissement car, en s'abandonnant à l'optique transcendantale, il devient possible de circonscrire d'une façon très précise la sphère des *conditions ultimes* de la corrélation, c'est-à-dire celle des « origines » purement phénoménales, à la fois intentionnels et hylétiques, de la vie de la conscience qui déterminent à leur manière aussi bien la constitution de toute donnée immanente de la conscience que celle de tout objet mondain transcendant.

En effet, on pourrait même soutenir que ce qui donne son sens spécifique et sa nouveauté radicale à la doctrine phénoménologique de la subjectivité transcendantale chez Husserl, c'est bien la composition inédite ou, pour être plus précis, l'élaboration parallèle de ces deux registres généraux du *fondement transcendantal*, celui de l'« instance » et celui de la « condition » ultimes de tout « être » subjectif et objectif. Ce qui implique, selon une détermination plus traditionnelle du transcendantal, l'amalgame de la position du sujet connaissant et le motif de la source de toute connaissance[376]. Mais pris selon son sens qui lui

---

375 J.-F. Lavigne, *Husserl et la naissance de la phénoménologie (1900-1913)*, *op. cit.*, p. 671-672.

376 C'est sans doute en ce sens que Husserl se permet de définir dans *l'Expérience et jugement*, en faisant référence à Descartes, son usage du

est propre, cela permet sans doute de mieux comprendre la particularité du développement de la problématique transcendantale de la phénoménologie husserlienne elle-même. Car, d'une part, on trouve chez Husserl à partir des *Idées I*, une tendance à déterminer de façon de plus en plus appuyée et précise ce qui fournit, en tant qu'*instance égologique* de la conscience, le caractère fondamentalement « centralisé » de la constitution intentionnelle elle-même. Pourtant, il serait sans doute erroné de ne voir dans cette orientation phénoménologique qu'une mise en évidence de la nature irréductible du *cogito* en tant que conscience pure opposée au monde, au risque même de survaloriser la figure statique de la fondation entre ces deux sphères. Car cette orientation se complète d'emblée avec l'effort de dévoiler jusqu'à quel point s'étendent les effets immédiats de l'instanciation égoïque dans la constitution du monde. Au-delà, donc, de l'insistance sur l'autosuffisance ontologique de la conscience qui est la position des *Idées I*, ce mode de recherche transcendantale consiste également, et déjà dès le deuxième tome de ce même ouvrage, à analyser les phénomènes propres de l'auto-objectivation de l'*ego* : il s'agit donc de tenir compte de l'univers « monadique » concret de l'*ego* ainsi que des fonctions fondatrices qu'il remplit dans la « mondanéisation » et dans la constitution de l'intersubjectivité en général.

D'autre part, la recherche sur les *conditions de l'originarité*, celle-ci n'étant au fond qu'une « qualité » proprement transcendantale de la phénoménalité, exige chez Husserl de trouver une autre voie vers le « fondement ». Cela lui renvoie principalement à l'analyse de la temporalité originaire de la conscience comme milieu ultime de toute constitution ainsi que celui de son auto-apparition. En se situant en quelque sorte dans la sillage des analyses consacrées plus avant à la structure

---

« transcendantal », d'une part, par le motif « d'un questionnement récurrent portant sur la source ultime de toutes les formations de la connaissance », et d'autre part, par celui « d'une réflexion du sujet connaissant sur lui-même et sur sa vie cognitive », Husserl, *Expérience et jugement*, tr. fr. D. Souche, Paris, PUF, 1974. p. 57-58. (désormais *Expérience et jugement*)

et à la vie de la conscience interne, c'est-à-dire ceux qui ont été atteints à partir des années 1906-07 sous le titre de la problématique de la conscience « phansiologique », Husserl développe, sous la forme d'une doctrine de la constitution transcendantale, une véritable phénoménologie de la « genèse ». En sorte que la perspective génétique permet de réarticuler la question du fondement phénoménologique comme celle des conditions ultimes de la subjectivité transcendantal renvoyant, en dernier recours, au flux temporel purement phénoménal de la conscience. Ce qui permet, du même coup, à Husserl de rendre compte des modes et des fonctions intentionnels et hylétiques, mis en œuvre par la constitution charnelle, à travers lesquels l'instance ultime de la subjectivité monadique concrète trouve sa propre fondation phénoménale.

Or, comme on va le voir, étant exigé par la prise en compte systématique de modes de constitution phénoménales plus en plus complexes, tout le développement de la phénoménologie transcendantale témoigne, en effet, d'un effort d'élaboration de plus en plus approfondie au sein de ces deux registres du fondement, celui des *instances* et celui des *conditions*[377]. Aussi, le fait que les analyses où Husserl se donne expressément pour tâche d'exposer sa problématique, soit du point de vue de sa méthode, soit de celui de sa systématicité interne, mettent en relief et privilégient parfois très nettement l'un ou l'autre des deux sens du fondement transcendantal qui sont désignés par l'*ego concret* et par la *vie de la conscience*, n'em-pêche qu'il tend davantage à relier l'un à l'autre, dans les analyses plus concrètes, en visant leur coappartenance d'ordre fonctionnel. Si

[377] L'un des aspects essentiels de l'émergence de cette configuration de la problématique transcendantale chez Husserl est éclairci par Bruce Bégout : « Husserl essaie de sortir de l'opposition, fondamentale pour lui, entre Kant et Hume, entre transcendantalité et genèse subjective, en conservant d'un côté la pure transcendantalité comme condition absolue et non empirique de possibilité de l'expérience, tout en faisant droit à une genèse de l'esprit qui ne soit plus réduite à une simple "déduction transcendantale", ni une dérivation psychologique », Bégout, *La généalogie de la logique. Husserl, l'anté-prédicatif et le catégorial*, *op. cit.*, p. 118.

bien que la subjectivité transcendantale va être dévoilée finalement comme une sorte de complicité fondatrice, c'est-à-dire comme la sphère ultime de tout type de constitutions, et monadiques et génétiques, dont la prééminence comme *instance* ontologique procède précisément des *conditions* irréductibles de sa propre effectuation originairement phénoménale. Sans doute, c'est bien cette articulation constamment dédoublée des déterminations transcendantales ultimes qui permet de justifier l'ambition de Husserl de proposer plusieurs entrées à l'analyse de la problématique transcendantale propre à la phénoménologie[378].

b) Les présentations du fondement

En effet, du point de vue de l'ensemble du développement de la problématique transcendantale du « fondement », la doctrine phénoménologique exposée dans les *Idées I* semble être la moins représentative. La raison en est sans doute qu'en cherchant à réconcilier une série de doctrines nouvellement élaborées, comme celles de la réduction et éidétique et transcendantale, du « moi pur » et de la corrélation noético-noématique, les unes avec les autres, Husserl n'y semble capable de présenter qu'une conception pour ainsi dire trop « frontale » de la constitution. Celle-ci porte prioritairement sur la formation des objectivités de monde qui s'effectue selon les lois éidétiques subjectives de la « donation de sens *(Sinngebung)* » intentionnelle, c'est-à-dire elle appartient à ce que Husserl appelle une « phénoménologie orientée objectivement »[379]. L'élaboration de la problématique transcendantale ne s'est intéressée, par consé-

---

378 Sur cette question voir l'étude devenue classique de I. Kern, « Die drei Wege zur transzendental-phänomenologischen Reduktion in der Philosophie Edmund Husserls », *Tijdshrift voor Filosopfie*, 1962, no. 1., p. 303-349.
379 Husserl, *Idées I*, pp. 271-272, 282.

quent, dans cette œuvre qu'à ce qui concerne l'objectivation intentionnelle divisée statiquement, d'un côté, en fonctions noétiques et moments hylétiques, et, de l'autre côté, en modalités noétiques et unités de sens noématiques[380]. Ce qui veut dire, en somme, que c'est surtout au sens de l'*instance*, prise dans sa forme noético-ontologique ultime en tant que « conscience pure », que la question du fondement transcendantal s'y trouve effectivement posée. De plus, grâce à la réduction phénoménologique qui permet de la poser, cette question est orientée dans une large mesure encore par la question proprement gnoséologique de la possibilité de la connaissance objective. Il s'agit donc de constater, comme Husserl l'explique, que

> « Si l'on a pu nommer 'transcendantale' la réduction phénoménologique et également la sphère pure du vécu, c'est parce que cette réduction nous fait découvrir une sphère absolue de matières et de formes noétiques dont les com-binaisons de nature déterminée impliquent, en vertu d'une nécessité éidétique immanente, cette propriété étonnante : avoir conscience de telle ou telle chose déterminée ou déterminable donnée à la conscience [...] nous atteignons ici à la source ultime d'où l'on peut tirer la seule solution pensable en réponse aux problèmes les plus profonds de la théorie de la connaissance, concernant l'essence et la possibilité d'une connaissance objectivement valable du transcendant »[381].

En revanche, les analyses husserliennes qui portant de façon approfondie, à peu près dans la même période, sur les problèmes de la constitution originaire du temps[382], thème seulement effleuré dans les *Idées*, ne laissent planer aucun doute sur l'importance de la doctrine des *conditions ultimes* dans la

---

[380] *Ibid.* p. 298. *Cf.* aussi la détermination du « noème » en tant que « "élément transcendantalement constitué" "sur le fondement" *(auf Grund)* des vécus matériels "par le moyen" *(durch)* des fonctions noétiques », *ibid.* 339.

[381] *Ibid.* p. 340.

[382] *Cf.* Husserl, *Leçons pour une phénoménologie de la conscience intime du temps*, p. 97-126. ; *Die Bernauer Manuskripte über das Zeitbewusstsein (1917/18)*, Hua. XXXIII, Kluwer, Dordrecht/Boston/London, 2001

problématique transcendantale de la conscience que la phénoménologie y cherche à élaborer. Dans ces analyses, Husserl non seulement effectue un retour à sa doctrine ancienne de la « conscience absolue » conçue comme conscience tempo-rellement déterminée et « sous-jacente à *toute* constitution »[383], mais il examine celle-là précisément, dans ses *Manuscrits de Bernau*, du point de vue de son caractère d' « originarité » absolue en tant que celle-ci nous renvoie à un « fonds de vie transcendantale ultime *(letzten transzendentalen Lebensbestände)* »[384]. À ce titre, Husserl tend, d'une certaine manière, à réhabiliter les droits d'une phénoménologie « hylétique » à laquelle les *Idées I* n'ont conféré qu'un rôle secondaire[385]. L'étude minutieuse des caractères du « processus originaire *(Urprozess)* » de la temporalité conduit à préciser, dans ce cadre, la structure de la conscience interne sous-jacente à toute objectivation intentionnelle ainsi qu'à déterminer, dans une certaine mesure, les conditions ultimes en fonction desquelles le flux de la vie de conscience lui-même se trouve finalement constitué. Husserl parle, à cet égard, d'une « genèse originaire » des objectités hylétiques comme « fondement *(Unterlage)* de toute genèse ultérieure »[386]. Ce qui permet aussi de définir la conscience comme étant doué d'un « moi originaire *(Ur-Ich)* » entendu comme sujet de l'affection et de l'action subsistant au sein d'un milieu d'apparition sensible qui lui reste à proprement parler originairement « étrange *(Ichfremde)* »[387].

On ne s'étonnera pas ainsi de voir qu'au cours de la première exposition systématique de la problématique phéno-

---

383 Husserl, *Leçons pour une phénoménologie de la conscience intime du temps*, p. 97.

384 Husserl, *Die Bernauer Manuskripte*, Hua. XXXIII, *op. cit.* p. 6.

385 *Cf.* Husserl, *Idées I*, p. 298., et les réflexions sur la conception des *Idées* dans les *Bernauer Manuskripte*, *ibid.* pp. 120-121, 243-245.

386 Husserl, *Bernauer Manuskripte*, Hua. XXXIII, *op. cit.* p. 282. Sur la question de la configuration fondatrice de la conscience temporelle et sur les problèmes génétiques dans ces textes, voir les analyses approfondies de T. Kortooms, *Phenomenology of Time. Edmund Husserl's Analysis of Time-Consciousness*, Kluwer, Dordrecht/Boston/ London, 2002, pp. 149-174. et 188-192.

387 *Cf. Ibid.* pp. 286., 318-319.

ménologique après ces recherches, effectuée en 1923/24 et consacrée au thème de la « Philosophie première », où Husserl s'en tient délibérément de nouveau au langage gnoséologie au sens traditionnel, il n'hésite pas à faire référence au caractère *fondamental* ou *fondateur* de la subjectivité transcendantale de plusieurs manières différentes : d'abord, comme « champ d'origine *(Ursprungsfeld)* de toute raison », ensuite comme « fondement de l'unité *(Einheitsgrundes)* de toutes les connaissances » pour arriver enfin à en parler comme « principe fondateur originaire *(Urgründenden)* » qui est « le fondement originaire de la donation de sens et de la validité d'être »[388]. Ce qui lui permet également de s'y référer, en y envisageant précisément deux principaux figures gnoséologiques du fondement, comme « sol transcendantal *(transzendentalen Boden)* sur lequel repose toute problématique transcendantale » qui implique du même coup « la position transcendantale de soi-même *(Selbstzetzung)* »[389]. Ainsi, en réunissant en elle-même d'une certaine manière tout aussi bien le motif de l' « origine » ultime que celui du « sol » dernier, la subjectivité transcendantale se trouve qualifiée finalement par Husserl, dans ses leçons, comme le « fondement ultime *(letzten Grund)* de tous les fondements (notamment à partir duquel tous les fondements effectifs et possibles émergent) »[390].

En revanche, l'exposition de la problématique transcendantale effectuée dans le texte de *Logique formelle et logique transcendantale* favorise une approche qui s'oriente vers la question du « fondement » ontologique du sujet à partir des analyses des « conditions » originaires de l'expérience. Husserl revient ici, pour commencer, à l'analyse de l'intentionnalité en tant que « donation d'objets » qui implique précisément que ceux-ci soient compris comme issus d'une « fondation originelle

---

388 Husserl, *Philosophie première II*, p. 39.

389 *Ibid.* p. 54.

390 « letzten Grund aller Gründe (aus dem nämlich alle wirklichen und möglichen Gründe entspringen) », Husserl, *Erste Philosophie II*, Hua. VIII, *op. cit.* p. 356. (texte non inclus dans l'édition française)

(ursprünglicher Stiftung) » dans l'expérience[391]. En établissant ainsi les repères de la théorie de la constitution, il se donne pour tâche, par le biais d'une critique transcendantale de la connaissance et des formations logiques, d'aborder les problèmes phénoménologiques relatifs à la « genèse du sens » conçue comme « genèse intentionnelle ». Or, l'analyse de cette dernière ne peut commencer, selon la logique de la corrélation, qu'à partir de la prise en compte des effectuations originelles qui se donnent sous la forme de l' « intentionnalité fondatrice *(urstiftende)* »[392]. Ce qui permet à Husserl de se retrouver d'emblée devant ce qu'il propose de traiter comme « le problème universel de la philosophie transcendantale »[393] et qui n'est rien d'autre que celui de la subjectivité transcendantale donnée tout d'abord, sous le mode de « je suis », en tant que « fondement primitif *(Urgrund)* intentionnel du monde »[394]. Celle-ci reçoit alors sa détermination ontologique comme « fondement primitif *(Urgrund)* de tout ce qui est valable pour moi du point de vue de l'être » ainsi que comme ce en quoi « tout être objectif, toute vérité a son fondement d'être et son fondement de connaissance *(Seins- und Erkenntnisgrund)* »[395]. C'est de cette manière donc que le problème du fondement comme instance gnoséo-ontologique est acquis, dans ce texte, à partir de celui de la condition d'origine de l'expérience.

En fait, nul autre texte, parmi les présentations systématiques, que celui des *Médiations cartésiennes* ne semble mieux exposer ensemble, si ce n'est même intégrer fondamentalement l'un à l'autre, les deux registres du fondement transcendantal, celui de l'*ego* et celui de la *vie de conscience*, en lien avec les divers

---

391 *Cf.* aussi « cette transcendance [de l'objet] est impliquée, à la manière d'une fondation originelle, dans l'essence propre de l'expérience elle-même », et également « L'expérience est la fondation primitive *(Urstiftung)* de l' « être-pour-nous » des objets ayant le même sens objectif qu'elle », Husserl, *Logique formelle et logique transcendantale*, p. 223., voir aussi, *ibid.* p. 217.

392 *Ibid.* pp. 280., 294-295.

393 *Ibid.* p. 310.

394 *Ibid.* p. 317.

395 *Ibid.* p. 321. et p. 364.

problèmes qui leurs sont propres. En effet, le texte des *Conférences de Paris* fait déjà clairement allusion à cet ordre du problèmes lorsque dans le sillage de la démarche cartésienne, il présente l'ambition fondatrice de la phénoménologie transcendantale et s'interroge sur la différence de fond entre « le fondement et la base *(Grund und Boden)* sur quoi toute connaissance objective se déroule » faisant l'objet de la recherche phénoménologique, et le « fondement de la connaissance *(Erkenntnisgrund)* au sens habituel »[396]. Mais, en y évoquant l'idée d'une nouvelle type de fondation, c'est-à-dire celui d'« une fondation transcendantale *(transzendentaler Begründung)* », la démarche husserlienne n'ouvre dans ce texte que la perspective de la « pure égologie » comme fondement phénoménologique à considérer, ce dernier étant comprise alors comme le « fondement *(Fundament)* le plus radicalement premier de la philosophie »[397].

Les analyses du texte principal des *Méditations*, par contre, sont sans doute à la fois plus approfondies et autrement orientées au sens qu'en esquissant les motifs principaux de la problématique transcendantale propre à la phénoménologie, elles donnent dès l'abord une signification purement ontologique au statut fondamental de la subjectivité :

> « En tant qu'être absolument antérieur, l'être du pur *ego* et de ses *cogitationes* précède en fait l'être naturel du monde [...]. Le sol ontologique naturel est secondaire quant à la validité de son être, il présuppose toujours le sol transcendantal *(transzendentalen Seinsboden)* »[398].

En effet, ce n'est que dans une deuxième étape que Husserl envisage la portée proprement épistémique de cette priorité ontologique de l'*ego* : à travers une analyse liminaire du

---

[396] Husserl, *Méditations cartésiennes,* p. 10.

[397] *Ibid.* p. 11.

[398] *Ibid.* p. 64. *Cf.* aussi la question posée antérieurement par Husserl : « Mais que se passerait-il si, en fin de compte, le monde n'était pas du tout la base absolument première du jugement, et si son existence présupposait déjà une base ontologique *(Seinsboden)* radicalement antérieure ? », *ibid.* p. 61.

phénomène de l' « évidence », il renvoie alors au « sol cognitif tout à fait premier *(ersten Erkenntnisbodens)* »[399] qui recèle en elle-même la position d'être de l'*ego.* Ce qui lui permet d'emblée d'évaluer l'enjeu général de la problématique transcendantale, précisément, à partir du phénomène de la « transcendance » de l'être mondain par rapport auquel ce sont les « expériences » et, parmi elles, les « actes de fondation » *(begründenden Akten)*[400] qui se présentent comme étant les corrélats constitutifs. Le sens du fondement transcendantal comme position ontologique et épistémique du sujet se trouve est ainsi bel et bien défini par le sens de la constitution transcendantale du monde elle-même.[401]

Mais à proprement parler, même cette détermination multiforme du fondement transcendantal comme *instance* ontologique du sujet vis-à-vis du monde se trouve rapidement approfondie dans la démarche ultérieure des *Méditations.* Car dans la mesure où les analyses husserliennes plongent dans l'analyse de l'*ego* transcendantal et celle de la structure corrélationnelle de sa vie, elles tendent également à tenir compte, à partir de la *Deuxième méditation*, de ce qui se présente comme étant le *conditionnement* interne à cette vie elle-même. C'est à ce titre que le caractère « synthétique » de la conscience y est mis en évidence, ce qui aboutit d'emblée à l'exposition de l'aspect essentiellement temporel de ce type de constitution. Or, sur ce point, Husserl ne manque pas d'attirer l'attention sur le fait que le caractère synthétiquement unifié de l'ensemble la vie de conscience n'est possible que s'il a son « fondement *(fundiert)*, à des niveaux divers, dans les multiples *cogitata* particuliers »[402]. Ceux-ci sont organisés et réglés, dit-il, selon cette « forme fondamentale *(Grundform)* de la synthèse universelle, qui permet

---

399 *Ibid.* p. 66.

400 *Ibid.* p. 70.

401 Voir à cet égard une remarque de Husserl de cette même période : « Je réfléchis au type d'unités qui sont données elles-mêmes et à la manière dont elles se situent vis-à-vis de moi-même, qui suis le fondement transcendantal *(transzendentalen Fundament)* de leur constitution », Husserl, *Sur l'intersubjectivité*, tome I, p. 185.

402 Husserl, *Méditations cartésiennes*, p. 88.

(möglich macht) toutes les autres synthèses de la conscience », cette forme n'étant rien d'autre que « la conscience du temps, conscience interne et qui englobe tout »[403]. C'est dans le cadre phénoménologique ainsi établi que sont analysés ensuite les différentes formes et modes fondamentaux de la corrélation intentionnelle parmi lesquels les modalités de la « vérification » originaire. Ceux-ci présupposent dans leurs propres fonctionnements les effectuations synthétiques de la conscience si bien que Husserl pense pertinent de faire allusion à leur « fondement transcendantal ultime *(letzten transzendentalen Grund)* » au sein de la subjectivité[404].

Cette caractérisation parallèle et en quelque sorte mêlée des fonctions d'*instance* et de *condition* fondamentales propres à l'être de la subjectivité transcendantale culmine enfin dans le § 29 des *Méditations*, et c'est précisément au moment où il s'agit d'aborder la problématique de l'instance monadique de l'*ego* et de ses conditions proprement génétiques. Or, pour y parvenir, Husserl non seulement cherche à mettre en évidence le sens *ontologique* ultime de la constitution transcendantale en général, mais il le fait en évoquant, sous la forme de la temporalité immanente, l'effectuation *originaire* ultime de cette dernière. Cela permet alors de nouveau d'indiquer, dans toute sa complexité, le lieu du fondement phénoménologique. Ainsi, après avoir esquissé les jalons de la problématique de la constitution du « monde objectif », Husserl affirme :

> « L'élaboration intentionnelle des évidences constituantes dans leur unité synthétique se révèle particulièrement compliquée eu égard aux objets ; par exemple : fonder *(Fundierung)* par niveaux des objets non objectifs (*uniquement subjectifs*) en partant du fond objectif le plus profond *(untersten gegenständlichen Grund)*. La temporalité immanente joue *(fungiert)*

403 *Ibid.* p. 89.
404 *Ibid.* p. 105.

sans cesse ce rôle de fondement dernier, la vie qui s'écoule et qui se constitue elle-même en soi et pour soi »[405].

On trouve, en effet, cette même sorte de jeu d'articulation concernant le sens et le statut du fondement phénoménologique dans le texte de la *Crise.* Le fait que Husserl retourne ici délibérément, en abordant le problème du « monde de la vie *(Lebenswelt)* », au thème de l'horizon ontologique de la subjectivité transcendantale signifie qu'il se donne pour tâche d'ouvrir un chemin direct pour interroger la fondation originaire elle-même susceptible d'y être mis en œuvre. L'exposition systématique de la doctrine de la corrélation expérientielle conduit ainsi, à travers une analyse des modes propres de « prédonation du monde », à démontrer « la corrélation absolue de l'étant, de quelque nature et de quelque sens qu'il soit, d'un côté, et de l'autre de la subjectivité absolue, en tant qu'elle constitue le sens et la valeur d'être de cette façon la plus vaste »[406]. Ceci rend alors possible la reprise de l'analyse de la constitution intentionnelle dans toute son ampleur. Plus particulièrement, elle permet d'aboutir au fait que le monde de la vie en tant que couche constituée n'apparaît que « comme simple "composant" dans la subjectivité transcendantale [...], comme une "strate" dans l'*a priori* universel de la transcen-

---

[405] *Ibid.* p. 108. Notons que dans certains des manuscrits de recherche datés de la même période, Husserl ne voit aucun problème d'incorporer dans l'analyse du caractère fondamental du flux temporel ultime le motif de l'*ego* en tant que couche fondatrice distincte, mais inséparable. *Cf.* par exemple : « Konstitution von Seienden verschiedener Stufen, von Welten, von Zeiten, hat zwei Urvoraussetzungen, zwei Urquellen, die zeitlich gesprochen (in jeder dieser Zeitlichkeiten) immerfort ihr „zugrundeliegen": 1) mein urtümliches Ich als fungierendes, als Ur-Ich in seiner Affektionen und Aktionen, mit allen Wesen-gestalten an zugehörigen Modis, 2) mein urtümliches Nicht-Ich als urtümlicher Strom der Zeitigung und selbst als Urform der Zeitigung, ein Zeitfeld, das der Ur-Sachlichkeit, konstituierend. Aber beide Urgründe sind einig, untrennbar und so für sich betrachtet abstrakt », Husserl, *Späte texte über Zeitkonstitution (1929-1933). Die C-Manuskripte. Husserliana Materialenband*, Band 8, 2006, p. 199.

[406] Husserl, *Crise*, p. 172.

dantalité »[407]. Il en résulte que c'est bien en s'engageant dans la profondeur de la problématique de constitution originaire elle-même que Husserl tend à améliorer la conception ontologique, sans doute unilatérale, de la fondation qui caractérise l'être de la subjectivité : il y ajoute alors une conception génétiquement déterminée qui renvoie à son tour à la sphère de l'« *ego* absolument unique fonctionnant en dernière instance »[408]. Celui-ci est désigné, en outre, au début même des analyses de la problématique sur l'ancrage « psychologique » de la phénoménologie transcendantale, comme « le dernier fondement pensable »[409].

Toutefois, on peut sans doute constater qu'une présentation systématique de la problématique transcendantale, telle qu'elle est réalisée dans les *Méditations* ou dans la *Crise*, aussi approfondie soit-elle, ne peut par principe apporter le dernier mot dans l'effort d'élucider le « sens » du fondement propre à la sphère phénoménologique. Car, pour aboutir de manière proprement phénoménologique à l'élaboration de sa figure doublement articulée, donc comme à la fois *instance* et *condition* ultime de la subjectivité, il faut tout d'abord déborder la cadre seulement généralement défini de sa description. Autrement dit, c'est sans doute seul à travers les analyses plus concrètes et plus précis de la constitution des modes et des ramifications de l'apparaître et de l'apparaissant, ou encore, ce qui revient au même, des aspects divers de la configuration constitutive de la subjectivité transcendantale elle-même que peut se révéler, dans sa propre complexité, le sens et le fonction du « fondement » en tant que tels. Or, comme on va le voir, ce dernier reste intimement liée, sous une forme proprement opératoire, au problème déjà doublement articulé de la corrélation intentionnelle : articulé d'un côté, par la *fondation phénoménale originaire de la vie* de la conscience, et, de l'autre, par la *fondation phénoménale originelle monadique* du monde.

407 *Ibid.* p. 198.
408 *Ibid.* p. 212.
409 *Ibid.* p. 217.

3. *Le fondement phénoménal du sujet*

La formation graduelle de la conception de la subjectivité transcendantale chez Husserl, adaptée intimement au développement de la problématique de la constitution, fait apparaître au moins deux changements majeurs par rapport à la conception plus ancienne de la conscience interne, voire « phansiologique ». D'une part, l'importance accordée aux fonctions intentionnelles que seules les opérations et les « pouvoirs » proprement « subjectives » peuvent remplir au sein de la conscience interne conduit à une conversion *égologique* de la phénoménologie de la conscience pure. Parler de la « vie transcendantale » va être en ce sens entièrement soumis à la valorisation de la position de l'*ego* comme « pôle » unique et unitaire de l'expérience. D'autre part, ce sont bien les modalités et les implications internes de l'effectuation originaire de cette vie égologique elle-même qui nourrissent les nouvelles réflexions de Husserl. Grâce aux découvertes et aux développements relatifs à la répartition de la force des affections sensibles et des fonctions intentionnelles dans cette sphère, ce qui n'est à proprement parler qu'une sorte de décomposition phénoménologique du moment de la *phansis*, la mise en œuvre d'une phénoménologie de la *genèse passive* devient possible. Pourtant, ce qui demeure, de toute évidence, foncièrement inchangé dans ce développement de la phénoménologie husserlienne, c'est précisément le fait que ni le fonctionnement « égoïque » en tant que tel, ni l'effectuation génétique de la « vie » interne de ce dernier ne semble pouvoir être pensé sans la mise en évidence du milieu *fondationnel* propre que recèle en elle-même la composition originaire de la subjectivité transcendantale. Et le milieu en question n'est rien d'autre que celui de la *phénoménalité*.

a) *Le milieu phénoménal originaire : conscience et vie transcendantale*

Sans doute, il n'est pas quelque chose de fortuit, ni tout simplement une conséquence méthodologique, que le problème de l « auto-apparition » de la conscience en général surgisse chez Husserl. Ce problème touche principalement le rapport de deux registres fondamentaux de la conscience : celui de la conscience d'*apparition* en tant que conscience constituante des objectités diverses et celui de la conscience d'*apparaître* entendue comme effectuation temporelle sous-jacente de toute constitution y compris celle de la conscience d'apparition elle-même. Sans qu'il s'agisse ici chez Husserl de la moindre nécessité de s'engager dans l'élaboration d'une théorie quelconque du « sujet », cette problématique émerge plutôt des analyses approfondies portant sur les « modes de donation »[410]. Bien évidemment, l'instauration de la perspective transcendantale dans le champ des recherches phénoménologiques donne de l'acuité à ces questions. Celles-ci sont d'autant plus cruciales que cette perspective tend à rompre définitivement avec deux orienta-tions possibles qui, si elles étaient suivies, pourraient totalement invalider la problématique en question. La première de ces orientations possibles serait de dire que la conscience n'est en effet qu'un flux d'apparition pur, une sorte d'écran phénoménal, permettant le devenir apparaître du monde à partir de la temporalité sans l'implication d'une organisation proprement subjective, donc sans forme autoréférentielle originaire. La deuxième orientation pourrait affirmer que la conscience n'est qu'une sphère close, une sorte de substance subjective dont la

---

410 Comme E. Marbach le montre, c'est bien l'analyse des « modes de donation » qui conduit à la formation de la doctrine du « moi pur » chez Husserl lesquelles modes ne tiennent pas seulement compte de la différence entre la donation objective et celle du vécu, mais aussi de la différence entre les donations subjectives et intersubjectives, *Cf. Das Problem des Ich in der Phänomenologie Husserls*, *op. cit.*, p. 74-120.

composition interne ne peut être assurée qu'à travers la perception interne. Or, il semble certain que la conception husserlienne de la conscience transcendantale comme à la fois *instance* égologique et unité vécue *conditionnée* par sa propre genèse ne puisse s'opposer à ces deux orientations qu'à condition que la composition interne de cette conscience soit phénoménologiquement éprouvée en tant que milieu *d'auto-apparition* du sujet.

En effet, même dans les analyses qui plaident le plus radicalement pour l'auto-suffisance ontologique de l'*ego* transcendantal vis-à-vis du monde, et qui valorisent le plus nettement les droits de la réflexion dans la détermination de la subjectivité, Husserl ne peut pas échapper au nécessité de faire référence à la sphère d'apparition propre de la vie du sujet. Dans le premier tome des *Idées*, par exemple, la détermination de la conscience est tout d'abord donnée sous une forme qui n'inclut pas celle du « moi » compris comme instance unificatrice : en cherchant à définir des « vécus subjectifs », dit Husserl dans cette œuvre, « nous n'en tiendrons pas compte pour commencer »[411]. Aussi, par rapport à la détermination des *Recherches logiques* où la conscience n'est prise principalement qu'au sens du « vécu intentionnel », et par rapport à celles du cours de l'*Introduction à la logique et à la théorie de la connaissance* où elle est définie d'emblée comme « flux temporel absolu », Husserl part ici, pour ainsi dire, d'un niveau intermédiaire : la conscience est saisie comme étant composée de « vécus de conscience », de *cogitationes*, mais ceux-ci, pris « avec toute la plénitude concrète selon laquelle ils s'insèrent dans leur contexte concret », n'y sont présents que sous la forme d'un « flux du vécu »[412]. Toutefois, cette définition n'empêche pas que Husserl fasse aussitôt appel à la fonction qu'il considère, d'un point de vue méthodologique sans doute, essentielle dans la structure interne du vécu, à savoir que celui-ci est pourvu d'une potentialité du « regard mental » qui lui permet d'être opéré au sens de *cogito*, c'est-à-dire comme « acte de conscience » dirigé actuellement et explicitement sur

---

411 Husserl, *Idées I*, p. 111.

412 *Ibid.*

les vécus[413]. Cette détermination n'est pourtant ni la dernière, ni la plus profonde. Car la structure propre du *cogito* en tant que conscience « actuelle » et « explicite » implique non seulement la position d'un « moi » vivant en lui, mais également et nécessairement la subsistance d'un « milieu » *(Milieu)*[414] de vécus par rapport auquel celui-là doit s'opérer, ce milieu étant caractérisé précisément par des termes contraires comme « inactuel » et « implicite ». D'où la constatation essentielle selon laquelle « le flux du vécu ne peut jamais être constitué de pures actualités »[415].

Ce qui explique pourquoi la mise en valeur de l'expérience du *cogito* dans les *Idées I*, ainsi que celle de sa potentialité comme « moi pur » qui y est si intimement liée[416], ne peut à son tour qu'aller de pair avec les indications, certes sporadiques et beaucoup moins élaborées, qui portent sur les phénomènes propres de la conscience interne. Comme Husserl le constate à propos de la « perceptibilité » des vécus :

> « Ce qui dans la réflexion est saisi de façon perceptive se caractérise par principe comme quelque chose qui non seulement est là et dure au sein du regard de la perception, mais *était déjà là avant* que ce regard ne se tourne dans sa direction »[417].

Cela signifie clairement que la possibilité de la conscience réflexive se fonde essentiellement sur le fait que les vécus sont présents d'une manière qui leur est propre dans cette même conscience, avant que la réflexion ne les atteigne : « ils sont déjà là à l'état non réfléchi sous forme d' "arrière-plan"

---

413 *Ibid.* pp. 113-115.

414 *Ibid.* p. 270.

415 *Ibid.* p. 114.

416 Voir la définition du « moi pur » comme « pouvoir, inhérent à l'essence du cogito, pouvoir de tenir quelque chose sous le regard de l'esprit *(geistigen Auge Haben)* », *ibid.* 118.

417 *Ibid.* p. 146.

(Hintergrund) et prêts par principe à être perçus »[418]. Et bien que Husserl ne semble pas admettre, pour des raisons sans doute ontologiques, que le terme « apparition *(Erscheinung)* » puisse être utilisé par rapport à la donation perceptive des vécus – ce terme étant réservé exclusivement dans les *Idées* à désigner le mode de donation inadéquats des objets mondains – il est pourtant forcé de constater que les vécus sont tout d'abord *donnés* dans la conscience « en un sens d'abord analogue aux choses que nous ne remarquons pas dans le champ de notre regard externe »[419]. Ce qui le conduit alors à remarquer que,

> « De son côté, le vécu non-réfléchi doit remplir lui aussi certaines conditions *(Bedingungen)* pour être prêt, quoique d'une manière toute différente et conforme à son essence. Il ne peut "apparaître". En tout cas il les remplit toujours, par sa simple manière d'exister *(Weise seines Daseins)* »[420].

Or, il semble de plus en plus clair, dans la suite de ces analyses, que les « conditions » que les vécus non réfléchis dont il s'agit ici doivent remplir pour pouvoir exister au sein de la conscience ne sont rien moins, en effet, que les *conditions internes* de la constitution de cette conscience elle-même. Ces conditions sont précisées, dans une certaine mesure, lorsque Husserl reprend plus loin de nouveau l'étude des problèmes de la réflexion :

418 *Ibid.* p. 147. Husserl dira également que la réflexion s'effectue « sur le fondement *(auf Grund)* du re-souvenir *(Wiedererinnerung)* et "dans" le re-souvenir » qui « nous annonce nos vécus antérieurs qui étaient "alors" présents, alors perceptibles de façon immanente, quoique non perçus effectivement de façon immanente », *ibid.* p. 248. Ce qui y indique toute la problématique de la constitution du temps immanent en tant que rendant possible l'opération réflexive à partir de la conscience temporelle « rétentionnelle ». *Cf.* à cet égard, Husserl, *Leçons pour une phénoménologie de la conscience intime du temps*, p. 158-161.

419 *Ibid.*

420 *Ibid.*

« Le vécu, réellement vécu à un certain moment, se donne *(gibt sich)*, à l'instant où il tombe nouvellement sous le regard de la réflexion, comme véritablement vécu, comme existant "maintenant" ; ce n'est pas tout ; il se donne aussi comme quelque chose qui vient justement d'exister et, dans la mesure où il était non regardé, il se donne précisément comme tel, comme ayant été existé sans être réfléchi »[421].

Husserl insiste donc non seulement sur le fait qu'il soit tout à fait légitime de parler d'une sorte de « donation préalable » des vécus *(vorgegebene Erlebnis)*[422], c'est-à-dire préalable à la réflexion, mais aussi que l'on peut en effet retrouver au sein de cette donation, puisqu'elle est temporellement déterminée, les *conditions d'originarité* de la conscience elle-même. Cela est confirmé dans les § 78 et 81-83 des *Idées I* où Husserl, en effectuant une brève analyse sur le rapport de la réflexion au vécu et ensuite sur la conscience temporelle elle-même que celui-là présuppose, fait explicitement référence aux modes et aux niveaux d'originarité qui doivent y entrer en jeu[423].

On pourrait même soutenir qu'au fond l'analyse privilégiée de la fonction de réflexion ainsi que celle du « moi pur » en tant que potentialité du *cogito* en rapport avec du champ temporellement déterminé de la conscience interne, ne supprime nullement le caractère fondamental de cette dernière, mais rend au contraire possible de mettre davantage en relief sa configuration proprement *phénoménal.* La conscience comme flux de vécus ne se donne pas seulement comme « fondement » de l'objectivation, mais se donne constamment aussi *à soi-même* d'une manière que nul autre mode de donation ne peut revendiquer pour son compte. Ainsi son privilège tient-il précisément en ce mode de donation interne et originaire, et il n'est point

421 *Ibid.* p. 248.
422 *Ibid.* p. 252.
423 *Cf. Ibid.*, « vécus originaires *(der Originarität)* » (p. 254), « vécus absolument originaires » (p. 255), « phase absolument originaire » (p. 255), « source radicale » *(Urquelle)* (p. 275), « horizon d'originarité » (p. 278), « forme-mère *(Urform)* de la conscience » (p. 279).

déduit, non plus que tout simplement posé comme étant celui d'un dispositif purement ontologique en soi inentamé par l'être du monde. Aussi, la question de ce rapport de nature phénoménale entre la conscience égologique et le flux de vécus auquel celle-ci appartient est abordée dans les analyses que Husserl consacre au thème de l'*ego* pur dans le deuxième tome des *Idées*.

Le fait que Husserl, dans les recherches des *Idées II*, parte de ce qu'il appelle le « milieu *(Milieu)* de la vie de l'*ego* »[424] est déjà significatif. Parce que cette indication ne sert pas seulement à attirer l'attention sur le « flux » qui traverse les vécus de la conscience, ni même sur la « structure égologique » qui doit y être essentiellement présente. Si ces analyses vont plus loin que celles qui sont accomplies dans le premier tome des *Idées*, c'est parce qu'elles tendent aussi à mettre à jour, d'une certaine manière, ce qui relie ces deux registres l'un à l'autre. À cet égard, Husserl renvoie d'emblée à la sphère du « temps immanent » dans laquelle se constituent, comme il le précise, toutes les unités de la conscience, y compris celle du *cogito*, et à laquelle appartient également « l'*ego* pur identique »[425]. Cette référence au temps immanent permet ainsi d'apercevoir, d'une part, ce en rapport de quoi « cet *ego* pur unique se constitue comme unité »[426], d'autre part, « la conscience interne »[427] elle-même en tant qu'elle constitue tous les actes particuliers. De sorte que dans cette dernière, dit Husserl, les actes « sont donnés originairement [...], la conscience interne est pour eux donatrice originaire »[428]. Bien plus, l'*ego* pur lui-même ne saurait être tiré à son tour que « de la donnée originaire de chaque *cogito* dans lequel il fonctionne », que du « temps immanent » donc, bien que cet *ego* n'y soit susceptible « d'aucune constitution par

---

424 Husserl, *Recherches phénoménologiques pour la constitution. Idées directrices pour une phénoménologie et une philosophie phénoménologique pure*, t. II, tr. fr. E. Escoubas, Paris, PUF, 1982. p. 150-151. (désormais *Idées II*).

425 *Ibid.* p. 154.

426 *Ibid.* p. 166.

427 *Ibid.* p. 172.

428 *Ibid.* p. 173.

des multiplicités »[429]. Il s'avère donc que la conscience interne possède un rôle tout à fait central dans ces analyses au sens qu'il indique ce *milieu phénoménal* originaire à travers lequel la conscience se donne ses vécus ainsi que la structure irréductible égologique qui lui est propre. Car, comme Husserl le dit en concluant :

> « Toutes les unités dont on a parlé, sont des unités qui se rapportent à un *ego* pur, au flux de conscience duquel elles appartiennent, et elles se constituent comme son "avoir". Et le flux de conscience en tant que totalité s'édifie en tant qu'une unité phénoménale »[430].

En vérité, dans ses œuvres ultérieures, Husserl ne cesse de souligner ce mode d'auto-apparition tout à fait propre à la conscience portée par la vie phénoménale. Dans ses leçons sur la *Philosophie première*, par exemple, il souligne non seulement le fait que la vie transcendantale se donne sous la forme d'une « conscience de soi originaire » qui n'est à proprement parler qu'un « percevoir le plus intime » *(innersten Wahrnehmens)*, mais il ajoute que,

> « Ce percevoir n'est qu'exceptionnellement et dans des cas particuliers une saisie attentive, active de soi-même, par contre, il est constamment perception au sens où elle signifie s'apparaître à soi-même en original *(für sich selbst im Original Erscheinens)* »[431].

Ce qui veut dire que c'est bel et bien la structure de la conscience interne prise comme « conscience d'apparaître » qui

---

429 *Ibid.* p. 164.

430 *Ibid.* p. 174.

431 Husserl, *Philosophie première II*, p. 259. De ce point de vue nous ne trouvons pas pertinente la constatation de Jan Patočka selon laquelle, chez Husserl, l'« apparition de la conscience » à elle-même « présuppose la réflexion comme acte immédiat de la saisie de soi », Patočka, *Qu'est-ce que la phénomé-nologie ?*, *op. cit.*, p. 257.

se trouve ici envisagée par Husserl pour rendre compte de la structure propre de la conscience de soi transcendantale. Si bien qu'il va jusqu'à dire, un peu plus loin, que l' « être-pour-soi *(Für-sich-sein)* » de la conscience, c'est bien « s'apparaître-à-soi-même *(Sich-selbst-erscheinen)* », c'est-à-dire c'est « être *(Sein)* sous la forme d'un processus de vie transcendantale de l'objectivation »[432]. Manifestement, le caractère ontologique de la subjectivité procède directement de son auto-apparition qui s'effectue sous la forme d'une corrélation originaire avec elle-même. De la même manière, dans ses notes attachées à ces leçons, Husserl précise davantage le sens de cette corrélation : « L'être du moi est constamment être-pour-soi, il est constamment être et être-pour-soi à travers s'apparaître-à-soi, à travers apparaître absolu dans lequel l'apparaissant existe nécessairement »[433].

En effet, le texte des *Méditations cartésiennes* ne fait, sans doute en raison de la composition qui lui est propre, que signaler cette problématique capitale. Husserl s'en tient à indiquer seulement l' « aspect » qualifié d'« étonnant » de l' « être pour soi de l'ego *(Für-sich-selbst-Sein)* », c'est-à-dire l'être « de la vie de sa conscience », en ce que celle-ci subsiste « sous la forme de l'être qui vise intentionnellement lui-même *(Auf-sich-selbst-intentional-zurückbezogen-Sein)* »[434]. En revanche, les diverses analyses husserliennes consacrées, à partir des années 1920, à la problématique des « synthèses passives » s'y attachent longuement. Dans son cours donné sur la *Logique génétique*, à travers l'étude approfondie de la « centration égoïque », des modes de « donation de sens », de la perception et des caractères temporels de cette dernière, Husserl arrive à s'interroger sur la forme

---

432 *Ibid.* p. 260.

433 « das Sein des Ich ist immerfort Für-sich-sein, ist immerfort Sein une Für-sich-sein durc Selbst-erscheinen, durch absolutes Erscheinen, darin das Erscheinende notwendig ist », Husserl, *Erste Philosophie II*, Hua. VIII, *op. cit.* p. 412. (texte non traduit dans l'édition française)

434 Husserl, *Méditations cartésiennes*, p. 89. Notons que cette problématique va tout de même être largement mobilisée au cours de la cinquième *Méditation*, notamment dans l'élaboration de la notion de la « primordialité », *Cf. Ibid.*, p. 150.

propre de conscience qui donnent lieu à tous ces modes de constitution. En accordant à la perception une « légalité originaire de la vie de la conscience en général »[435], il constate alors que son importance ne consiste pas seulement en ce qu'elle s'avère constitutive vis-à-vis les objectités mondaines, mais elle a aussi un rôle essentiel à jouer dans l'auto-apparition de la conscience elle-même. Car, explique-t-il,

> « Cette conscience est une perception de soi *(Selbstwahrnehmen)*, bien qu'elle ne soit qu'exceptionnellement un acte perceptif accompli thématiquement à partir du moi. À cela appartient la réflexion toujours possible à chaque instant. Ce percevoir qui rend conscient tout vécu est ce qu'on appelle la conscience interne ou le percevoir interne »[436].

Il en ressort clairement que Husserl ne cesse de conférer une signification tout à fait *fondamentale* à la « conscience interne », même à ce stade de sa pensée où la détermination du vécu ne peut être nullement exempte de la valorisation de l'*ego* comme « structure du vécu, sa structure d'orientation »[437]. Bien plus, ce mode de conscience est prise d'emblée comme une couche de l'apparition dont le dispositif corrélationnel n'implique plus directement la constitution des objectivités. Et bien que ce mode soit alors à prendre comme « rendant conscient » les vécus eux-mêmes dans leur propre constitution temporelle, son caractère donateur ne peut être compris autrement, précisément, qu'en tant qu'instaurant *le milieu phénoménal* originaire au sein duquel la subjectivité égoïque elle-même se trouve intrinsèquement conditionnée. Ce qui veut dire, comme nous le lisons, que « la conscience interne en tant que perception interne accomplit une donation de sens purement immanente dans laquelle la conscience pure demeure auprès d'elle-même »[438]. De

---

435 Husserl, *De la synthèse passive*, tr. fr. B. Bégout et J. Kessler, Grenoble, J. Millon, 1998. p. 71. (désormais *De la synthèse passive*)

436 *Ibid.*

437 *Ibid.* p. 36.

438 *Ibid.* p. 85.

la même manière, dans un note de travail écrit en 1921, Husserl expose-t-il d'une façon particulièrement nette la problématique en question :

> « le terme vécu exprime justement cet être-vécu, à savoir l'avoir-conscience dans la conscience interne, en quoi il est à chaque instant prédonné *(vorgegeben)* pour le moi [...] l'unité de la conscience et l'unité du flux intentionnel de vécu comprise en elle est le milieu *(Medium)* dans lequel le moi vit, le milieu de sa participation active et passive »[439].

De cette manière, on peut sans doute s'apercevoir que les cadres ainsi que les repères fondamentaux d'une phénoménologie transcendantale de type génétique, dont les objets privilégiés incluent la constitution originaire de la subjectivité elle-même, soient clairement établis.

b) *La genèse comme condition ultime*

Il semble bien que l'émergence d'un intérêt proprement « génétique » au sein des perspectives méthodologiques et doctrinales de la phénoménologie husserlienne ne remonte pas simplement à la valorisation des effets de la temporalité de la conscience dans l'explication de la constitution des objets immanents et transcendants. Il s'agit plutôt d'une sorte de re-transcription, qui ne suppose rien moins qu'une revalidation, du plan général des problèmes de la constitution transcendantale au sens que c'est moins selon les *strates* et les *formes* que selon les

[439] Husserl, *Sur l'intersubjectivité*, tome II, p. 497. *Cf.* aussi, « Le moi vit dans ses actes [...] il vit dans un milieu *(Milieu)* de donations de sens qui s'accomplissent en lui sous le titre "vie de conscience", qui en partie se développent de façon passive d'après des légalités éidétiques internes, en partie se déroulent dans des actes circonscrits selon une loi éidétique », *ibid.* p. 506.

dynamismes et les *transferts* d'expérience que l'analyse intentionnelle cherche désormais à s'orienter. Au lieu de s'en tenir, donc, dans la description phénoménologique de la formation intentionnelle des objets en général, à l'ordre d'une « fondation » statique qui s'établit principalement entre couche hylétique, noétique et noématique, ce sont manifestement les modalités d'un autre type de conditionnement, celles de la « synthèse dynamique », celles de l' « implication » ou encore celles de la production de l' « excès intentionnel », susceptibles d'être pleinement en fonction au sein de la constitution phénoménale, qui attirent l'attention de Husserl[440].

En effet, dans un texte écrit en 1921 et intitulé « Méthode phénoménologique statique et génétique », Husserl reconnaît dans les lois régissant la formation de ce qu'il appelle « aperception *(Apperzeption)* » les lois fondamentales qui restent à élaborer dans une « théorie universelle de la genèse »[441]. Ce phénomène y est défini alors, « d'une façon extraordinairement large », comme un mode de conscience « visant au-delà d'elle-même », c'est-à-dire comme ce qui est en mesure de « motiver » d'autres modes de conscience pour entrer en jeu.[442] Les lois génétiques de l'aperception s'articulent, selon ce texte, d'après les figures de la « motivation », de l' « association », du « dépliement », ou selon celle, plus fondamentale, du « devenir » propre à la conscience intentionnelle. Aussi la mise en œuvre de la perspective génétique sur la constitution permet-elle d'accéder au niveau « passif » de l'effectuation intentionnelle[443]. La passivité s'avère être un mode sous-jacent à toute constitution dans la mesure où ses lois sont animées originairement par la temporalité immanente de la conscience elle-même. La « genèse

440 Pour une présentation de l'ensemble de cette problématique chez Husserl, *Cf.* B. Bégout, *La généalogie de la logique. Husserl, l'antéprédicatif et le catégorial, op. cit.*, p. 45-118. ; R. Bernet, I. Kern, E. Marbach, *Edmund Husserl. Darstellung seines Denkens, op. cit.*, p. 181-190. ; E. Holenstein, *Phänomenologie der Assoziation*, M. Nijhoff, Den Haag, 1972., p. 24-29.

441 Husserl, *De la synthèse passive*, p. 326.

442 *Cf. Ibid*, p. 324-325.

443 *Ibid.* p. 328.

passive » est ainsi reconnue par Husserl comme étant un mode d'effectuation tout à fait fondamental au sein de la sphère transcendantale du sujet qui fait que les fonctions d'un pur engendrement temporel, propres à la conscience interne, se transforment en celles d'un devenir universel de la constitution sans participation active de l'*ego*[444].

Il faut voir, en outre, que l'intérêt nouveau porté par Husserl aux problèmes phénoménologiques de la « genèse » implique à son tour une certaine modification dans la manière dont la configuration interne de la subjectivité transcendantale est elle-même envisagée. En effet, si, au nom des recherches génétiques, ce n'est au fond que le *processus* de la constitution intentionnelle qui est chaque instant visé, processus dont les conditions ultimes sont fournies par la temporalité originaire, alors la perspective ainsi ouverte invite à reconsidérer la répartition des rôles qui ont été tenus jusque là, sans doute de façon trop distincte, entre le substrat hylétique, les fonctions noétiques et les opérations égoïques dans la vie de la conscience. Si bien que Husserl reconnaît en effet que les opérations propres de la conscience, étant intrinsèquement liées au milieu des vécus « prédonnés », sont susceptibles d'être impliquées, d'une certaine manière, dans les processus génétiques qui animent, précisément, la constitution de ces prédonations. C'est ainsi que non seulement le rapport entre les différentes couches de la vie égoïque demande à être désormais dynamisé conformément aux lois de la « motivation » et de l' « association », mais aussi que tout cela doive être comprise, comme de sa condition ultime, à partir du flux temporel originaire de la conscience elle-même. Comme Husserl le dit, à propos de la

---

444 *Cf.* « Seule la phénoménologie de la genèse rend compréhensible l'ego comme connexion infinie, établie dans l'unité d'une genèse universelle, entre des fonctions qui lui appartiennent synthétiquement – et selon des degrés qui doivent absolument s'intégrer à la forme universelle et permanente de la temporalité, car celle-ci s'édifie elle-même dans une genèse passive constante et tout à fait universelle qui, par essence, embrasse tout ce qui est nouveau », Husserl, *Méditations cartésiennes*, p. 129.

tâche qu'il se donne pour saisir cette nouvelle configuration phénoménologique :

> « En s'occupant du devenir originaire dans le flux temporel, lequel est lui-même un devenir originairement constituant, ainsi que des "motivations" qui opèrent dit-on génétiquement, la phénoménologie de la genèse montre comment, de la conscience naît de la conscience, comment, par là, s'accomplit toujours aussi dans le devenir une effectuation constitutive, c'est-à-dire l'enchaînement de la possibilité conditionnelle entre le motivant et le motivé »[445].

Ainsi, on peut sans délais s'apercevoir que dans le changement d'orientation à la fois thématique et méthodologique qu'implique l'étude phénoménologique des conditions génétiques de la constitution, c'est la dimension de la « transcendantalité » de la subjectivité elle-même qui se trouve d'une certaine manière remaniée. Cela signifie, plus précisément, que si la préséance ontologique de la subjectivité comme instance d'expérience ultime se fonde au mode de donation irréductible qui lui est propre, alors le sens de cette « fondation » doit être de toute évidence repensé en fonction des genèses passives qui conditionnent cette donation à l'intérieur de la vie subjective elle-même. Si bien qu'en esquissant le projet d'une « théorie universelle de la genèse d'une pure subjectivité »[446] dans ses leçons sur les « synthèses passives », Husserl annonce clairement qu'il ne s'agit rien moins ici que d'élucider « les conditions de possibilité fondamentales *(grundwesentliche Bedingungen der Möglichkeiten)* de la subjectivité elle-même »[447]. Mais il est clair, en même temps, que ces *conditions fondamentales* ne sauraient être évaluées autrement que comme des *conditions phénoménales* dans la mesure où le contexte constitutif à partir duquel elles sont déployées – celui des synthèses passives de l'association – renvoie bel et bien aux « synthèses de la conscience originaire

---

445 Husserl, *Sur l'intersubjectivité*, tome II, p. 491-492.
446 Husserl, *De la synthèse passive*, p. 192
447 *Ibid.* p. 196.

du temps »[448]. Dès lors, si « le thème majeur de la philosophie transcendantale », dit Husserl dans ces leçons, « est la conscience en général en tant qu'elle est une édification graduelle *(Stufenbau)* d'opérations constitutives »[449], alors le sol dernier de cette édification ne se trouve nulle part ailleurs que dans la genèse intentionnelle des donations de soi *(Selbstgebenheiten)* elles-mêmes et dans les opérations les plus originaires qui y appartiennent. C'est cette genèse qui marque, étant encadrée par les formes de l' « émanation *(Ausschlag)* » et de la « sédimentation *(Niederschlag)* »[450], l'espace de jeu propre à la conscience interne.

Cependant, il est sans doute remarquable que malgré cette conversion génétique de la phénoménologie transcendantale, Husserl ne cesser d'attribuer une importance particulière, en dépit de son air statique, à la figure de la « fon-dation » dans l'analyse de la sphère de la constitution sensible et intentionnelle. Au contraire, il semble bien que le phénomène de l'*originarité* et celui de la *modification* de l'originarité révèlent eux-mêmes de ce mode du rapport comme *axe principal* autour duquel se déploient les conditions et les fonctions de toute constitution en général. Dans l'un des premiers textes où Husserl tente de mesurer l'ampleur des problèmes génétiques en tant que tels, il part de la constatation selon laquelle « l'originarité n'est qu'un nouveau terme pour désigner des rela-tions de fondation »[451]. Or, ce qui donne l'aspect proprement « génétique » de ces relations selon Husserl, c'est précisément le fait que le phénomène d' « originarité », comme caractère de donation de soi, implique essentiellement un « rapport temporel » à l'égard de ce qui se trouve conditionné par lui. Ainsi, à travers une présentation des enchaînements de donations impliquant la fonction d'origine ainsi comprise, comme celui de la « motivation », de la « modification », de la « dépendance » et même encore de

[448] *Ibid.* p. 197.
[449] *Ibid.* p. 274.
[450] *Ibid.*
[451] Husserl, *Sur l'intersubjectivité*, tome II, p. 59. (texte de 1916/1917)

l' « implication intentionnelle », l'analyse aboutit à la détermination de « la genèse phénoménologique » en tant qu' « ordre de fondation des étapes constitutives »[452]. Aussi, Husserl ne manque pas de rappeler le caractère « apriorique » et « rationnel » de la genèse constitutive, c'est-à-dire le fait que « l'instance génétiquement fondatrice est aussi rationnellement fondatrice »[453].

Des indications du même ordre apparaissent aussi dans certains textes plus tardifs. Dans un manuscrit de recherche écrit en 1930, après avoir déterminé le sens et la portée du phénomène de l' « autoprésentation *(Selbstgegenwärtigung)* » de la subjectivité grâce aux modes de la « présence » qui lui appartiennent comme caractères de donation immanente et originaire[454], Husserl se livre, à l'intérieur de la sphère « primordiale » du moi, à une détermination de la structure interne de cette donation ainsi que de son caractère temporel. Le but de cette analyse est de montrer qu'il est tout à fait possible de retrouver, déjà au niveau de la temporalité originaire, une certaine « fondation de la validité d'être »[455] purement immanente qui prescrit à sa manière celle de la validité de l'être mondain. Or pour montrer cela, Husserl fait immédiatement appel à un usage appuyé de la figure de la « fondation » :

> « mon être présent immanent fonde *(fundiert)* mon être-passé et mon être-futur, et, à plus ample examen, l'autoprésent vivant fluant est une fondation fluante *(strömende Fundierung)* ; dit brutalement, le maintenant fonde ce qui vient tout juste d'avoir lieu et ce qui est sur le point de se produire dans la temporalisation fluante »[456].

---

452 *Ibid.* p. 68.

453 *Ibid.* p. 72.

454 Husserl, *Sur l'intersubjectivité*, tome I, p. 177-181.

455 *Ibid.* p. 182.

456 *Ibid.* p. 182-183. *Cf.* aussi, « Le présent concret en tant que maintenant concret existant fonde *(fundiert)*, à titre de présent affluant concrètement, son tout juste passé concret, etc., dans une fondation fluante, se médiatisant par conséquent continûment *(strömenden, also sich kontinuierlich vermittelnden*

Ainsi ce n'est manifestement qu'en dévoilant le caractère proprement *fondationnel* de la synthèse temporelle originaire du présent vivant, donnée sous la forme d'une fondation de la validité d'être, que Husserl semble pouvoir indiquer en même temps le caractère *génétique* de la synthèse. En sorte que la mise en relief de la « fondation fluante » interne au temps originaire va jusqu'à faire apparaître qu'il y a là une « genèse originaire du devenir de l'être à partir de ce qui est déjà »[457].

En effet, c'est précisément autour des relations entre *genèse temporelle* et *fondation*, liées à la constitution purement subjective, que gravitent principalement les recherches sur les synthèses passives qui sont saisies sous le terme d'« association ». En ce sens, insiste Husserl dans ses leçons données sur *Les synthèses passives*, « la phénoménologie de l'association est, pour ainsi dire, un prolongement supérieur de la doctrine de la constitution originaire du temps »[458]. Or la particularité de ce prolongement repose sur deux motifs importants : d'une part, sur le fait que les synthèses passives demeurent prises et évaluées comme des *synthèses phénoménales* puisque leur fonctionnement coexiste avec celui de la donation temporelle la plus originaire. D'autre part, sur le fait qu'elles sont également considérées comme les *synthèses fondatrices* parce qu'elles s'avèrent être formatrices, à partir des teneurs sensibles et par la mise en jeu des modes associatifs, des couches et des fonctions graduellement édifiées de la subjectivité. C'est bien sous cet angle que Husserl peut affirmer alors que « la passivité originairement associative est le fondement unitaire constant *(ständige Einheitsgrund)* de toute vie »[459].

Fundierung) », p. 183. Sur l'idée du « présent fondateur » voir également déjà, Husserl, *Die Bernauer Manuskripte*, Hua. XXXIII, *op. cit.* p. 217.

457 *Ibid.* p. 183.

458 Husserl, *De la synthèse passive*, p. 192. Dans les *Méditations cartésiennes* Husserl appelle également l'association « le principe universel de la genèse passive gouvernant la constitution de toutes les objectités finalement prédonnées aux formations actives », *ibid.* p. 128.

459 Husserl, *Sur l'intersubjectivité*, tome I, p. 215.

Le niveau le plus originaire auquel les genèses passives remontent, c'est celui des données sensibles ou hylétiques. C'est bien au sein de ce milieu « affectif » que Husserl cherche à identifier les modes d'effectuations inférieures qui préfigurent les formes élémentaires des synthèses associatives. En fait, dans la mesure où l'effectuation hylétique est impensable sans que son mode de donation temporelle propre y soit du même coup indiquée, ce dernier étant défini comme présence fluante liée à un moment impressionnel, Husserl accorde à la « structure du présent vivant » la valeur d'être « le phénomène génétique le plus universel »[460]. D'où le fait que les formes les plus archaïques de l'association sont déterminées comme celles qui viennent transformer originairement la synthèse de la succession temporelle en celle de l'ordonnancement des contenus hylétiques concrets. Cette forme du transfert temporel est tout à fait décisive : il en ressort non seulement, comme Husserl l'affirme, que la « continuité interne est le fondement *(Fundament)* d'une fusion continuelle du contenu »[461], mais aussi que les synthèses passives se montrent, en fin de compte, comme étant les synthèses *purement phénoménales* en ce que leur mise en œuvre est indépendante du caractère ou de la qualité du contenu particulaire du champ sensible[462]. Or, on pourrait même dire, de manière générale, que cette sorte de prééminence du « phénoménal » par rapport à ce qui s'y trouve posé du côté du « contenu » est la caractéristique la plus essentielle de tout le fonctionnement des synthèses passives dans la sphère de la subjectivité transcendantale. Qu'il s'agisse de l' « affectivité » hylétique comme mode continu de la passivité[463], du changement produit par l' « éveil » du moi vis-à-vis son passé rétenti-

460 Husserl, *De la synthèse passive*, p. 208.

461 *Ibid.* p. 210.

462 *Cf.* « La durée d'un contenu, d'une couleur dans le champ de vision, d'un son dans le champ auditif, qu'ils se donnent dans le changement ou la constance, n'est pas un caractère inanalysable à la manière d'une qualité, mais, comme l'analyse phénoménologique indique, il y a en elle la propriété du se-continuer, de s'étendre-de-phase-en-phase », *ibid.*

463 *Cf. Ibid.* pp. 217-236.

onnel[464], ou encore d'un acte d'« attente » en tant que forme d'association propre dirigée vers le futur[465], le soubassement de toutes ces rapport génétiques aux objets immanents reste la sphère fluante immuable du présent vivant de la conscience. Autrement dit, ce n'est que de l'intuitivité inhérente à l'« auto-recouvrement » temporel qui se joue originairement dans ce présent que toutes ces formes de synthèses « matérielles » de la vie subjective peuvent puiser leur puissance et leur validité ultime :

> « Cet auto-recouvrement original dans le perdurer se joue dans le domaine intuitif de la présence originaire. Ce domaine de présent intuitif vivant n'est pas un point mathématique, mais possède déjà une extension parfaitement remplie intuitivement avec un point culminant : le maintenant absolu. Dans ce domaine, la continuité, le changement, le changement d'intensité, le saut de qualité, etc., sont saisies dans la forme la plus originaire »[466].

Ainsi, ce que la doctrine des synthèses passives rend finalement intelligible chez Husserl, c'est que l'ordre de la phénoménalité est, en un sens bien défini, *plus originaire* que celui de la subjectivité proprement dite. Sans intuitivité originaire préalable, ni une activité égoïque, ni même un éveil associatif de la conscience ne pourrait venir à se constituer[467]. De plus, cela signifie qu'en entrant en scène passivement à partir de la temporalité originaire, la genèse phénoménale *conditionne* la configuration propre au moi en fournissant à ce dernier des unités ainsi que des modalités originaires d'affection et d'action qui sont propres à la vie subjective. Le « moi du présent fluant » est en ce sens se trouve porté par sa propre temporalisation laquelle s'effectue « sur le mode d'une association originaire »[468].

---

464 *Cf. Ibid.* pp. 236-246.
465 *Cf. Ibid.* pp. 246-251.
466 *Ibid.* p. 354.
467 *Ibid.* 241-242.
468 Husserl, *Sur l'intersubjectivité I*, p. 195.

Aussi Husserl revient-il plusieurs fois sur le fait que non seulement « la passivité hylétique comme niveau le plus bas [...] produit sans cesse pour le moi un champ d'objectités prédonnés », celui-ci étant la source de l'« affection »[469], mais aussi, comme il le dit dans un texte écrit entre 1925 et 1928, que cette prédonation, dans sa propre consistance, s'effectue en réalité sans contribution égoïque proprement dite :

> « Il faudrait alors dire que le moi concret possède constamment, dans sa vie entendue comme vie consciente, un noyau de hylé, de non-moi *(Nicht-Ich)*, qui appartient pourtant essentiellement au moi. Sans un royaume de prédonnées, un royaume d'unités constituées, constituées en tant que non-moi, aucune moi n'est possible »[470].

Ainsi, il est sans doute pertinent d'affirmer que la sphère de la « subjectivité » transcendantale doive être comprise en un sens beaucoup plus large que celle du « moi » transcendantal[471]. Comme Husserl insiste nettement dans un manuscrit de recherche daté de 1933, l'intentionnalité égoïque est « fondée *(fundiert)* » par l'« intentionnalité non-égoïque (passivité) » au sens précis que la seconde fournit le champ au sein duquel la première doit nécessairement avoir lieu[472]. Dans un

---

[469] Husserl, *De la synthèse passive*. p. 228. *Cf.* aussi, « La structure "achevée" du monde impressionnel avec ses unités et les affectivités qui les conditionnent est toujours prédonnée et évidente », *ibid.* p. 400

[470] Husserl, *Sur l'intersubjectivité I*, p. 99. *Cf.* aussi, « Das Immanente konstituiert sich in einer ursprünglichsten, von aller Ichbeteiligung unabhängigen und ihr voranliegenden Passivität; es konstituiert sich in einem allerursprünglichsten Leben, das wir urströmendes Leben des Ich nennen, das schon den Charakter eines ‚Bewusstseins von' hat », (Manuscrit A VII 13, p. 65 [1921]), cité par E. Holenstein, *Phänomenologie der Assoziation*, *op. cit.*, p. 213. Sur ce sujet voir également, B. Bégout, *La généalogie de la logique. Husserl, l'antéprédicatif et le catégorial*, *op. cit.*, p. 170-179.

[471] *Cf.* E. Holenstein, *Phänomenologie der Assoziation*, *op. cit.*, p. 212.

[472] Husserl, *Zur Phänomenologie der Intersubjektivität (1929-1935)*, Hua. XV, M. Nijhoff, La Haye, 1975. p. 594-595. *Cf.* les analyses de A. Montavont, *De la passivité dans la phénoménologie de Husserl*, Paris, PUF, 1999, p. 108-111.

autre manuscrit de la même période, il définit la « conscience d'*ego* » comme une « effectuation intentionnelle fondée *(fundierte intentionale Leistung)* qui s'étend au sein du temps transcendantal-immanent pris comme flux de conscience ».[473] Ces affirmations correspondent par ailleurs à la thèse soutenue par Husserl à partir du début des années 1920 selon laquelle le moi du flux temporel est « un centre fonctionnel », c'est-à-dire un pôle « des affectivités et des activités » qui, à ce titre, n'implique une véritable position de fond que dans la mesure où il se rapporte constitutivement à ce qui lui est déjà originairement prédonné au sein de son propre flux de conscience :

> « le pôle égoïque est ce qu'il est, non pas support *(Träger)*, ni substrat de l'affection et de l'action, etc., mais, précisément, moi, point où affluent les rayons, centre fonctionnel d'affections, point d'où partent les rayons, centre actif d'activités, d'actes. Il est "dans" *(in)* ses états (également dans ses états réactifs, comme dans les réalisations passives) et "dans" ses actes qui se dirigent, qui se dirigent vers l'étranger-au-moi *(Ichfremde)*, ce qui est affecté »[474].

De ce point de vue, on pourrait également dire que s'il y a une *instance égoïque* comme « centre fonctionnel » dans la sphère la plus originaire de la subjectivité, ce n'est que pour autant que pour elle, ainsi nous lisons déjà dans une passage *De la synthèse passive*, « les conditions pour la libre disponibilité sont déjà préfigurées », ces conditions étant celles, précisément, de la

---

473 Husserl, *Zur phänomenologischen Reduktion (1926-1935)*, Hua. XXXIV, Kluwer, Dordrecht/Boston/London, 2002. p. 299. *Cf.* aussi : « Ichliche Aktivität setz Passivität voraus – ichliche Passivität – und beides setzt voraus Assoziation und Vorbewusstsein in Form des letztlich hyletischen Untergrundes », Husserl, *Späte texte über Zeitkonstitution (1929-1934)*, *op. cit.* p. 133.

474 Husserl, *Sur l'intersubjectivité*, tome II, p. 477. C'est en ce sens que l'on peut comp-rendre également la doctrine du « moi originaire *(Ur-Ich)* » du flux hylétique comme sujet « des affections et des actions », élaborée par Husserl déjà dans les *Bernauer Manuskripte*, Hua. XXXIII, *op. cit.* p. 286-287.

genèse passive phénoménale[475]. Et bien qu'il soit incontestable que dans certains de ses manuscrits tardifs sur la problématique de la temporalité, Husserl remanie considérablement sa position concernant le rapport de l'*ego* et du flux temporel, en allant jusqu'à reconsidérer la primauté de la passivité dans la constitution de ce dernier, il n'en reste pas moins vrai que le flux, comme assise ultime de la genèse, continue de fournir le champ des conditions d'effectuation pour toute opération proprement égoïque[476].

4. *Le fondement phénoménal*

a) *L'autosuffisance de la phénoménalité*

Les analyses phénoménologiques effectuées selon la perspective génétique chez Husserl font clairement ressortir que ce qui est saisi en dernière instance, c'est-à-dire de façon proprement transcendantale, sous les formes générales de l'« originarité » et de la « modification de l'originarité », ce sont les indices des *conditions de possibilités ultimes* de toute constitution subjective et mondaine. Cela signifie, plus précisément, que les phénomènes désignés en ces termes ne sauraient tout simplement être compris comme étant les réquisits de l'un ou de l'autre mode de donation particulier qui renvoie à sa manière à la sphère de la perception immanente ou transcendante. Etant donné que tous ces modes de donations incluent déjà, selon un ordre de fondation qui leur est propre, les opérations génétiques

---

475 Husserl, *De la synthèse passive*, p. 262.

476 Pour une interprétation minutieuse des nouveautés des Manuscrits C dans l'analyse de la temporalité et dans le traitement des problèmes génétiques chez Husserl, *Cf.* T. Kortooms, *Phenomenology of Time*, *op. cit.*, p. 227-288.

de la conscience issues d'une effectuation temporelle, la forme de l'« originaire » et celle de sa « modification » demandent à être considérées comme *conditions phénoménales pures* de la constitution avant qu'elles ne puissent être prises comme *modalités* de la perception lié aux objets. Ce qui explique pourquoi Husserl n'hésite pas à recourir non seulement aux phénomènes de la « temporalité », mais aussi aux traits de la « phénoménalité » lorsqu'il s'agit d'analyser, dans sa forme génétique la plus fondamentale, le dynamisme propre de l'originaire et du modifié en tant que flux ultime de la vie de la subjectivité.

Les analyses husserliennes consacrées à la problématique de la constitution de la temporalité dans les *Manuscrits C* indiquent très précisément ce dont il s'agit. Dans ces textes, Husserl appelle « flux originairement phénoménal *(urphänomenale Strömen)* », « vie originairement phénoménale *(urphänomenale Leben)* », ou encore « être originairement phénoménal *(urphänomenale Sein)* » la couche ultime de la subjectivité qui, dans l'analyse de la constitution temporelle, peut être atteint[477]. Or, cet usage plurivalent n'est pas seulement important parce qu'elle indique le rapport qui doit être établi, au niveau de la constitution la plus originaire, entre dynamisme temporel, fonctionnement subjectif et structure ontologique[478]. Il est également important que ce soit bien la « phénoménalité origi-naire » qui fournit le dénominateur commun pour tous ces éléments. Cela montre, d'une part, que la constitution du temps en tant qu'effectuation transcendantale est prise comme une affaire exclusivement *phénoménale.* Husserl ne cesse de rappeler à cet égard au fait que la temporalisation comme constitution des rapports temporels à partir du présent vivant n'est en effet rien d'autre

---

477 *Cf.* Husserl, *Späte texte über Zeitkonstitution (1929-1934), op. cit.* pp. 2., 3., 6., 7., 27., 49., 50., 52., 76., 93., et 145.; et Husserl, *Zur phänomenologische Reduktion*, Hua. XXXIV, *op. cit.* p. 170-171.

478 « L'énigme de l'être originaire – déclare Husserl dans un texte de 1931 – c'est mon flux phénoménal originaire de la temporalisation », Husserl, *Autour des* Méditations Cartésiennes *(1929-1932)*, tr. fr. N. Depraz et P. Vandevelde, Grenoble, J. Millon, 1998, p. 125. (désormais *Autour des* Méditations Cartésiennes)

que la phénoménalisation du temps[479]. Mais d'autre part, et précisément pour cette raison, la phénoménalité originaire constituée à ce niveau remplit d'emblée la fonction d'être *la condition ultime de tous les phénomènes* qui peuvent entrer en jeu dans n'importe quelle sphères ou modalité de l'expérience interne et externe. C'est ainsi que Husserl peut parler sans réserve du « phénomène originaire du flux » comme « le phénomène de tous les phénomènes »[480], ou encore il peut insister sur le fait que « l'autoprésence se maintenant-fluant *(stehend-strömende Selbstgegenwart)* » de la vie subjective soit un « phénomène originaire » dans lequel « tout ce qui peut être appelé phénomène, dans quelque sens que ce soit, trouve sa source »[481].

Que le « flux originairement phénoménal » soit conçu par Husserl comme la scène génétique le plus fondamentale de la subjectivité transcendantale, cela est évident des analyses qu'il consacre au pouvoir constitutif du présent vivant[482]. Néanmoins, il ne s'agit pas seulement de mettre en évidence, à cet égard, la « temporalisation originaire *(Urzeitigung)* » en tant que « stade originaire *(Ur-Stufe)* » de la constitution dans lequel toutes les autres formes de cette dernière trouvent leur « fondation *(Fundierung)* », ni d'indiquer de façon sans doute génétique, mais formelle, comment se trouve « fondée *(begründet)* » dans « le présent originaire se maintenant-fluant » la con-

---

479 *Cf. Ibid.* p. 6-9., et aussi, « le présent vivant est en lui-même, de façon primaire et originairement phénoménale *(Urphänomen)*, un continuum doté de ses deux orientations : l'écoulement qui s'accroît et qui tarit, doté du centre qu'est l'impression originaire, se modifiant constamment à partir de la phase originairement impressionnelle entendue comme source et mode originaires », Husserl, *Sur l'intersubjectivité*, tome II, p. 148-149.

480 *Ibid.* p. 2.

481 « „Urphänomen", in dem alles, was sonst Phänomen heißen mag und in welchem Sinn immer, seine Quelle hat », *ibid.* p. 145.

482 Le « présent vivant » comme dimension ultime et constitutive « originairement phénoménale » de la vie subjective est analysée en profondeur par Klaus Held dans son *Lebendige Gegenwart*, M. Nijhoff, Den Haag, 1966., p. 94-122., et dans : « Phänomenologie der Zeit nach Husserl », *Perspektiven der Philosophie*, Bd. 7, Gerstenberg Verlag, Hildesheim/Rodopi, 1981., p. 185-221.

stitution des formes les plus primitives de l' « unité » et de la « différence » d'apparition à partir de la hétérogénéité sensible qui lui sert comme contenu matériel[483]. En fait, les analyses husserliennes visent ici quelque chose d'encore plus fondamental dans la mesurer où elles cherchent également à démonter comment tout aussi bien la *conscience interne* liée à son *moi* régnant que le *monde d'expérience* renvoient, dans leurs genèses constitutives, à la phénoménalité propre de la vie originaire, fondée en elle-même sur le présent vivant, comme leur soubassement dernier.

De ce point de vue, la séparation que Husserl effectue entre « flux phénoménal » et « flux de conscience » est tout à fait capitale. Tandis que la première détermination ne renvoie qu'au processus de la phénoménalisation en tant que temporalisation originaire à partir du présent vivant fluant, la seconde désigne déjà une forme d' « individuation originaire » dont la constitution, en tant que « flux pur de vécus », s'opère sous la forme d'une « transcendance » au sein de ce présent[484]. De sorte qu'il devient ainsi possible pour Husserl de définir le flux originaire comme « pré-temps *(Vor-Zeit)* » qui, dénué de toute forme d'objectivité temporelle, fournit la champ de constitution pour le flux de vécus et pour son moi tout en restant à la fois éloigné et ouvert pour les opérations constitutifs de ces derniers[485]. Ce qui implique l'idée selon laquelle

---

483 *Cf.* Husserl, *Späte texte über Zeitkonstitution*, *op. cit.* pp. 4-6., et 76-77.

484 *Cf.* « Im Strömen der konkreten Urpräsenz zeitig sich stetig die rein immanente Zeit als Urzeit, in der das urindividuelle Sein ist. Wir setzen damit in Geltung den reinen Erlebnisstrom, das erste „Transzendente" gegenüber der urimpressionalen, strömenden Gegenwart der konkreten Urpräsenz », *ibid.* p. 110. Sur cela *Cf.* aussi, *Cf.* Husserl, *Zur phänomenologische Reduktion*, Hua. XXXIV, *op. cit.* p. 170-171.

485 *Cf.* « Das urtümliche Strömen ist ständiges urtümliches Konstituieren; darin ist konstituiert der „Bewusstseinsstrom" in seiner urtümlichen Zeitlichkeit. Freilich ist das wohl zu verstehen: Es ist eine Vor-Zeit, die noch keine Form von Gegenständen ist für das in diesem Bewusstseinsstrom lebende Ich, von ihm nicht als ein Zeitstrom, was besagt, eine gegenständliche kontinuierliche Sukzession, „vorweg" gegeben, als das nicht erfahren und

c'est bien au sein du flux originaire phénoménal, et grâce à lui, qu'entre en action la constitution temporelle en donnés vécus au sens propre, c'est-à-dire comme « objectivation » ou « ontification » s'effectuant, en premier lieu, sous la forme de la constitution du flux de conscience lui-même avec ses opérations égoïques[486].

Cependant, dans la mesure où la composition du flux de conscience renferme nécessairement, dans son fonds de vécus, non seulement les apparitions purement immanentes, mais aussi les apparitions de monde, il est clair que l'effectuation originaire du flux phénoménal doit conditionner également la constitution de ces dernières. C'est ainsi qu'il ne pose pas de problème pour Husserl de relier systématiquement l'analyse des problèmes constitutifs propres à la temporalisation originaire à celle des problèmes de la constitution mondaine. Mais dans ce cadre, c'est bien à travers une analyse de la conscience comprise comme flux des vécus et de sa temporalité immanente, fondée par le flux originaire, qu'il soit tout d'abord possible de rendre compte de la portée de cette constitution. De ce fait, Husserl peut parler d'une « autre » ou encore d'une « seconde transcendance » qui, à l'opposition de celle de la constitution propre du flux de vécus, caractérise la constitution de ce qui est « impliqué de façon intentionnelle » dans ce dernier, c'est-à-dire les apparitions mondaines[487]. Aussi s'efforce-t-il de montrer à cet égard comment la constitution de la temporalité immanente de la conscience motive de façon essentielle la constitution d'une « seconde temporalité », celle du monde, qui dans sa propre transcendance apparaît d'emblée comme sphère du « non-moi *(Nicht-Ich)* »[488]. Assurément, dans toutes ces analyses, ce n'est pas tant du point de vue noématique, ni même de celui

---

erfahrbar », *ibid.* p. 269., et pour une analyse plus complexe, Husserl, *Zur phänomenologische Reduktion*, Hua. XXXIV, *op. cit.* p. 180-183.

486 *Cf. Ibid.* pp. 12., 117., et Husserl, *Sur l'intersubjectivité*, tome II, p. 149-150.

487 *Ibid.* pp. 111., 347., et Husserl, *Zur phänomenologische Reduktion*, Hua. XXXIV, *op. cit.* p. 170-171.

488 *Ibid.* p. 118-120.

de la perception des choses, que la problématique de la constitution du monde se trouve élaborée. Il s'agit plutôt de la perspective de la « phénoménalité » elle-même qui, étant imprégnée par la temporalité originaire, renvoie aux conditions ultimes de toute constitution[489].

Or, le fait que le flux originairement phénoménal de la temporalisation de la vie subjective conditionne de façon génétiquement fondatrice toute mode de constitution subjectif et objectif, soulève la question capitale de sa propre constitution. De ce point de vue, la position de Husserl dans les *Manuscrits C* semble être univoque : elle ne fait que recourir à la doctrine ancienne, soutenue dans cette forme à partir du fin des années 1910, selon laquelle « les relations temporelles sont autoconstituantes *(sich konstituirend)* dès le début et selon un enchaînement nécessaire et essentiel »[490]. Seulement, dans ce cas, il s'agit d'appliquer cette doctrine à la constitution du flux originaire lui-même. Par conséquence, Husserl peut insister à bon droit non seulement sur le fait selon lequel le flux temporel, étant formé par la succession de ses maintenants originaires *(Ur-Jetzt)*, retentions et protentions, se rapporte de façon constitutive à lui-même sous la forme de sa propre continuité[491], mais il est aussi capable d'aller jusqu'à affirmer que, de ce fait, « le présent vivant se constitue lui-même en tant que présent vivant »[492]. D'où l'idée husserlienne selon laquelle le présent vivant comme tel ne peut que se présenter comme l'élément absolument ultime de tout le processus de la temporalisation originaire : étant une effectuation autoconstituante, elle s'avère être l'indice d'une temporalité qui est en ce sens

---

489 C'est cette perspective sur la constitution du monde que G. Brand a mise en valeur dans ses analyses des manuscrits tardifs de Husserl, *Cf. Ich, Welt und Zeit. Nach unveröffentlichen Manuskripten Edmund Husserls*, M. Nijhoff, Den Haag, 1954.

490 Husserl, *De la synthèse passive*, p. 155.

491 *Cf.* Husserl, *Späte texte über Zeitkonstitution (1929-1934)*, *op. cit.* pp. 8-9., 55., 76-77.

492 *Cf.* « lebendige Gegenwart ist sich selbst als lebendige Gegenwart konstituierend », *ibid.* p. 56.

« hors du temps » et qui porte à ce titre en elle-même tout « ordre et unité de temps »[493].

Cependant, dans la mesure où la temporalisation originaire est inséparable de sa phénoménalisation originaire, on peut soutenir l'idée selon laquelle il serait sans doute trop exclusive de ne voir dans cette première que la fonction de *l'effectuation génétique* la plus profonde, puisqu'elle indique la couche dernier et irréductible de la vie subjective. En effet, le présent vivant n'est pas un *champ de temporalisation* que dans la mesure où elle est également une *scène de manifestation.* Il faut donc reconnaître aussi le fait que la phénoménalité originaire selon laquelle se déploie cette temporalité, apporte le sens du *fondement transcendantal* de la subjectivité et, à travers elle, de tout ce qui est mondain, en tant que *condition ultime.* Cela signifie qu'à ce niveau, au fond, ni la « condition » n'est substantielle, ni le caractère « ultime » n'est simplement formel. Car, sur le plan de la constitution du flux de la temporalité, c'est bien sa phénoménalité elle-même, dans son effectuation formatrice et tout à fait concrète, qui se montre absolument irréductible : elle conditionne, en premier lieu, tout aussi bien l'affermissement incessant en donnés vécus de ce qui vient affecter, au titre d'impressions originaires, la conscience, que la formation de tous les enchaînements temporels du présent vivant ainsi que celle des rapports égoïques reliés aux apparitions ainsi formées. La phénoménalité s'avère donc ultimement fondatrice précisément dans le sens où elle renferme en elle-même *un régime de conditionnement originaire* dont la persistance et la validité restent tributaires de façon exclusive de sa propre effectuation. Celle-là se révèle *autoconstituante* et *autosuffisante* dans la mesure où les transferts et

493 *Cf.* « Mein strömend-lebendige Gegenwart, die urmodale, trägt alles Erdenkliche in sich; sie ist die urzeitliche, überzeitliche „Zeitlichkeit", die alle Zeit als verharrend-seiende Zeitordnung und Zeitfülle in sich trägt », *ibid.* p. 22.

opérations génétiques qu'elle met en œuvre ne renvoient pas à une donation quelconque qui serait encore plus originaire[494].

Dire donc que la phénoménalité est autosuffisante, c'est dire qu'elle ne dépend pas, dans son fonctionnement et dans son être, ni d'une autre condition, ni d'une autre instance. En ce sens, on peut même dire que la célèbre thèse husserlienne, élaborée dans les *Idées I*, à savoir que « l'être immanent est indubitablement un être absolu, en ce sens que par principe *nulla 're' indiget ad existendum* »[495] indique déjà d'une certaine façon la valorisation absolue du phénoménal chez Husserl. En effet, ce que cette formulation affirme, certes d'une façon bien éloignée de l'esprit de la phénoménologie génétique, c'est tout d'abord le fait que l'être de la conscience ne puisse être fondé par aucun être objectif. Cependant, à cette thèse manifestement ontologisante, s'attachent trois autres déterminations dans les analyses des *Idées*, qui l'expliquent et sont, en ce sens, également capitales.

Premièrement, que l'être immanent est défini par son mode de donation : il est absolument *originaire* vis-à-vis de celui de l'être mondain qui ne l'est pas. De ce point de vue, la thèse principale en question se trouve reformulée de manière suivante : « nul être réel, nul être qui pour la conscience se figure et se légitime au moyen d'apparitions n'est nécessaire pour l'être de la conscience même (entendue en son sens le plus vaste de flux du vécu) »[496].

---

494 La remarque de Gerhard Funke semble être pertinente à cet égard : « die Phänomenalität der Phänomene ist keine phänomenologisch, selbst phänomenale "Gegebenheit", sondern ist eine Entwurfen der phänomenalisierenden cogitationes vollzogene, bezeugte ursprünglich Leistung, die eben Leistung eines fungierend sich selbst konstituirenden ego ist », *Cf.* Funke, « Transzendental-phänomenologisch Untersuchung über 'universalen Idealismus', 'Intentionalanalyse' und 'Habitusgenese' », *op. cit.*, p. 148. Voir aussi à cet égard les analyses de Funke dans son livre *Phänomenologie – Metaphysik oder Methode ?*, *op. cit.*, p. 216-218.

495 Husserl, *Idées I*, p. 162.

496 *Ibid.* p. 161-162.

Deuxièmement, que l'être immanent est une instance *indépendante* de manière absolue, c'est-à-dire que non seulement il n'est pas fondé dans ou par une autre sphère, mais qu'il n'a pas non plus des régions d'être subsistant en dehors ou à côté de lui. D'où l'affirmation husserlienne selon laquelle « le domaine des vécus [...] est solidement clos sur lui-même, sans pourtant avoir de frontières qui puissent le séparer d'autres régions. [...] Il est par essence indépendant de tout être appartenant au monde, à la nature, et ne le requiert même pas pour son existence »[497].

Et *troisièmement*, que l'être immanent est une sphère *irréductible* en ce sens précis qu'il ne présuppose pas une sphère de donation qui lui serait encore plus fondamentale ou originaire : « Toutes les unités réelles sont des "unités de sens". Des unités de sens présupposent une conscience donatrice de sens [...] cette conscience de son côté est absolue et ne dépend pas à son tour d'une donation de sens »[498].

On peut reconnaître donc que ces trois déterminations de l' « être absolu » de la conscience dans les *Idées I*, c'est-à-dire que celui-là est à la fois originaire, indépendant et irréductible, mettent en évidence le caractère absolument *autosuffisant* de la conscience elle-même à partir de son *mode de donation*. C'est-à-dire, elles renvoient au fait que celle-ci non seulement se donne originairement, mais elle le fait de telle manière qu'elle s'avère irréductible à toute autre condition et qu'elle reste indépendante de tout autre instance ontologique. En ce sens, la thèse husserlienne plaidant pour l'autosuffisance radicale de la conscience pure ne semble pas être si éloignée de la détermination plus tardive de la vie subjective en tant qu'étant reliée à une effectuation purement phénoménale fondée dans le flux originaire de la temporalisation. Si bien que dans un texte écrit en 1921, Husserl fait lui-même référence aux analyses des *Idées* en soulignant le fait qu'elles prennent pour objet « les structures de la conscience pure en tant que structures des phénomènes

[497] *Ibid.* p. 168.
[498] *Ibid.* p. 183.

qui peuvent entrer en scène dans l'unité d'un enchaînement phénoménal immanent »[499].

Cette préséance de la « phénoménalité » dans la détermination de la composition originaire de la subjectivité transcendantale est soulignée également dans les analyses de la *Philosophie première.* En fait, lorsque Husserl définit ici l'« être transcendantal » comme un « être en soi parfaitement clos sur lui-même *(in sich völlig abgeschlossen)* », c'est bien pour proposer de le considérer comme « une sphère d'être pure séparable du monde et qui pourtant n'en est pas séparée au sens naturel du mot, comme s'il s'agissait des sphères d'être existant à part l'une l'autre et existant l'une à part l'autre en quelque sens que ce soit »[500]. Ainsi, si les analyses husserliennes suggèrent que l'être transcendantal doit être caractérisé à la fois comme « séparable » et « inséparable » de l'être du monde, c'est parce que la « vie subjective » à partir de laquelle on peut définir cet « être » n'a pas d'autre détermination que celle qui renvoie à l'horizon de la phénoménalité universelle : c'est l'« apparition » formée au sein de la vie transcendantale, en d'autres termes, qui se donne comme étant formatrice une sphère parfaitement close sur elle-même tandis que, dans sa propre constitution, elle reste inséparable de ce qu'elle fait apparaître[501]. Cela montre bien que dans ses analyses cherchant à élaborer dans son fondement le rapport de la conscience et du monde, la composition de la subjectivité transcendantale est considérée par Husserl comme une composition *purement phénoménale* avant qu'elle ne soit prise comme un être subjectif opposé à un être objectif[502]. De cette

---

[499] Husserl, *Sur l'intersubjectivité II*, p. 492.

[500] Husserl, *Philosophie première II*, p. 107.

[501] *Cf.* « toute objectivité m'apparaissant [...] je n'ai le droit de l'admettre qu'à titre de phénomène apparaissant dans l'apparaître, qu'à titre de réalité se confirmant dans l'acte même par lequel je la confirme, qu'à titre de réalité intentionnelle se présentant comme phénomène dans une opération de conscience absolue, qui appartient à ma vie transcendantale », *ibid.* p. 109.

[502] Les remarques de K. Held sont tout à fait instructives à cet égard : « Die Dualität der Identitätspole: Gegenstand und Ich ist keineswegs das grundlegende Vorkommnis [...]. Diese Polarisierung setz aber die Dimensionen

manière, la « fermeté » de la vie transcendantale ne signifie rien d'autre que le fait qu'il s'agisse là d'une vie d'expérience fonctionnant comme vie donatrice autosuffisante qui porte en elle-même le monde à titre de « phénomène »[503].

La caractérisation systématique de la subjectivité transcendantale dans la *Crise* en tant que sphère *absolument close* se situe sur cette même voie. Car, cette caractérisation se divise, d'un côté, entre une détermination « phénoménale » de la subjectivité, et, de l'autre, une analyse de son « fonctionnement » universel et apriorique dans la formation de toute objectivité. Ce qui explique pourquoi c'est précisément par la mise en évidence des « phénomènes purement subjectifs » envisagés comme « processus d'esprit » et pourvus d'une « fonction de constituer les formations de sens »[504] que Husserl peut parvenir à parler du découvert d'un « royaume d'un subjectif totalement clos en lui-même qui, à sa façon, est, et qui fonctionne dans toute expérience, dans toute pensée, dans toute vie »[505]. Aussi, lorsqu'il déclare, au nom de la méthode phénoménologique, qu'il faut effectuer un « retour » à la sphère subjective, il s'agit bien d'un retour « aux modes de donnée, aux modes d'apparition [...] se déroulant constamment et se nouant synthétiquement sans cesse dans le passage d'un flux ». C'est cela qui rend légitime de parler d'un « universum clos sur soi [...] qui s'ouvre comme l'uni-totalité de la subjectivité fonctionnante

---

der Erscheinungsmannigfaltigkeit als den Konstitutionsgrund voraus, der in der doppelpoligen Identitätssetzung überschritten wird und zufolge dessen intentional zwischen den Polen vermitteln. Nur weil das Phänomenale Feld in solcher Weise konstitutiver Grund und intentionale Mitte ist, konnte seine Thematisierung den konkreten Weg darstellen ». Held, « Phänomenologie der Zeit nach Husserl », *op. cit.*, p. 190-191.

503 *Cf.* « « dans ma réalité ultime et véritable je vis une vie absolument close qui m'est propre, une vie s'accomplissant dans une constante opération d'objectivation ; c'est une vie qui en même temps que des expériences forme en soi un monde objectif comme son phénomène, autrement dit comme phénomène donné à cette subjectivité ultime », Husserl, *Philosophie première II*, p. 109.

504 Huserl, *Crise*, p. 127.

505 *Ibid.* p. 128.

et opératoire »[506]. Manifestement, dans toutes ces analyses, c'est à travers la détermination, aussi préliminaire que possible, de la *phénoménalité* que la caractérisation de la subjectivité transcendantale en tant que sphère absolument ferme ainsi qu'opération apriorique universelle se trouve réalisée. En même temps, la sphère du « phénoménal » est considérée comme autosuffisante qui, à ce titre, ne demande pas à être fondée. Elle demande à être plutôt dévoilée et analysée, selon le programme de la *Crise*, pour comprendre dans son *fondement* comment les processus de la donation de sens qui lui sont propres rendent possible, à travers la primordialité de la subjectivité concrète, la constitution du monde de la vie lui-même.

b) *La concrétude du fondement : eccéités et événements*

On ne saurait assez souligner le fait que le caractère « autosuffisant » de la phénoménalité dans la détermination de la subjectivité chez Husserl est un caractère proprement *transcendantal*. Ce dernier, étant lui-même le pendant de celui de la « transcendance », représente une valeur de référence dans l'analyse phénoménologique en ce qu'il autorise et justifie la reconduction de tout « être » et « sens » donnés dans l'expérience à leurs conditions d'origine respectives, données dans la subjectivité. Cela signifie qu'au nom de l'autosuffisance de la phénoménalité, il ne s'agit nullement, pour Husserl, de penser une sorte d'intériorité subjective absolument close, ni même une sphère distincte de l'être dont la constitution pourrait être entièrement dépendant d'elle-même. En effet, s'il n'existe pas d'une « ontologie » propre à la région de la conscience pure dans la phénoménologie transcendantale, comme déjà Meinong

---

506 *Ibid.* p. 166.

n'a pas manqué de le remarquer[507], ce n'est pas seulement parce que la « vie » de la conscience représente quelque chose absolument autre que l' « être » des choses. C'est plutôt parce que l'être « phénoménal » à travers lequel cette conscience se donne est une *condition effective* qui, à ce titre, est inséparable de ce qui est *conditionné* par lui, c'est-à-dire de ce qui est constitué *concrètement* par sa propre manifestation. Ainsi, lorsqu'il prend la donation originaire de la conscience pour fondement, Husserl se doit de prendre aussi en considération deux choses essentielles : d'un côté, que le phénoménal ne sort pas du registre du sensible, c'est-à-dire que la prédonation hylétique reste à sa manière une condition matérielle inéliminable pour toute conscience, et, de l'autre côté, que la phénoménalité n'a pas d'autre sens dans cette sphère que celui d'être la condition d'une « genèse » à travers laquelle des moments internes de la conscience comme vécus viennent à se constituer tout en donnant lieu à une « genèse du sens » des objets du monde proprement dits. Or, c'est précisément sur ce plan de la genèse originaire des vécus particuliers qu'on peut reconnaître, chez Husserl, le caractère *concret* de la vie de la conscience en ce qu'il est compatible avec son caractère *transcendantal.*

Pareillement au terme de « fondation », l'usage de celui de « concret *(konkret)* » remonte chez Husserl à problématique de l'ontologie formelle exposée pour la première fois dans la *IIIe Recherche logique*. Dans ce cadre, c'est la théorie « des touts et des parties » qui fournit le contexte duquel il est puisé. Husserl associe la propriété d'être « concret » aux tels objets ou contenus qui sont dits « indépendants », c'est-à-dire qui peuvent subsister en eux-mêmes sans être portés par d'autres objets. En revanche, un objet est dit « abstrait » si sa subsistance est relative à un ensemble par rapport auquel il s'avère être un élément « dépendant ». En somme, dit-il, « les contenus concrets peuvent, par leur nature propre, exister en eux-mêmes et

507 *Cf.* A. Meinong, « Bemerkungen zu E. Husserls „Ideen zu einer reinen Phänomenologie" », in Meinong, *Kolleghefte und Fragmente. Schriften aus dem Nachlaß*, Akademische Verlag, Graz, 1978, p. 290.

pour eux-mêmes, tandis que les contenus abstraits ne sont possibles que dans ou avec des contenus concrets »[508]. En même temps, Husserl rend clair le fait que ces déterminations sont de nature purement formelle, elles concernent les propriétés pures des objets et, par conséquent, ne peuvent être expliquées par un recours aux déterminations proprement phénoménologiques qui portent sur les actes au sein desquelles ces objets apparaissent comme contenus. Ainsi nous lisons : « Il n'est donc besoin d'aucune référence à la conscience, par exemple à des différences dans le "mode du représenter" pour définir la différence dont il est ici question, entre l'"abstrait" et le "concret" »[509].

D'une manière analogue, c'est bien cette détermination de nature ontologique et formelle du concret qui permet et anime son usage dans le cadre « éidétique » chez Husserl. Ce dernier, puisé de l'« intuition des essences » comme partie intégrale de la méthode phénoménologique, correspond à un classement formel des « généralités » et « nécessités » régissant les différentes régions ontiques et phénoménales des singularités. C'est en ce sens que les *Idées I* utilisent le concept du « concret » en tant que catégorie de l'« essence absolument indépendante »[510]. À ce titre, ce dernier y est également déterminé comme le signifiant de la « singularité éidétique » dont le trait distinctif consiste dans son indépendance par rapport aux espèces et genres éidétiques, alors caractérisés comme des instances « dépendantes »[511]. Ainsi se trouvent rangées sous la catégorie de l'essence concrète des telles déterminations comme celles de la « chose » ou du « vécu ». En parvenant ainsi à mettre en œuvre l'intuition éidétique comme un moyen de superposer méthodiquement, en quelque sorte, les déterminations ontologiques et phénoménologiques les unes aux autres, Husserl confère, dans sa phénoménologie, un rôle tout à fait capital à

---

508 Husserl, *Recherches logiques*, tome II/1., p. 251.

509 *Ibid.* tome II/2., p. 18.

510 Husserl, *Idées I*, p. 54.

511 *Ibid.*

l'« intuition concrète des essences ». Il s'agit d'une méthode grâce à laquelle il reconnaît la possibilité de résoudre « la tâche énorme qui consiste à épuiser systématiquement la concrétion ontologique »[512].

Cependant, cette détermination ontologique et éidétique du « concret » dans les recherches phénoménologiques ne désigne certainement pas le niveau le plus profond, ni même, par conséquent, le plus décisif. Dès lors que l'on rend compte du fait que nulle intuition d'essence n'est possible sans qu'elle soit fondée par des enchaînements d'apparitions en elles-mêmes singulières, on comprend aussitôt que la détermination du « concret » peut être rapportée à un nouveau contexte phénoménologique. Au fond, ce que Husserl tend à montrer à cet égard, en restant parfaitement fidèle à sa méthode éidétique, c'est que la constitution phénoménale a ses propres formes de concrétude. Celles-ci entrent en jeu dans l'analyse lorsqu'il s'agit de déterminer, en deçà de toute dimension ontique ou ontologique, ce qui se produit *effectivement* dans la donation interne de la conscience elle-même.

En fait, la tendance à retrouver une détermination propre du caractère concret de la donation originaire surgit clairement chez Husserl au moment même où il s'agit de commencer à appliquer la méthode de l'intuition des essences aux phénomènes de la conscience pure. Dans son cours de 1906/07, après avoir constaté le caractère « absolument unique » du phénomène apparaissant dans une intuition immanente de la conscience, non seulement il caractérise ce phénomène comme ce qui se donne comme un « ceci *(Dies)* », c'est-à-dire comme « singularité absolue *(Einmaligkeit)* », mais il juge approprié de lui accorder d'emblée la détermination propre qu'il appelle « *concretum* phénoménologique »[513]. Or, dans la mesure où le phénomène en question, en tant que vécu, est pris comme contenu de conscience, il est reconnu comme étant pourvu d'une « forme d'individualité », saisissable par l'intuition des

512 Husserl, *Expérience et jugement*, p. 444.

513 Husserl, *Introduction à la logique et à la théorie de la connaissance*, p. 267-269.

essences, ainsi que d'« une pluralité d'essences conceptuelles »[514]. Toutefois, Husserl souligne également le fait que ce *concretum*, au sens de « phénomène absolu », renferme en lui-même deux sortes de déterminations différentes : celle de son caractère d'individualité, son « *haeceitas* », et celle du contenu individuel qu'elle fait apparaître[515]. Ce qui veut dire clairement, et c'est sans doute capital, que Husserl accorde bel et bien une certaine valeur *concrète* au moment de l'*apparition* elle-même au lieu de la dériver tout simplement de ce qui se donne par elle comme contenu. Le *haeceitas* désigne, en ce sens, une sorte de concrétude pré-ontologique, purement phénoménale qui se rapporte à l'effectuation donatrice de la conscience interne elle-même et ne se laisse plus être déterminée selon les catégories relevant de l'ordre des objets ou celui des contenus[516]. C'est ainsi que Husserl fait allusion immédiatement à la forme propre des « phénomènes concrets » pris en ce sens comme celle de la « liaison temporelle »[517].

Il va sans dire que tous les phénomènes et déterminations qui peuvent être mis en cause au sujet du caractère « concret » de l'apparition et de son contenu renvoient, comme à leur propre chantier, à la problématique de la constitution temporelle des objets. Husserl traite longuement et itérative-ment de cette problématique, sous le signe de celle de l' « individuation », dans ses *Manuscrits de Seefeld* de 1905, ainsi que dans ses *Manuscrits de Bernau*[518]. En fait, ce qui, dans ces analyses, permet à

---

514 *Ibid.* p. 269.

515 *Ibid.*

516 *Cf.* « die absolute *haeceitas* überhaupt unbestimmbar ist [...]. Die Diesheit bringt ja keinen Inhalt mit sich », Huserl, *Einleitung in die Logik une die Erkenntnis-theorie*, Hua. XXIV, *op. cit.* p. 426. (texte non traduit dans l'édition française); et aussi « ces données, en tant que celles-ci [...] sont seulement des soubasse-ments pour la conscience de "phénomène en général" se constituant sur leur fondement », Husserl, *Introduction à la logique et à la théorie de la connaissance*, p. 269.

517 *Ibid.* p. 270.

518 *Cf.* Husserl,*Sur la phénoménologie de la conscience intime du temps*, p. 138-162.; Husserl, *Die Bernauer Manuskripte*, Hua. XXXIII, *op. cit.* p. 287-360.

Husserl de renverser, en quelque sorte, la perspective de l'ontologie et celle de l'éidétique au profit d'une détermination phénoménale du « concret », c'est précisément le fait que, conformément aux lois de la constitution, nulle individualité objective ne peut être pensée sans rendre compte des formes et modes d'apparitions à travers lesquelles cette objectivité est donnée dans la conscience. Ce qui signifie, précisément, que c'est bien du champ de l'apparition elle-même, et plus particulièrement de celui de l'apparition temporelle, que le caractère ontologique de la « concrétude » doit puiser sa validité. C'est ainsi que Husserl, non seulement retrouve dans le phénomène de l' « objet temporel » le terme final de la « singularisation de l'*eidos* »[519], mais il va jusqu'à identifier la source de tout ce qui est individuel à la « plénitude temporelle » elle-même, au sein de laquelle l'individu apparaît pour la premier fois et à partir de laquelle il subsiste comme identique ainsi que comme substrat des déterminations essentielles dans le courant temporel :

> « Ce qui est constitutif de l'individu réside donc dans l'identité de la plénitude temporelle, et il en résulte par conséquent le concept de l'espèce des déterminités constitutives que différents individus peuvent avoir en commun dans le même intervalle de temps, ou dans divers intervalles de temps »[520].

Dans ses *Manuscrits de Bernau*, où la problématique phénoménologique de l'individuation est non seulement portée plus loin que celle de la constitution des objets sensibles, mais aussi considérablement approfondie[521], Husserl ne laisse aucun doute en ce qui concerne *la genèse du concret* au plan des apparitions pures. En ne tardant pas à constater que c'est bien dans

---

519 Husserl, *Sur la phénoménologie de la conscience intime du temps*, p. 157.

520 *Ibid.* p. 148.

521 Rudolf Bernet parle à cet égard chez Husserl de « l'ambition de *fonder* toute distinction ontologique sur une distinction phénoménologique » où cette dernière distinction est précisément une distinction temporelle. Bernet, *Conscience et existence*, *op. cit.* p. 122-123.

l'acte de la « présentation originaire *(Urpräsentation)* » que se trouve la source de toute constitution de l'objet individuel, il confère alors à l' « être-maintenant *(Jetz-Sein)* » la fonction d'être le « point d'origine *(Ursprungspunkt)* de toute individualité »[522]. Ce qui lui permet non seulement de se tourner vers l'analyse de la « fonction individualisante du temps », mais aussi d'indiquer la catégorie de la « singularité du ceci-là *(einmaliges Dies-da)* » comme forme primitive de la concrétude. Mais, Husserl constate également que les phénomènes soumis à cette catégorie ne peuvent être identifiés qu'en tant qu' « unicités "extra"-essentielles et "contingentes" *(„außer"-wesentlichen, „zufälligen" Einzelheiten)* »[523]. Celles-ci sont donc les moments ultimes de toute individuation ultérieure et, à ce titre, elles appartiennent au niveau de la constitution temporelle comme moments du « remplir *(Füllen)* » du temps[524]. Ainsi, ce que ces analyses phénoménologiques défendent comme thèse, c'est que pour être « concret » l'objet doit être tout d'abord *donné* comme singularité dans la conscience, de sorte que la source de cette singularité ne réside finalement pas dans les déterminations objectives, mais précisément dans le moment vécu de la « donation » elle-même constitué par le temps.

En effet, on pourrait dire que tous les efforts chez Husserl visant à démontrer, à travers l'analyse de l'individuation temporelle des objets, la fondation de la sphère ontologique dans celle de la vie subjective ne fait, à vrai dire, que rendre encore plus manifeste le sens de la constitution transcendantale comme effectuation phénoménale. Celle-ci suppose non seulement le fait que les objets, dans toute leur concrétude, apparaissent dans les actes, mais aussi que les actes eux-mêmes soient déterminés, selon les conditions d'apparition qui leur sont exclusivement propres, comme des *instances concrètes.* Husserl rappelle cela dans le deuxième tome des *Idées* en affirmant que « les vécus, au sein du flux de conscience, ont leur essence

522 Husserl, *Die Bernauer Manuskripte*, Hua. XXXIII, *op. cit.* p. 292.
523 *Ibid.* p. 303-304.
524 *Ibid.* p. 305.

absolument propre, ils portent leur individuation en eux-mêmes »[525]. Toutefois, il rend aussi bien clair que l'individuation en question n'est pas celle d'une certaine « qualité » ou d'une « quiddité *(Washeit)* », mais d'une pure « haecceitas *(Diesheit)* », c'est-à-dire qu'elle renvoie à l'occurrence temporelle du vécu comme source unique de la détermination de son individualité[526]. Cela veut dire que le vécu, pris en tant qu'individu, n'est constitué à son tour que par son propre surgissement au sein de la temporalité immanente. Il est « absolument » concret en ce sens précis qu'il se révèle être « singulier » dans son apparaître tout en restant indépendant des déterminations de ce qu'il fait apparaître comme contenu. Son caractère de concrétude reste, en ce sens, de nature *purement phénoménale* et se présente comme moment d'*autosuffisance* au sein de la conscience interne. Or, pour mettre en évidence la conformité essentielle de ces deux caractères déterminants du vécu, celui de la singularité et celui de l'indépendance à l'égard de son contenu éventuel, Husserl trouve tout à fait approprié de parler de l' « événement » de la conscience.

En vérité, le terme « événement », *Vorkommnis* ou *Ereignis*, n'est pas totalement insolite dans le discours husserlien. Il est déjà évoqué dans les *Recherches logiques* pour désigner, à l'instar de Wundt, le contenu « réel » du vécu, c'est-à-dire « ce qui arrive réellement à la conscience »[527]. Cela n'empêche que, malgré sa connotation sans doute psychologisante, Husserl lui accorde, de temps à autre, une valeur descriptive dans l'élaboration de certaines déterminations de la subjectivité transcendantale elle-même. C'est à ce titre qu'il parle, dans les *Idées I*, par exemple, des « événements susceptibles d'être saisies au sein du flux vécu dans le cadre de la réduction phénoménologique »[528], et aussi, dans les *Idées II*, des « actes du *cogito* qui font événement dans le flux de conscience », ou des « événements

---

525 Husserl, *Idées II,* p. 403.

526 *Ibid.* p. 404.

527 Husserl, *Recherches logiques*, tome II/2., p. 146. *Cf.* aussi, p. 204.

528 Husserl, *Idées I*, p. 196.; et aussi en un sens défavorable, p. 116.

somatiques »[529]. De la même manière, Husserl fait souvent recours à ce terme dans ses leçons sur les « synthèses passives », afin de rendre compte de certaines configurations intentionnelles de la vie de la conscience pourvues d'un caractère dynamique. Il parle alors, en ce sens, de la déception comme « contre-événement *(Gegenvorkommnis)* du remplissement », de l' « événement universel » de la présentification, des « événement particuliers dans le flux des vécus », ou encore de la discordance et de la concordance prises comme « événements possibles pour les apparitions », et des « événements » tels que la perception sous « l'action permanent du reconnaître et du ressouvenir »[530].

Cependant, ce terme semble être pris dans un sens beaucoup plus rigoureux chez Husserl dès lors qu'il se rapporte directement à la problématique de la constitution temporelle du vécu. Déjà les analyses sur les synthèses passives indiquent un tel usage en mettant en relief le fait que le champ temporel de la conscience est rempli par les « événements *(Vorkommnise)* concrets », c'est-à-dire « les événements, au titre de contenus concrètement indépendants, qui pourraient exister pour soi »[531]. C'est à ce même aspect que se réfère, de toute évidence, un passage de *Logique formelle et logique transcendantale* où sont évoqués des « événements *(Vorkommnise)* temporels de la vie de la conscience » dans lesquels les objectités idéales « font leur apparition »[532]. Husserl semble toutefois donner une orientation bien définie à toutes ces manières de décrire le statut temporel du vécu lorsque dans un texte de 1917, qui traite le problème de la donation originaire, il détermine « le vécu transcendantalement pur » en tant qu' « un événement *(Ereignis)* constitué sous la forme du temps phénoménologique ». Aussi n'hésite-t-il pas à

---

529 Husserl, *Idées II*, p. 155., et 208.

530 Husserl, *De la synthèse passive*, respectivement, p. 113., 292., 323., 337., 394. Nous faisons abstraction, dans cette vue d'ensemble, des cas où Husserl utilise le terme « événement » comme synonyme de celui de « phénomène » ou d' « apparition ».

531 *Ibid.* p. 215.

532 Husserl, *Logique formelle et logique transcendantale*, p. 221.

ajouter que ces événements, à l'envers de tout événement de type naturel ou psychologique, sont « les seuls événements purs »[533]. On ne s'étonnera pas de voir que ces mêmes déterminations apparaissent aussi, dans une richesse abondante, au sein des analyses des *Manuscrits de Bernau.* Ici, Husserl parle non seulement des « actes » comme « événements *(Ereignisse)* dans le temps phénoménologique » ou même de l' « événement transcendantal *(transzendentales Ereignis)* » des actes[534], mais il élève ce terme au statut d'un véritable concept phénoménologique fondamental dans la description du « processus originaire *(Urprozess)* » de la conscience du temps et de sa réflexion possible[535].

Or, ce qui peut rendre légitime, chez Husserl, la détermination du vécu comme « événement pur », c'est précisément son mode d'être et la situation concrètes qu'il détient au sein de la vie de la conscience. De ce point de vue, tout vécu concret peut être caractérisé par deux sortes de déterminations. D'une part, le surgissement d'un vécu particulier dans le flux conscient est une occurrence *contingente.* Car, ainsi nous lisons, « un contenu concret qui s'est écoulé ne prescrit pas au contenu futur à venir des nécessités univoques »[536]. Cela veut dire, plus

---

533 *Cf.* « Was uns in der transzendentalen Reflexion erster Stufe, in der „immanenten Wahrnehmung", als ein „cogito", überhaup als ein transzendental reines Erlebnis gegeben ist, ist danach ein in der Form Phänomenologischen Zeit konstituiertes Ereignis. [...] Die Ereignisse, mit denen wir hier in der transzendentalen Sphäre zu tun haben, sind reine, ja einzig reinen Ereignisse », Husserl, *Aufsätze und Vorträge (1911-1921)*, Hua. XXV, Kluwer, Dordrecht/Boston/London, 1987. p. 224.

534 *Cf.* « Das Ereignis der phänomenologischen Zeit = ein transzendentales Erlebnis derjenigen Objektivitätsstufe, die eben der phänomenologischen Zeit ihre Form hat » ; « ein transzendentales Ereignis », Husserl, *Die Bernauer Manuskripte*, Hua. XXXIII, *op. cit.* p. 272., *Cf.* aussi, p. 261.

535 *Cf. Ibid.* 210-273. L'usage de ce terme est constant et conséquent dans ces analyses.

536 Husserl, *Sur l'intersubjectivité*, tome II, p. 471. Comme Husserl l'affirme à cet égard, ce n'est pas seulement « le *datum* de sensations » qui est « contingent » dans le flux, mais aussi « le fait de la régulation des data de sensations », *ibid.* p 485.

précisément, que ni son contenu, c'est-à-dire l'objet auquel il se rapporte, ni son effectuation progressive de la conscience du temps ne peuvent déterminer préalablement et avec une nécessité absolue l'entrée en scène d'un vécu. Comme Husserl l'affirme déjà dans les *Idées II*: « rien ne dit que, dans l'unité de mon flux de vécus, chaque vécu soit nécessaire, nécessairement conditionnée par les vécus passés et contemporains »[537]. Or, c'est précisément ce manque de nécessité absolue dans l'apparition des vécus concrets qui rend possible que la progression temporelle de la conscience soit déterminée expressément par Husserl comme ce qui s'ouvre constamment à un « événement contingent *(zufälliges Ereignis)* » dans son effectuation[538]. Étant donné que la forme de cette contingence est produite par la conscience du temps, notamment par l'indétermination inscrite à l'horizon protentionnel du surgissement d'une impression originaire, le sens de l' « événement » du vécu correspond, en ce sens, à celui du remplissement temporel d'une intention vide, certes, présumée, mais non déterminée[539].

D'autre part, le vécu d'événement, une fois entré en scène, est susceptible de maintenir une sorte de *constance concrète* dans le flux de conscience temporellement déterminé. Cela veut dire que bien que le vécu soit lié inséparablement aux autres vécus dans le milieu dynamique de la conscience interne, et, en ce sens, comme disent les *Idées I*, il « ne peut être tenu pour indépendant au sens complet du mot »[540], il garde pourtant une individualité grâce à la position temporelle qui le détermine dès son surgissement. À ce titre, le vécu peut également être caractérisé par une certaine *impassibilité*, non pas au sens qu'il résis-

537 Husserl, *Idées II*, p. 313.
538 Husserl, *Die Bernauer Manuskripte*, Hua. XXXIII, *op. cit.* p. 286.
539 *Cf.* « Hier nehmen wir also Ereignisse, die auftreten, ohne bestimmt durch Vorerinnerung vorge-zeichnet zu sein, als vorgezeichnete Zeitereignisse, vorgezeichnet durch leere Intentionen, die sich durch einen zeitkonstituierenden Prozess erfüllen », *ibid.* p. 12. C'est en ce sens que J.-L. Marion interprète l'impression originaire husserlienne comme « événement pur » de la conscience temporelle, *De surcroît*, PUF, Paris, 2001, p. 48-49.
540 Husserl, *Idées I*, p. 281.

terait au changement temporel, mais au sens que la position de l'événement qu'il crée par son apparition, c'est-à-dire sa situation phénoménale propre, se trouve déterminée, une fois pour tout, dans l'ordre des autres événements du même genre de la conscience interne. Le caractère concret du vécu tient en ce sens au moment unique de son apparition à partir duquel il se constitue comme « unité de devenir *(Werdenseinheit)* » dans l'écoulement temporel[541]. Aussi, c'est précisément cette fixité de la position du temps qui signifie le point de référence constitutif de l'individuation de l'objet lui-même donné par le vécu[542].

Ainsi, il semble bien que c'est bien sa subordination complète aux conditions *purement phénoménales* qui permet finalement que le vécu soit déterminé comme *événement* pure de la conscience interne chez Husserl. Ce n'est, autrement dit, que le jeu interne des indéterminités de son surgissement et de sa consistance au sein du flux temporel qui marque sa singularité et sa concrétude avant même que les déterminations relevant de son contenu spécifique doivent y entrer en scène. La concrétude de la vie subjective se trouve ainsi directement édifiée à partir de son *fondement phénoménal*, c'est-à-dire à partir des *événements phénoménaux* qui, dans leur formation, ne renvoient qu'aux conditions autosuffisantes de leur propre effectuation temporelle[543]. Cela rend compréhensible aussi pourquoi c'est

---

541 *Cf.* « Jedes konkrete Erlebnis ist eine Werdenseinheit und konstituiert sich als Gegenstand im inneren Bewusstsein in der Form der Zeit », Husserl, *Die Bernauer Manuskripte*, Hua. XXXIII, *op. cit.* p. 318.

542 *Cf.* à cet égard les analyses de R. Bernet sur l'individuation des objets dans la conscience temporelle chez Husserl, *Conscience et existence*, *op. cit.*, p. 123-125.

543 *Cf.* à cet égard les analyses de A. Montavont, *De la passivité dans la phénoménologie de Husserl*, *op. cit.*, pp. 30-31, 103-105. G. Funke, dans sa reconstruction de la problématique générale de la phénoménologie de Husserl, a consacré très tôt attention au caractère « événementiel *(ereignishaft)* » de la vie de la subjectivité transcendantale. *Cf.* Funke, « Transzendentalphänomenologische Untersuchungen über 'universalen Idealismus', 'Intentionalanalyse' und 'Habitusgenese' », *op. cit.*, p. 149-151.; et aussi *Phänomenologie – Metaphysik oder Methode ?*, *op. cit.*, p. 217-218.; et plus particulièrement, « Phenomenology and History », in Maurice Natanson ed., *Phenomenology and the Social Sciences*,

seulement par le biais des « événements de la vie tournée vers le monde »[544] que le caractère pleinement *concret* de la subjectivité elle-même peut être, en dernier recours, proprement déterminée.

5. *Le fondement monadique*

a) *De l'originaire à l'original : la subjectivité concrète*

Il va sans dire que la mise en évidence de la constitution de la vie subjective originaire qui s'effectue à travers le surgissement et l'ordonnancement des événements phénoménaux purs de la vie de la conscience ne saurait être suffisante, à elle seule, pour déterminer le caractère « concret » de la subjectivité transcendantale chez Husserl. La raison principale en est que le « vécu » qui se donne dans cette vie sous la forme de l'événement, et plus particulièrement le vécu intentionnel, signifie quelque chose de plus et d'autre, du point de vue de la constitution transcendantale, qu'un effet purement phénoménal défini par l'occurrence et la position temporelles qui lui sont propres. En fait, lorsque Husserl parle des vécus singuliers, au sens de *cogitationes*, comme « totalités synthétiques concrètes »[545], ce n'est pas seulement pour mettre en évidence la synthèse successive de l'écoulement temporel qui relie chaque vécu concret à chaque autre au sein de la totalité de la conscience interne. Il s'agit également d'attirer l'attention sur le fait que la concrétude complète de vécu implique de façon intentionnelle en elle-même, et conformément à la corrélation noético-

---

vol. 2., Northwestern Univiversity Press, Evanston, 1973. pp. 50., 66-68. et 84-85.

544 Husserl, *Méditations cartésiennes*, p. 80.

545 *Ibid.*, p. 86.

noématique, ce qui est « visé » à travers son apparition comme corrélat objectif, c'est-à-dire ce qui s'y constitue de façon synthétique comme contenu « apparaissant ». Il en ressort que la série d'événements vécus et originairement phénoménaux de la vie de la conscience ne peut en effet donner qu'un aspect, quoique fondamental, de la concrétude propre de la subjectivité transcendantale. Son autre aspect est donné par ce qui se trouve directement fondé au sein de cette phénoménalité en ce qu'elle est effectivement constituée chaque fois comme « existant » à travers les renvois noétiques et noématiques. Dès lors, il n'est pas sans doute étonnant que Husserl puisse parler de caractère *ultimement concret* de la subjectivité précisément en ce sens, c'est-à-dire en ce qu'elle implique en elle-même la constitution du monde :

> « La vie du moi transcendantal, constituante d'un point de vue transcendantal, en laquelle se constitue pour lui le monde constamment conscience pour lui dans le changement de ce qui arrive à chaque fois [...] c'est la dernière chose concrète *(letzte Konkretion)* en laquelle tout se trouve inclus comme pouvant être posé comme existant. Telle est la vie noétique absolument concrète, la vie totalement vivante en laquelle ce qui est à chaque fois conscience est un "vécu" posé comme existant »[546].

Un autre aspect essentiel de la subjectivité concrète se révèle, selon Husserl, en ce que les activités proprement « égoïques » sont susceptibles de mettre en œuvre une trame de dispositions fondamentales au niveau des effectuations constitutives diverses de la conscience. Cela signifie, tout d'abord, qu'il ne suffit pas de se limiter à constater, en dévoilant la structure interne de la vie transcendantale, que la centration égoïque y confère directement la forme inhérente d'une « individualité » nécessaire au processus de la temporalisation immanente.

---

[546] Husserl, *Sur l'intersubjectivité*, tome I, p. 167-168.

Husserl insiste, certes, sur le fait que l'*ego* appar-tenant à chaque *cogito* constitue le « seul individu nécessaire » au sein de la constitution immanente de la temporalité[547], ou encore que « la seule et unique individualité originaire, c'est la conscience, concrètement avec l'*ego* qui est le sien »[548]. Mais ce qui importe également, c'est de reconnaître que l'*ego* est ne peut appartenir à sa propre vie qu'à la condition de pouvoir aussi s'y réaliser en se rapportant de façon multiple et constitutive à ses propres vécus présents et passés ou encore aux objectités qui sont constitués au sein de ces vécus. Ce qui veut dire que l'*ego* ne tient pas seulement à une instance formelle en tant que « pôle » du flux, ni ne se réduit tout simplement à un fonctionnement purement actuel lié à chaque *cogito*, mais il se constitue aussi en tant que sujet de « habitualité » où celle-ci signifie précisément la possibilité et l'effectivité d'un comportement cognitif concret à l'égard de ce qui se constitue concrètement au sein de la vie de la conscience. L'habitualité marque, en ce sens, le champ propre de la « genèse active »[549] de l'*ego* qui, à ce titre, peut être également défini par un certain « pouvoir » concret qui lui reste tout à fait inhérent :

> « je ne suis pas seulement un moi actuel, je suis aussi un moi habituel, et habitualité désigne une certaine possibilité égoïque, un "je peux", un "je pourrais", un "j'aurais pu", et le pouvoir *(Können)* se réalisant à nouveau renvoie à des actualités égoïques, à des vécus égoïques actuels, précisément en tant que réalisations de pouvoir »[550].

---

547 *Cf.* « Zum Wesen einer reinen Innerlichkeit oder eines reinen Bewusstseinsstroms gehört es, dass alles darin, wie ob gesagt, im Rahmen des formalen Gesetzes erfüllter immanenter Zeit wechseln kann, nur das Ich nicht. Es ist die notwendige Individualität [...] es ist das notwendige Individuum und das einzige », Husserl, *Die Bernauer Manuskripte*, Hua. XXXIII, *op. cit.* p. 285-286.

548 Husserl, *Idées II*, p. 404.

549 Hussserl, *Méditations cartésiennes*, p. 114. *Cf.* aussi, *Idées II*, p. 165-166.

550 Husserl, *Sur l'intersubjectivité*, tome I, p. 98.

En fait, lorsque Husserl annonce dans les *Méditations cartésiennes* que l'*ego* « ne peut être *a priori* qu'un *ego* qui fait l'expérience du monde *(welterfahrendes Ego)* »[551], c'est cette notion de la subjectivité concrètement cernée qu'il a devant les yeux. Qui plus est, il semble bien que c'est précisément une double définition de la « concrétude » phénoménologique qui rend possible que les deux termes de cette corrélation, l'*ego* et le mode, puissent être rapportés l'un à l'autre par la biais de l'expérience : d'un côté, on trouve donc les donations de sens originales issues de la vie subjective qui mènent à la constitution chaque fois concrète de ce qui est mondain, de l'autre côté, les réalisations d'un comportement égoïque tout aussi bien concrètes pouvant s'adapter intimement à ces donations. La corrélation se fait, en effet, entre deux aspects du *même* processus de la constitution universelle et concrète[552]. C'est la raison pour laquelle Husserl va même jusqu'à parler de la subjectivité rapportée de façon « expérientielle » au monde comme d'une « concrétude close sur elle-même *(in sich geschlossene Konkretion)* » :

> « Nous possédons donc ici une concrétude close sur elle-même – un concept verrouillé d'un je suis et de ce qui appartient essentiellement à mon être. Un royaume d'expérience originale, actuelle et potentielle, qui embrasse tout ce qui est spécifiquement égoïque, y compris, à titre de

551 Husserl, *Méditations cartésiennes*, p. 189. Notons que c'est bien du point de vue de cette problématique, celle de « l'expérience du monde », que Gerd Brand a analysé la doctrine de la subjectivité transcendantale chez Husserl, en tenant compte des problèmes les plus profonds de la constitution de la temporalité. *Cf.* Brand, *Ich, Welt und Zeit*, *op. cit.*

552 *Cf.* « Nous pourrions dire que vont ensemble, de façon inséparable, ce moi que *je suis et le fait que j'aie une* expérience immédiate, et que cela détermine un *concept de subjectivité concrète*, tout d'abord mien. Elle est une corrélation du moi actuel et potentiel d'une part, et pour moi un étant du monde environnant à titre de sphère original qui l'est exclusivement pour moi et qui est subjectivement mienne », Husserl, *Sur l'intersubjectivité*, tome I, p. 101.

système polaire qui en est inséparable, le mode des choses dont je fais l'expérience originale »[553].

Ainsi, il n'est pas difficile de voir qu'en effet, pour Husserl, l'élaboration de la *configuration concrète* de la subjectivité comme instance faisant expérience du monde ne met nullement en abîme la primauté de la « phénoménalité » comme *seule condition* originairement constitutive de toute expérience immanente et transcendante. Tout au contraire, l'accent mis sans cesse sur le fait que la sphère « concrète » du sujet reste une sphère de l' « expérience originale » sert à montrer qu'au fond toute concrétion égoïque et mondaine renvoie à son tour à un horizon d'apparition qui leur reste absolument fondamental. Cela signifie non seulement que l'*ego* ne se trouve rapporté concrètement au monde que pour autant que celui-ci est constitué à travers les processus perceptifs ou aperceptifs, passifs ou actifs, des objets mondains, mais aussi que pour être ainsi rapporté il faut tout d'abord qu'il se donne à lui-même à partir de sa vie originairement donatrice. Comme Husserl le dit, l'*ego* « ne peut être concret [...] que dans la diversité du flux de sa vie intentionnelle et des objets qui sont visés en elle et qui se constituent comme éventuellement existant pour elle »[554]. Ou encore, plus précisément :

> « Je suis pour moi-même original, je suis donné à moi-même *originaliter (originaliter)* d'après tout ce que je suis [...] cette conscience est précisément, en tant que conscience présente, une perception, et non pas une visée préalable [...]. Cela concerne mon être dans la vie intentionnelle, dans mon *ego cogito*, et cela concerne non seulement l'autoperception *(Selbstwahrnehmung)* de la vie, mais l'autoperception *(Selbsterfahrung)* en général. Mais, même le moi de l'habitualité et ce qui lui appartient à titre de corrélat, à titre de monde transcendant mais dont je fait l'expérience originale *(original)*, possède sa

[553] *Ibid.* p. 99.

[554] Husserl, *Méditations cartésiennes*, p. 115.

donation adéquate, originale au sens le plus complet. On ne peut plus imaginer, à propos de l'étant entendu en un tel sens, originalité *(Originalität)* plus grande »[555].

Or, cela veut dire que la subjectivité concrète ne peut être déterminée comme instance faisant expérience de soi et du monde, selon Husserl, que dans la mesure où les conditions *purement phénoménales* de sa subsistance sont également déterminées. Ces conditions se jouent, manifestement, entre *originarité* caractérisant la donation interne de la vie de la conscience et *originalité* désignant le mode de donation de ce qui est constitué à la fois de façon immédiate et externe à partir de cette vie, ou plus précisément, de sa configuration intentionnelle. La constitution parallèle de l'expérience égoïque et de celle du monde, qui définit le sens de la concrétude de la subjectivité, reste ainsi entièrement soumise aux lois de la « donation » en général. Du point de vue de leur constitution, il s'agit seulement d'une sorte de *changement d'échelle* phénoménal entre ces deux sphères ou, ce qui revient au même, d'un changement de modalité. Au fond, « originarité » et « originalité », comme modalités de la donation perceptive et pleinement concrète, désignent l'espace de jeu d'une constitution doublement articulée, donc fort complexe, dont l'analyse phénoménologique s'impose à Husserl comme une tâche aussi bien immense qu'indispensable[556].

---

555 Husserl, *Sur l'intersubjectivité*, tome I, p. 100. *Cf.* aussi, « il est clair que l'ego pris concrètement a un univers qui renferme ce qui est inséparable de son être apodictique. Cet univers est même une sphère originale *(originale Sphäre)*, dans laquelle il est pour lui-même *(für sich selbst ist)* et a un "monde", qui existe ex-clusivement à partir de lui et intentionnellement en lui, dans l'intentionnalité d'une donation de soi originale *(originalen Selbstgebung)* qui lui appartient exclusivement », Husserl, *Autour des* Méditations cartésiennes, p. 23.

556 Il suffit, peut-être, à cet égard de renvoyer à certaines analyses husserliennes effectuées entre 1925 et 1928 qui, en prenant pour sujet le « concept d'originalité *(Originalität)* », finissent par distinguer entre « originalité originaire *(Uroriginalität)* », nommée aussi « originalité primordinale » ainsi que originalité « secondaire » et « tertiaire » en y ajoutant tout de même c'est « la perception primordiale qui fonde *(fundiert)* toute autre perception », *Sur*

Or, la raison pour laquelle Husserl ne cesse de revenir à l'analyse propre de cette articulation phénoménale sous la forme de celle de la « primordialité » de l'*ego*, c'est que la mise en évidence du rapport chaque fois concrète entre originarité et originalité se pose, précisément, comme prémisse de toutes les analyses phénoménologiques portant sur les constitutions proprement transcendantes de l'horizon mondain, s'agissant de celle de la nature, de l'autrui et de l'objectivité. Comme Husserl l'affirme, la sphère primordiale nous révèle quelque chose comme une « couche unitaire » dont l'analyse ne fait en tout premier lieu que rendre visible la « couche fondamentale *(Grundschichte)* du phénomène transcendantal du monde en général »[557]. Ou encore, comme les disent les *Méditations cartésiennes*,

> « Cette couche unitaire a, en outre, ceci de distinct qu'elle est par essence la couche fondatrice *(fundierende)*, c'est-à-dire que je ne peux manifestement pas faire l'expérience de l'étranger *(Fremde)*, donc avoir le sens monde objectif comme sens d'expérience sans faire l'expérience effective de cette strate alors que ce n'est pas le cas de l'inverse »[558].

---

l'intersubjectivité, tome I, p. 110-111. Aussi, dans un texte de 1935, Husserl inventorie les modes de l' « originalité » de manière suivante : « Faire original, devenir original, venir à l'existence en agissant, œuvre originale – original en tant que configuration de buts, issue de mon but dans la formation originale. Originales sont mes propres intentions, qui sont des modifications par rapport à des possessions originales, en tant que modifications purement à partir de moi dans l'originalité *(Originalität)* du je-fais, du je-modifie, parmi quoi se trouvent également des modifications locales. Instruments originaux. Ce qui est mien au sens originel *(ursprünglichen)* », *ibid.* p. 246.

557 *Ibid.* p. 170.

558 Husserl, *Méditations cartésiennes*, p. 145. C'est ainsi que le fait que la primordialité, comme Husserl le dit, est une sphère *abstraitement* délimitée à l'intérieur de la sphère de l'expérience du monde, ne change rien en ce que son analyse touche une dimension fondamentale de la constitution transcendantale en général. De ce point de vue, il peut même affirmer que « la réduction primordiale, au lieu d'être une "abstraction" [...] est une *épochè* véritable relativement aux co-validités du point de vue de l'analyse des fondations de validité *(Geltungsfundierungen)*, lesquelles sont *eo ipso* des

En effet, on peut même dire que l'un des aspects les plus fondamentaux que le dévoilement de la subjectivité comme instance concrète tend à révéler chez Husserl, c'est que le monde, comme horizon universel de toutes les transcendances possibles, est aussi une totalité d'expérience *phénoménalement fondée*. Cela veut dire qu'aucune nécessité ne semble s'imposer de poser ou présupposer un fond de facticité ou purement ontique lorsqu'il s'agit de donner une explication de la constitution du monde en ensemble avec le comportement subjectif qui s'y rapporte. Le monde n'est rien d'autre en effet, dans sa structure primordiale, que l'*horizon original* des expériences actuelles et possibles dont les conditions principales sont données dans l'*effectivité originaire* de l'effectuation de ces expériences. Or, dans la mesure où l' « originalité » ainsi que les modes de donation qu'elle rend possible ne peuvent tout simplement pas être classées comme des effets ou des événements purement mondains, les conditions de l'expérience du monde doivent renvoyer à un horizon subjectif de l'expérience qui leur reste nécessairement préalable. Ainsi, bien qu'il ne s'agisse nullement de nier le caractère objectif ou intersubjectif de l'expérience mondaine en général chez Husserl[559], la *fondation ultime* de cette expérience dans la sphère d'apparition à la fois originaire et originale de la subjectivité y reste un rapport encore moins éliminable :

---

fondations *(Fundierun-gen)* de l'être mondain (de l'être pour moi) dans l'être-pour-moi qui les précède, dans l'être-pour-moi à partir de la validité », Husserl, *Sur l'intersubjectivité*, tome I, p. 186-187.

559 Husserl dit même que « tout ce qui est mondain est constitué intersubjectivement », auquel il ne manque pourtant pas d'ajouter que « la première constitution originaire *(ursprünglich)* du sens est celle qui se passe dans la sphère primordiale. C'est là que de manière fluctuante l'étant s'atteste de manière originaire avec son horizon interne et son horizon externe ouvert sur d'autres étants primordiaux. Ce mode selon lequel l'horizon contient une ouverture de sens pour la constitution est seulement la strate de base *(Unterlage)* pour la formation supérieure du sens au travers de l'intersubjectivité », Husserl, *Autour des* Méditations cartésiennes, p. 65-66.

« En dévoilant les fondations *(Fundierungen)* dans lesquelles le monde est pour moi, vaut pour moi, je me rends compte que mon être transcendantal propre, celui dans lequel je me constitue transcendentalement pour moi (sur la base *(auf Grund)* du flux de temporalisation originaire, je m'éprouve moi-même activement comme étant) temporalise l'être de tout ce qui est pour moi dans une temporalisation universelle qui est mienne. Explicité, cela veut dire : c'est dans mon être qui se fonde *(gründet)* mon monde primordial, et en lui l'être-pour-moi des autres, l'être-pour-eux de leurs mondes primordiaux ; et encore en cela l'être-pour-moi du monde identique en tant qu'étant le même, qui se présente dans son mode d'apparition comme mon monde primordial et les mondes primordiaux des autres »[560].

Il en ressort clairement que les recherches phénoméno-logiques qui sont menées par Husserl sous la perspective de la subjectivité concrète permettent d'interpréter plus subtilement le fait de la « transcendance » du monde par rapport à la vie subjective que celles qui s'occupent avec les problèmes généraux de l'intentionnalité. Tandis que, dans de nombreux cas, les analyses husserliennes se contentent de profiter de ce qui, de cette transcendance revient au plan de la conscience d'objet, de ses ramifications et modalités propres[561], le cadre phénoménologique prenant directement pour fil conducteur la subjectivité concrète de l'expérience du monde permet d'en dévoiler aussi les processus de « mondanéisation *(Verwelt-lichung)* »[562] comme modes de constitution propre au milieu mondain. Ces modes, grâce à leur structure fondative, comme Husserl ne manque pas de le remarquer, peuvent s'avérer même plus complexes que celles qui se dévoilent, à leur manière, dans l'explication des rapports intentionnels :

---

[560] Husserl, *Sur l'intersubjectivité*, tome I, p. 176.
[561] *Cf.* par exemple les analyses dans la *Logique formelle et logique transcendantal* de Husserl, p. 311-334.
[562] *Cf.* Husserl, *Méditations cartésiennes*, p. 148-149.

« la mondanéisation n'est pas une simple modification intentionnelle comme c'est le cas, par exemple, du re-souvenir. Il s'agit d'une édification fondatrice *(Fundierungsbau)* extrêmement compliquée d'intentionnalités par modification intentionnelle constante de tout de ce qui est déjà "édifié" »[563].

Or, ce qui donne l'un des aspects le plus fondamentaux de la complexité propre de la « mondanéisation » comme processus constitutif, c'est précisément le fait que la fondation du monde s'y effectue bien concrètement au travers de la phénoménalisation propre de la « chair ».

b) *La phénoménalité fondatrice de la chair*

Les analyses phénoménologiques qui prennent pour thème la problématique de la « chair *(Leib)* » en général ainsi que la question, intrinsèquement liée, de la corporéité psychique et physique, ne sont nullement l'aboutissement des réflexions qui portent sur le caractère « concret » de la subjectivité transcendantale chez Husserl. En fait, il analyse déjà, systématiquement et extensivement, ces problématiques dans son cours de 1907 intitulé *Chose et espace* et aussi dans le deuxième volume des *Idées*[564]. Toutefois, ce qui est manifestement modifié dans les analyses de la chair et du corps, effectuées sous le signe de la « mondanéisation », par rapport à celles qui traitaient précédemment du même sujet, c'est que Husserl voit différemment, pour ainsi dire, la *situation constitutive* à partir de laquelle les phénomènes de la corporéité et de la corporéité vivante sont à exposer ainsi que préciser. Au lieu, donc, de démontrer comment la « localité » de la chair et l'intentionnalité tout à fait particulière

---

563 Husserl, *Sur l'intersubjectivité*, tome I, p. 219.

564 *Cf.* Husserl, *Chose et espace*, p. 188-311. ; Husserl, *Idées II*, p. 205-241.

des mouvements « kinesthésiques » contribuent à la constitution des objets externes et même à la constitution du monde comme nature, la nouvelle perspective husserlienne s'efforce de prendre en compte la façon dont la subjectivité se constitue concrètement au milieu de sa propre présence charnelle, en rendant possible la constitution du monde en fonction de sa propre phénoménalisation. Autrement dit, au lieu de s'interroger simplement sur les particularités de l'« objectité subjective »[565] du corps propre, les nouvelles analyses de Husserl prennent pour point de départ le fait que « le monde est constitué de telle sorte que le moi fait son entrée dans le monde lui-même comme incarné *(verleiblicht)* »[566]. Ou bien, elles établissent tout d'abord que

> « la structure égoïque et, ne faisant qu'un avec elle, sa vie constituante, les apparitions elles-mêmes et les *onta* relatifs, dans sa plénitude transcendantale tout entière, tout cela se mondanéise *(verweltlicht sich)*, c'est-à-dire que la subjectivité transcendantale s'incarne *(verleiblicht sich)* »[567].

Or, Husserl rend tout à fait clair le fait, ce qui est précisément le point de départ de son analyse phénoménologique, que l'incarnation n'est rien d'autre que « donation », et avant tout une *donation originaire*. Déjà, les analyses des *Idées II* font allusion au fait que la constitution de la chair est impensable sans un « soubassement hylétique » au milieu duquel les « impressions sensibles *(Empfindnisse)* » envahissent et remplissent pleinement celle-là « de façon intuitive immédiate »[568]. Cette thèse est mise en évidence également dans les recherches ultérieures : « Le corps vivant *(Leib)* est le lieu des sensibilités ou des sensations, elles apparaissent sur lui et en lui, distribuées de façon plus ou moins différenciée, distribuées selon le lieu,

---

565 Husserl, *Idées II*, p. 216.
566 Husserl, *Autour des* Méditations cartésiennes, p. 244.
567 *Ibid.* p. 247.
568 Husserl, *Idées II*, p. 216.

localisées, en partie quasiment étendues »[569]. En ce sens, les sensibilités charnelles conditionnent la chair sous la forme d'une donation « affective » et supposent d'être constituées à leur tour de façon passive[570]. Cependant, ce mode de donation hylétique n'est assurément pas la seule donation originaire qui intervienne dans la constitution de l'unité de la chair. Car, de façon générale, on peut sans doute dire qu'il n'y a pas d'affection qui ne présupposerait pas nécessairement un mode d' « action » correspondant, au moyen duquel l'affection puisse précisément s'attester comme effectuation constitutive. C'est ainsi que Husserl reconnaît d'emblée dans les « sensations de mouvement »[571] ou « kinesthésiques » les fonctions qui rendent constitutive, de façon tout à fait originaire, l'affectivité charnelle elle-même: « les actes de sensation », affirme-t-il, « se présentent accompagnés par des séries de sensations kinesthésiques et motivés par elles dans leur dépendance »[572]. Ce sont, autrement dit, les « data kinesthésiques » qui témoignent de la configuration originaire de la chair dans la mesure où ils mettent en évidence les conditions primitives de sa « libre mobilité »[573]. Ces conditions marquent alors le champ de l'expérience immédiatement charnelle en ce qu'elles y constituent une espace des « mouvements internes » lequel n'est précisément autre que le champ d'effectuation d'un « règne égoïque *(ichliche Walten)* » accompagnant intimement à toute mise en mouvement de l'expérience externe[574]. Ainsi, on peut dire que la donation

569 Husserl, *Autour des* Méditations cartésiennes, p. 296.

570 *Cf.* I. Yamaguchi, *Passive Synthesis und Intersubjektivität bei Edmund Husserl*, M. Nijhoff, Den Haag, 1982, pp. 70-73., 107-117.

571 Husserl, *De la synthèse passive*, p. 104.

572 Husserl, *Idées II*, p. 92.

573 Husserl, *Sur l'intersubjectivité*, tome I, p. 72.

574 Husserl, *Autour des* Méditations cartésiennes, p. 233-234. *Cf.* aussi « Mon mouvement subjectif me conduit dans chaque espace externe, de telle sorte que les choses là-bas deviennent pour moi des choses proches et entourent alors dans l'espace proche ma chair "absolument proche", fournissent précisément, comme ne faisant qu'un avec elle, le champ proche, tout à la fois visuel et tactile. Chaque mouvement d'une chose externe qui je vois, possède son pendant dans un mouvement subjectif possible, en lequel je

originaire de la chair n'est véritablement *auto-affective*, selon Husserl, qu'à la condition d'y être également éprouvée de manière *auto-effective*, c'est-à-dire d'être constituée sous la forme de dispositions subjectives qui transcendent originairement les limites de cette donation[575].

Or, l'effectivité propre de la chair s'éprouve d'autant plus qu'elle tend aussi à apparaître, d'une manière analogue à tout objet mondain possible, en tant qu'objet de la perception externe. Husserl ne cesse de souligner que même la possibilité de l'opération kinesthésique présuppose que la chair soit en quelque sorte « spatialisée », c'est-à-dire qu'elle apparaisse selon des « mouvements spatiaux » dont le mode de donation ne se réfère plus tout simplement à des mouvements internes[576]. Elle doit y apparaître, au contraire, dans la perception externe en tant qu'un « corps *(Körper)* » situé parmi les autres corps, bien que son apparition en soit tout à fait distincte en ce qu'elle reste liée, de façon « associative », à la donation interne de l'opérativité kinesthésique[577]. Cela veut dire que la chair tend à instaurer, par son apparaître, un *milieu proprement phénoménal* au sein duquel les modes et les niveaux de donation différents se conditionnent l'un l'autre en se rapportant au même champ de

---

"parcours" subjectivement le même espace moteur », Husserl, *Sur l'intersubjectivité*, tome I, p. 126.

575 On a remarqué que Husserl cherche à définir également, dans certains manuscrits tardifs, « le hylé kinesthésique » comme ce qui appartient immédiatement à la couche de la constitution « pulsionnelle » et à ce titre celui-là est rangé comme moment de l'auto-affection pure au sein de l'expérience charnelle. *Cf.* I. Yamaguchi, *Passive Synthesis und Intersubjektivität bei Edmund Husserl*, *op. cit.* p. 117., et N. Depraz, *Lucidité du corps*, Kluwer, Dordrecht/Boston/London, 2001, p. 8-9.

576 *Cf.* « Le corps vivant est constitué de telle manière que l'on fait expérience de ses membres comme corps spatiaux, se présentant comme choses extérieures dans les apparitions perceptives. Mais, "localisée" dans chaque membre, sa kinesthèse est donnée d'une certaine manière comme ne faisant qu'un avec sa situation spatiale (dans l'orientation) », Husserl, *Autour des* Méditations cartésiennes, p. 255.

577 *Ibid.* p. 208.

l'expérience. Ce milieu consiste en une sorte d'acquisition subjective constamment originaire :

> « Parmi toutes les choses spatiales de ma sphère pratique universelle, "ma chair" est ce qu'il y a de plus originellement *(ursprünglichst)* mien, ce qui m'est originellement propre et qui m'est constamment propre, ce qui est constamment à ma disposition, et ce qu'il y a de plus originel *(das Ursprünglichste)* : elle est la seule à bénéficier d'une telle immédiateté »[578].

Mais, Husserl rend également comte du fait que la chair est pourvue, et du même coup, d'un mode d'apparition qui la fait apparaître comme objet donné en mode originel au moyen duquel elle se trouve *rapportée*, précisément, comme « chose » à la sphère originelle de la subjectivité.

> « Ma chair, c'est cette chose *(Ding)* donnée sur un mode original *(original)* dans ses propriétés constitutives, que je meus sur un mode original, qui dans tous les "mouvements" qui sont en tant que tels les siens et dans toutes les autres transformations, perdure en tant qu'unité existant pour moi sur un mode original, et qui possède pour moi le caractère d'une autodonnée, d'un substrat de quelque chose qui est effectivement, possiblement (et selon une possibilité effective) donné pour moi sur un mode original »[579].

C'est ainsi que Husserl n'hésite pas à reconnaître dans la donation de la chair un champ de constitution à partir duquel non seulement l'originarité subjective en tant que telle, mais aussi les repères les plus archaïques de l'objectivation peuvent

---

578 Husserl, *Sur l'intersubjectivité*, tome I, p. 74. *Cf.* aussi : « La donnée originelle *(ursprüngliche)* d'une chair ne peut être que la donnée originelle mienne et d'aucune autre chair. L'aperception de "ma chair" est de façon originaire-ment essentielle *(urwesentlich)* la première, et la seule à être entièrement originale *(originale)* », *ibid.* p. 67.

579 *Ibid.* p. 246. *Cf.* aussi : « dans la sphère originale de l'expérience, ma chair est constituée, quoique de façon limitée, comme une autre chose corporelle à titre de chair corporelle *(Körperleib)* visuelle et tactile », *ibid.* p. 125.

être mis à nu. En fait, ce que la constitution de la chair démontre à cet égard, c'est que l'objectivation proprement dite, c'est-à-dire l'apparition spatiale ainsi que celle de la nature comme couche mondaine tout première, est d'une certaine manière conditionnée par un mode d'apparition qui ne caractérise en effet que la subjectivité concrète. Ce qui signifie que la constitution charnelle renferme en elle-même une telle configuration phénoménale en vertu de laquelle l'*originalité* de la donation externe s'avère être un effet immédiat de l'*originarité* de l'auto-apparition interne. Il y a donc une sorte d'*accumulation phénoménale* au sein de la donation propre de la chair, qui fait qu'une objectivation spécifique peut venir s'y constituer, ce qui ne signifie pas que celle-ci soit une apparition charnelle à part entière, mais plutôt que dans son objectivation elle reste tout de même inséparablement liée à une telle apparition :

> « Ma chair est donc pour moi une configuration particulière, tout à fait propre, subjective-objective, non pas une chose parmi d'autres, un en-soi (au sens d'un « en-soi » intuitif, d'une chose spatiale intuitive, d'un en-soi déjà purement constitué de façon solipsiste), mais une unité remarquable et fermement circonscrite, par ailleurs analogue, à vrai dire aux choses, mais dans les modes d'apparition qu'elle autorise étant ma chair. Cette unité porte en soi, dans l'objectivation spécifique et *venant en sus (hinzutretenden)*, laquelle exige l'assimilation complète de la chair à d'autres choses corporelle physique dans les enchaînements de la causalité physique, une chose corporelle physique qui n'est donc pas constituée d'emblée avec la donation de la chair »[580].

On comprend ainsi que si Husserl peut qualifier le problème de la constitution du côté *physique* de la chair comme un « problème fondamental *(Fundamentalproblem)* qu'il faut penser à partir du fondement *(vom Grund)* »[581], ce n'est pas seulement

580 *Ibid.* p. 66.

581 Husserl, *Zur Phänomenologie der Intersubjektivität. Texte aus dem Nachlass. Zweiter Teil (1921-1928)*, Hua. XIV, M. Nijhoff, La Haye, 1973. p. 77., (texte

parce qu'à partir d'ici la question de la perception spécifiquement charnelle est susceptible être d'autant mieux clarifiée. C'est sans doute également parce que la chair, en vertu du mode de constitution qui lui est propre, bénéficie d'une position fondatrice parmi les autres objets possibles dans la mesure où son objectivation est pourvue d'une telle donation qui n'est pas seulement *constituée*, mais s'avère bel et bien être en elle-même *constitutive*. Si bien qu'on peut même dire que la chair se présente comme une sorte d'*objet constitutif* dans l'horizon mondain au sens que c'est moyennant sa donation que tous les autres objets sont en mesure de venir à se donner dans leur originalité. Ce qui veut dire que « la chair est objectivement antérieure à tout ce qui est objectif »[582]. Or, Husserl met tout d'abord en évidence cette fonction constitutive « objective » en ce qui concerne la sphère originale, voire primordiale de la subjectivité : « Chaque autre chose de ma sphère originale est là pour moi, de telle sorte que je possède son substrat *(Bestand)* original, mais *via (vermittels)* ma chair et son originalité *(Originalität)*, *via* ses kinesthèses originales, que je mets en jeu en regardant, en entendant, etc. »[583]. De la même manière, c'est précisément cette originalité « médiatrice » qui fait que la chair peut jouer aussi un rôle tout à fait central dans la constitution de la sphère des objets mondains en général :

---

de 1921), cité par D. Franck, *Chair et corps. Sur la phénoménologie de Husserl*, Minuit, Paris, 1981, p. 98. Husserl semble pourtant pouvoir donner, à peu près dans la même période, une réponse à ce problème : « « Le stade le plus bas du psychique est ce qui est somatologiquement psychique, ce qui est directement incarné, ce qui est directement animant et dont on fait l'expérience comme ne faisant qu'un avec ce qui est physique », Husserl, *Psychologie phénoménologique*, p. 126. Il est clair, par ailleurs, que le problème phénoménologique du rapport « psychophysique » comme rapport de donation reste l'un des points névralgiques de la théorie husserlienne de la corporéité vivante. Voir à cet égard les analyses de D. Franck, *op. cit.*, p. 97-100., et celles de James Dodd, *Idealism and Corporeity. An essay on the Problem of the Body in Husserl's Phenomenology*, Kluwer, Dordrecht/Boston/London, 1997, pp. 64-74.

582 Husserl, *Sur l'intersubjectivité*, tome II, p. 384.

583 *Ibid.*, tome I, p. 247.

« la chair est à proprement parler et diversement le point central, l'objet situé au centre. Je le possède comme fonctionnant au centre et, quoiqu'il soit déjà lui-même un objet (vis-à-vis de moi), il devient le centre fonctionnel de tous les autres objets, pour toutes mes fonctions relativement à eux : *ce depuis quoi* et *par quoi* j'accède à titre de moyen à tous les autres objets, me les approprie, configure mes desseins »[584].

Husserl nous montre ainsi que la phénoménalité de la chair, en vertu de sa constitution doublement articulée selon ses modes originaires et originels, met en effet en œuvre trois *formes de fondation* à l'intérieur de la sphère primordiale de la subjectivité concrète. Ces formes correspondent à trois couches différentes de la mondanéisation à travers lesquelles cette subjectivité fait son « entrée » au monde tout en constituant ce dernier. La *première* fondation est celle qui correspond à l'*auto-apparition charnelle* de l'*ego*, c'est-à-dire au moment où la chair devient « une transcendance fondée *(begründete)* de manière immanente »[585]. Cela signifie qu'à partir de son apparition kinesthésique, l'*ego* fait l'expérience, non seulement de son appartenance originaire à sa chair, c'est-à-dire qu'il est « fondé charnellement »[586], mais aussi de sa propre *extériorité* qui est donnée à travers l'aperception originelle de cette dernière comme corps de la nature. Ainsi, dit Husserl, l' « auto-perception » de la chair se sert « d'une part en tant que fondement *(Fundament)* de l'aperception charnelle *(Leib)*, d'autre part en tant que fondement de l'aperception corporelle-charnelle *(Leibkörper)* »[587]. Au fond, ce que cette fondation interne à la donation de la chair révèle en tout premier lieu, c'est la manière selon laquelle la subjectivité s'incorpore originellement au monde. Husserl

---

584 *Ibid.* p. 75.

585 *Ibid.* tome II, p. 510.

586 *Ibid.* tome I, p. 52. *Cf.* aussi, « La conscience est dépendante de la chair. Cela signifie pourtant seulement que je ne pourrais sentir, me souvenir, penser, etc. sans que la chair remplisse pour cela certaines conditions », *ibid.*, tome II, p. 436.

587 *Ibid.* p. 73.

appelle par ailleurs l'« auto-constitution de l'*ego* en tant qu'être spatialisé »[588] ce mode de constitution dont le corrélat mondain peut être circonscrit abstraitement sous la forme d'une « nature première en soi », c'est-à-dire appartenant en propre à l'ego sans avoir encore des attributs proprement objectifs[589].

Aussi, la donation de la chair s'avère être fondatrice en un *deuxième* sens puisque seule son apparition extériorisée peut permettre que l'*ego* concret puisse se rapporter effectivement, c'est-à-dire dans le mouvement et dans le « faire », aux objets mondains de son champ d'expérience originelle. Cette fondation est ainsi la *condition ultime de la mondanéisation* de sorte que la donation kinesthésique, comme Husserl le dit, joue le rôle du « fondement originaire *(Urgrund)* » à partir duquel « tout réal chosique du monde environnant de l'*ego* a son rapport au corps propre »[590]. Or, dans la mesure où toute apparition objective, c'est-à-dire apparition issue d'une appropriation primordiale originelle, présuppose la mise en rapport préalable avec la donation objectivée de la chair, Husserl peut soutenir l'idée selon laquelle l'objectivité de la chair est le fondement *(Fundament)* de toute objectivité en général :

> « L'objectivité de la chair est le fondement de l'objectivité. L'objectivité possède son ordre de l'antérieur et du postérieur, déjà fondé *(begründet)* dans l'ordre ontologique de la primordialité, à titre d'ordre issu de la fonction constituante. La chair est antérieure à la réalité corporelle qui existe extérieurement à la chair, et la corporéité, quoiqu'elle englobe dans le monde objectif un simple soubassement de déter-

---

588 Husserl, *Logique formelle et logique transcendantale*, p. 320.

589 *Cf.* « une nature première en soi *(an sich ersten Nature)* qui n'est pas encore nature objective, dont la spatio-temporalité n'est pas encore spatio-temporalité objective, en d'autres termes, qui n'a pas encore les traits constitutifs provenant d'autrui déjà constitué », *ibid.* p. 322-323., et aussi, Husserl, *Méditations cartésiennes*, p. 145-146.

590 Husserl,*Idées II*, p. 92.

minations, est antérieure à la couche de déterminations qui se nomme l'esprit objectif »[591].

Enfin, la *troisième* forme de fondation instaurée par la phénoménalité de la chair renvoie directement à la *mondanéisation intersubjective.* À cet égard, Husserl explique non seulement que la subjectivité concrète n'est pas pensable sans le rapport à autrui, mais que ce rapport s'établit principalement à partir du niveau de la constitution charnelle. En effet, c'est bien l'auto-apparition de la chair sous sa forme corporelle et externe qui fait que l'*ego* concret puisse reconnaître d'emblée, à travers l'apperception analogisante, la corporéité de l'autre sujet comme susceptible d'être doué des caractères égoïques identiques aux siens. Or, si Husserl peut définir cette type d'aperception comme étant l'indice d'une « archi-fondation *(Urstiftung)* »[592], c'est précisément parce que sur ce point, comme il l'explique, « la constitution de la chair comme chose spatiale est [...] le fondement *(Fundament)* de l'apperception médiatrice d'une autre chair étrangère »[593]. Ou encore, plus précisément,

> « La perception d'un corps organique étranger *(fremdleibliche)*, d'après sa propre essence, est [...] une perception par interprétation originaire. Cette originarité *(Ursprünglichkeit)* est fondée *(gegründet)* dans son indissociable référence à ma propre corporéité primordiale *(Urleiblichkeit)*, en laquelle j'ai l'expérience vécue originaire *(Urerleben)* d'une incarnation d'un être subjectif se manifestant comme chose »[594].

Ce qui veut dire, en somme, que nul rapport emphatisant ne peut s'établir entre l'*ego* concret et l'autrui au niveau mondain sans que la phénoménalité originaire de la chair, accompagnée intimement par son apparition originale comme corps, n'y soit préalablement intervenue. Et cela sous un mode

---

591 Husserl, *Sur l'intersubjectivité*, tome II, p. 385.

592 Husserl, *Méditations cartésiennes*, p. 161.

593 Husserl, *Sur l'intersubjectivité*, tome I, p. 126., note 1.

594 Husserl, *Philosophie première II*, p. 87.

qui, comme le souligne Husserl, est tel qu'il est « naturellement fondateur *(natürlich Grundlegend)* »[595].

c) *La monade : une instance phénoménale*

Le fait que lorsqu'il interroge la dimension « monadologique » de la subjectivité transcendantale, Husserl considère souvent être arrivé aux résultats « métaphysiques », ne signifie nullement qu'il cherche à remettre en chantier ses doctrines philosophiques en dehors du terrain de la phénoménologie. En fait, ce qui peut être dit comme étant de nature métaphysique dans ces résultats, c'est seulement leur orientation philosophique dans la mesure où, comme Husserl le souligne, ils visent « les ultimes connaissances sur ce qui est *(letzte Seinserkenntnisse)* »[596]. Cela signifie qu'il ne s'agit point, dans le recours phénoménologique aux monades, de considérer ces dernières comme « des inventions ou des hypothèses métaphysiques » ou de mettre en valeur comme prémisse, à leur propos, une sorte de « structure sous-jacente *(Substruktion)* d'ordre métaphysique »[597]. Au contraire, la définition de la monade doit être puisée dans le mode de démonstration propre à la phénoménologie, c'est-à-dire de l' « interprétation phénoménologique de l'expérience transcendantale » qui, en se déroulant au sein des analyses fondées par l'intuition pure, « ne ressemble en rien à une construction métaphysique »[598]. Aussi ne s'agit-il pas, dans la doctrine phénoménologique de la monadologie, de s'appuyer

---

595 Husserl, *Autour des* Méditations cartésiennes, p. 26. Sur la question de la fondation du rapport de l'« empathie *(Einfühlung)* » par la constitution charnelle chez Husserl, *Cf.* aussi, *Logique formelle et logique transcendantal*, p. 321. ; *Méditations cartésiennes*, pp. 164., 167. ; *Sur l'intersubjectivité*, tome II, pp. 525., 553-554., 563., 568-569. ; et *Crise*, p. 245.

596 Husserl, *Méditations cartésiennes*, p. 189.

597 *Ibid.* p. 157.

598 Husserl, *Autour des* Méditations cartésiennes, p. 35.

tout simplement sur une « catégorie ontologique fondamentale » afin de rendre compte de la façon dont la subjectivité en tant qu'unité intime du temps, de la vie et de la pensée peut advenir à soi-même en se constituant dans son originalité singulière[599]. Dans la mesure où, selon la doctrine propre de Husserl, il n'y a pas d'« être » sans un mode de donation correspondant, la question de l'*être ultime* de la subjectivité doit sans doute rester soumise à celle de la *phénomé-nalité ultime* dans laquelle ce premier doit d'abord originairement constitué.

C'est ainsi que la problématique phénoménologique des monades, nonobstant ses références à certains aspects de la pensée leibnizienne, se déploie principalement chez Husserl sous l'horizon de la problématique de la constitution transcendantale[600]. Pour l'aborder, il faut suivre l'ordre interne de cette constitution en considérant précisément comme fondement du domaine de l'« *ego* pris dans sa pleine concrétion » : cela permet d'aboutir à la définition phénoménologique de la *monade* comme *ego* vivant dans « la diversité du flux de sa vie intentionnelle et des objets qui sont visés en elle et qui se constituent comme éventuellement existant pour elle »[601]. C'est à partir de ce domaine que ressortent alors les horizons subséquents de la problématique de la constitution monadique en général : d'un côté, l'horizon de la constitution mondaine, de l'autre, entrelacé avec ce dernier, celui de la constitution intersubjective. Dans un texte daté de 1921 où Husserl s'efforce de déterminer en ensemble les traits principaux de la subjectivité monadique et les problèmes que ces derniers sou-lèvent dans le

599 Pour une telle théorie, avec des références occasionnelles et critiques à Husserl, *Cf.* W. Cramer, *Die Monade. Das philosophische Problem von Ursprung*, Kolhammer, Stuttgart, 1954, et Cramer, *Grunglegung einer Theorie des Geistes*, Klostermann, Frankfurt, 1957.

600 Pour une analyse fouillée de la monadologie husserlienne qui tient également compte de l'impulsion leibnizienne, *Cf.* N. Depraz, *Transcendance et incarnation. Le statut de l'intersubjectivité comme altérité à soi chez Husserl*, Vrin, Paris, 1995, p. 314-329.

601 Husserl, *Méditations cartésiennes*, p. 115.

cadre de la phénoménologie statique et génétique, il opère nettement une distinction entre ces trois ordres de question :

> « Quels sont les problèmes qui motivent ici l'ensemble de l'étude. Il me faut distinguer les questions :
> 1/ Qu'est-ce qui appartient à la possibilité d'une monade, à son être propre en termes de possibilités idéales et de nécessités ?
> 2/ Qu'est-ce qui appartient à une monade qui doit pouvoir constituer une nature ?
> 3/ Qu'est-ce qui appartient à une monade, qui doit s'être donnée d'autres monades, qui doit pouvoir connaître et faire l'expérience d'une pluralité de monades comme coexistantes, et qu'est-ce qui appartient à ces monades elles-mêmes si elles doivent pouvoir être en relation ? »[602].

Cela signifie, clairement, que sous le signe de la détermination monadique de la subjectivité, ce n'est pas seulement la question de l'unité individuelle de l'*ego* ou celle de ses rapports intersubjectifs possibles qu'il faut poser. Il fait aussi que soient largement considérés sur ce plan tous les aspects de la problématique de la constitution en général. De sorte que la dimension monadologique renferme en elle-même chacune des scènes principales de la constitution transcendantale – égoïque, mondaine, intersubjective – tout en permettant de déployer leur analyse sur le même horizon phénoménologique. Il est tout à fait significatif à cet égard que pour aborder l'analyse de la constitution monadique dans tout son ampleur, Husserl prend pour point de départ, selon le texte cité ci-dessus, ce qu'il appelle la « phénoménologie des “phénomènes” possibles », c'est-à-dire la phénoménologie « des enchaînements phénoménaux et de leurs opérations constitutives, qui peuvent survenir dans des monades en général »[603]. Or, poser ainsi le problème de la constitution monadique revient à mettre en évidence non seulement le fait que l'horizon monadologique reste étroitement

---

602 Husserl, *Sur l'intersubjectivité*, tome II, p. 488.
603 *Ibid.* p. 482.

lié à la constitution phénoménale propre à l'être de la subjectivité transcendantale, mais aussi le fait que les lois génétiques et les formes statiques permettant l'élévation de cette constitution jusqu'à la formation des rapports intersubjectifs et du milieu mondain ne s'expliquent, en dernière instance, qu'en tant que *fondations* issues des effectuations de cette phénoménalisation. En ce sens, on pourrait même dire que la monadologie husserlienne est édifiée sur le modèle d'une telle *ontologie phénoménale* au sein de laquelle les modes d'individuation, aussi bien subjectifs qu'objectifs, sont déterminés intrinsèquement par les effets des « apparitions » et n'est nullement sur la base des propriétés innées aux substrats ontiques simplement posés ou présupposés.

Cela explique pourquoi les déterminations ontologisantes de la monade, comme celle de la « subsistance par soi-même *(Selbstbeständ)* »[604] ou celle de l'être « absolu en soi et pour soi » formé comme « individu concret indécomposable »[605], remontent à leur tour à certaines déterminations qui ont des *conditions phénoménales autosuffisantes* pour base. Comme Husserl ne cesse de le souligner, la monade possède son unité ainsi que son individualité sous la forme de sa temporalité immanente dont la constitution originaire ne renvoie pas au-delà d'elle-même, c'est-à-dire, par exemple, à un substrat ontique quelconque :

> « une monade possède son être *(Sein)* temporellement étendue à partir de sa temporalisation *(Zeitigung)* propre permanente et subsistante, temporalisation qu'elle est elle-même au sens premier et plus propre. Étant temporalisée pour elle-même et par elle-même, elle n'est rien de moins qu'un analogon d'un monde de choses »[606].

---

[604] Husserl, *Problèmes fondamentaux de la phénoménologie*, p. 274.

[605] Husserl, *Sur l'intersubjectivité*, tome II, p. 556-557.

[606] *Ibid.* p. 556. *Cf.* aussi « A travers la temporalité monadiquement immanente est donc bien donnée une forme de l'individuation, mais de telle sorte que la monade est en tant qu'individu concret indécomposable en individus

De cette manière, l'analyse monadologique chez Husserl ne peut, au sens strict, prendre pour base que le niveau de l'*auto-constitution* de la subjectivité transcendantale lui-même. Ce sont précisément les lois génétiques de la temporalisation qui déterminent en premier lieu la « formation » dont il s'agit ici dans la mesure où elles fournissent un « enchaînement de nécessités » qui traverse de façon immanente l'ensemble des unités propres à la vie subjective[607]. Ceci montre que Husserl ne peut même circonscrire le champ monadique de la subjectivité comme champ d'individuation qu'en ayant recours directement à la problématique de la constitution temporelle. La « monade » sera ainsi définie d'emblée à partir de la condition de *l'originarité* et de la *modification de l'originarié* du flux de la temporalité qui rend possible, grâce à sa propre continuité auto-constitutive, l'*unification* de tous les vécus sous la forme d'une conscience interne persistante. En fait, au niveau de cette constitution pure, c'est bien le pouvoir unificateur de la *continuité* de la genèse temporelle qui fournit la première condition de l'individuation. La subjectivité ne peut recevoir donc une forme monadique qu'en se fondant immédiatement en cette effectuation phénoménale qu'est la temporalisation originaire de la conscience, et c'est de cette dernière qu'elle puise sa forme *ontologique* immanente ainsi que son caractère pleinement *concret* :

> « assurément, d'après l'étude de la conscience constituant le temps interne et constituant tous les vécus comme unités du temps immanent, nous devrons distinguer : 1/ la continuité de la conscience interne qui possède sa forme propre, qui est originairement temporalisante à l'égard de la constitution du temps immanent ; 2/ la continuité des vécus qui sont conscients de façon interne, en tant que continuité de la vie de la conscience qui s'écoule à travers la forme temporelle imma-

---

concrets, infragmentable, et son temps est rempli phase après phase de phases concrètes, indivisibles, infragmentables », *ibid.* p. 557.

[607] *Cf.* « dans la monade, il y a une unité rempli temporellement, dans laquelle un enchaînement de nécessités traverse l'ensemble des unités tem-porelles complètes comme un enchaînement de la genèse », *ibid.* p. 460.

nente ; et d'après cela, la monade dans sa forme dernière *(Urgestalt)*, absolue ou originaire, et la monade en tant qu'unité du "sens interne", en tant qu'unité constituée dans la forme du temps immanent. En ce sens, la monade a son type de vérité ontologique, absolue et immanente, et son type de caractère concret »[608].

Néanmoins, il est également important de voir que même ce qui est décrite par Husserl comme une « propriété incomparable d'un flux monadique », à savoir que le flux unitaire est nécessairement pourvu d'une « polarisation égoïque »[609] ne semble être rien de plus, en son fondement, qu'un élément au sein du processus d'individuation phénoménale de la subjectivité. Car, comme on l'a déjà vu, sans un champ temporel constitué originairement selon les lois de la genèse, nul *ego* ne pourrait s'individuer de façon concrète comme sujet d'affectivités et d'activités. Ainsi, pour rendre compte de la polarisation du flux monadique, il y a deux possibilités : l'*ego* est ou bien compris selon sa *fonction pure* en tant que « pôle », c'est-à-dire comme moi qui « n'est rien d'autre que le pôle sans qualités d'actes et reçoit toutes les déterminations de cette polarité »[610], et ainsi la genèse de son individuation n'est-elle pas discernable de celle du flux phénoménal lui-même. Ou bien, il est pris comme *sujet d'expérience* qui a le pouvoir de se rapporter à sa propre vie subjective, et ainsi son individuation présuppose bel et bien la constitution temporelle. Or, dans la détermination des caractères principaux du « flux monadique », Husserl établit une

---

608 *Ibid.* p. 499.

609 *Cf.* « C'est la propriété incomparable d'un flux monadique (que l'on ne peut comparer avec tous les "flux" à proprement parler, avec tous les objets en général, lesquels de leur côté ne sont imaginables qu'en tant que constitués dans des monades) de n'être et de ne pouvoir être qu'avec une polarisation égoïque. Conformément à celle-ci, chaque "conscience" dans une monade (dans cet ensemble d'une conscience multiple cohérente, qui est elle-même une conscience unique) ne peut être qu'à titre de conscience du "même" moi, d'un moi absolument identique », *ibid.* p. 474.

610 *Ibid.* p. 494.

distinction nette entre ces deux sens du « pôle » attachés intimement au même fonctionnement subjectif :

> « Il faut toujours faire le départ entre le pôle originairement vivant *(urlebendige Pol)* dans l'acte originairement vivant (lequel, existant, ce qui signifie opérant, institue un présent pour lui, mais ne signifie pas lui-même un présent *(Gegenwart)*, un maintenant qui se trouve face de lui) et le pôle devenu un vis-à-vis et n'étant plus, en tant que tel, vivant, pôle qui est là pour un nouveau pôle originairement vivant : mais le nouveau pôle est pourtant le même pôle, absolument identique dans un fonctionnement nouveau originairement vivant. Le moi est un centre fonctionnel qui peut à chaque instant être le centre fonctionnel d'une fonction, qui peut prendre pour thème le même moi, "soi-même" en tant que centre fonctionnant ou ayant fonctionné de telle ou telle manière »[611].

C'est ainsi que bien que le moi soit toujours présent comme pôle au sein de son flux de vécus, et qu'à ce titre il s'avère y être un élément inéliminable, son *individuation égoïque* est plutôt l'effet de l'*individuation monadique* de ce flux que son origine. Au fond, l'individuation propre de l'*ego* présuppose qu'il soit concret dans son fonctionnement, c'est-à-dire qu'il puisse être rapporté à sa vie de conscience à travers les divers modes de l'activité et de l'affectivité. Mais, de cette manière, c'est bien sa propre vie opérante qui doit lui servir de milieu d'individuation laquelle porte, à sa manière, en elle-même son unité sous la forme d'une cohérence phénoménale constituée originairement comme flux. En cherchant à définir la « vie monadique » comme « unité de la vie universelle dans le vivre »[612], Husserl caractérise précisément cette dualité comme deux niveaux distincts, mais inséparable de la vie du moi :

---

611 *Ibid.* p. 476.
612 *Ibid.* p. 498.

« Nous possédons par là un double concept de la vie du moi : 1/ la conscience universelle du moi avec son flux de vécus ; elle est la vie dans laquelle le moi vit constamment, le milieu *(Medium)* intentionnel à travers lequel il exerce des activités ou fait l'expérience d'affections et, ce faisant, il enrichit ce milieu de nouveaux vécus*. 2/ L'agir multiple et l'être affecté lui-même, la vie de la participation égoïque, qui entre en scène en tant que moi, qui enrichit le flux de vécus par l'action et la passion s'accomplissant elles-mêmes "dans le moi" (quoique ce soit au travers de moments de ce milieu général) »[613].

Il semble bien qu'en établissant ces distinctions fondamentales, respectivement entre *formes d'individuation* de la conscience, *modes de polarisation* égoïque et *niveaux de vie* du moi, c'est d'un seul et même aspect de la constitution monadique de la subjectivité transcendantale que Husserl cherche à rendre compte : à savoir que, au sein de cette constitution, les formations, scissions et ramification conduisant à l'individuation pleine de la vie subjective procèdent d'une effectuation purement phénoménale, fondée par la temporalisation, par laquelle la subjectivité engendre, de manière originaire, sa propre cohérence concrète. En fait, lorsque Husserl tend à faire une distinction, dans un texte daté de 1925, entre « monade originairement vivante *(urlebendige Monade)* » et « monade phénoménale immanente *(phänomenalen immanenten Monade)* »[614], c'est pour montrer

* Note de Husserl en marge : « A cette vie universelle n'appartient aucun objet, pas même les objets immanents, la *hylé*, si ce n'est que cette objectivité immanente appartient essentiellement à la vie comme corrélat ».

613 *Ibid.*

614 *Cf.* « il y a une unité de la genèse dans le temps immanent et une unité, constituée en elle, de la monade constituée temporellement pour elle-même. Celle-ci doit être interprétée en faisant retour à la monade originairement vivante, dont l'être absolu se trouve dans un flux divers en lequel se constitue le phénomène immanent du temps immanent rempli, de la monade phénoménale immanente ? L'étude de l'individuation de la monade porte alors sur les deux, sur l'individuation de la monade constituée de façon immanente et, moyennant un retour en arrière sur la légalité du flux originairement

que la vie subjective ne se trouve conditionnée que par sa propre genèse temporelle et que c'est précisément la série des unités d'apparition animées par celle-ci qui produit son unité immanente. Cela signifie, en outre, que si la monade peut être définie, et cela de façon plus en plus appuyée chez Husserl, comme *instance ontologique* individuée, c'est-à-dire comme subjectivité concrète se rapportant au monde, ce n'est que parce qu'elle est appréhendée en tout premier lieu comme unité d'une *instanciation phénoménale* originaire. C'est le devenir monadiquement concret de la phénoménalité du flux originairement constitutif sous la forme d' « événements dans le "temps immanent", dans le temps de "vécus" »[615], en d'autres termes, qui instaure une vie concrète faisant expérience du monde. Ce qui permet, non seulement de comprendre comment l'*ego* peut être à la fois concret et constituant, mais aussi comment il constitue avant tout son propre être à partir de sa propre vie de conscience. Car cet « être propre », comme Husserl le dit, est un « être procédant d'une expérience-en-personne *(Selbsterfahrung)* originale, constitué comme soi, comme moi »[616].

Ainsi, on peut comprendre également pourquoi Husserl, lorsqu'il envisage de dégager, en avançant systématiquement dans l'analyse de la constitution monadique, « le fondement *(Grund)* en vue d'une doctrine systématique gradu-

---

constituant, sur celui de la monade absolue. La recherche porte là sur la forme nécessaire de cette unité du temps immanent rempli, sur ce qui donne une unité nécessaire à tout contenu dans l'enchaînement et la succession de chaque phase, ce qui donne par là à tous les éléments constitutifs, à tous les moments individuels un enchaînement unique que l'on ne peut défaire », *ibid.* p. 484.

615 *Ibid.* p. 483. Après avoir donné une description exhaustive des modes d'expérience originels relatives du monde, Husserl conclut ainsi : « Ce sont tous les événements dans le "temps immanent", dans le temps de "vécus". En examinant la monade, nous possédons précisément l'enchaînement qui lui appartient du temps immanent et de ses vécus, et des unités qui y sont constituées. Et l'ensemble de cet enchaînement lui-même (étape ultérieure !) possède sa constitution dans le flux originaire du temps dans les vécus originaires respectifs », *ibid.*

616 *Ibid.* p. 547.

elle de monades »[617], ne peut le faire qu'en s'appuyant sur la thèse du *fondement phénoménal* de la subjectivité. Car, avant d'aborder les questions relatives à la constitution des formes quelconques de la communauté monadique intersubjective, on ne peut pas éviter de remonter au niveau de la « phénoménalité » qui conditionne une telle constitution. C'est ainsi que dans les plupart de ses analyses systématiques sur le sujet, Husserl prend pour point de départ l'analyse de la *donation charnelle* ainsi que de la constitution de la sphère primordiale de l'objectivité qui lui appartient, c'est-à-dire l'analyse de la *nature.* Comme il l'annonce très clairement dans les *Méditations cartésiennes* :

> « Ce qui se constitue en premier dans la forme de la communauté, et qui est le fondement *(Fundament)* de toutes les autres communautés intersubjectives c'est le caractère commun propre à la nature qui ne fait qu'un avec celui du corps propre *(Leib)* étranger et du je psychophysique étranger apparié au je psychophysique propre »[618].

---

[617] *Ibid.* p. 487.

[618] Husserl, *Méditations cartésiennes*, p. 170. Il est vrai par ailleurs que Husserl cherche parfois à reconnaître au niveau de la temporalité intersubjective le « fondement » des relations intersubjectives en général. Dans un texte daté de 1925, il écrit : « Le rapport fondamental *(Grundbeziehung)* de l'être dans l'être-ensemble est évident à titre de rapport de la coexistence dans le temps intersubjectif. Ce n'est pas là un temps objectif, mais un temps intersubjectif immanent de la coexistence selon tous les modes temporels subjectifs, par conséquent selon des laps temporels et des positions temporelles identifiables. Ce rapport fondamental est le fondement *(Fundament)* des autres relations intersubjectives », Hussrl, *Sur l'intersubjectivité*, tome II, p. 541. Pourtant, le fait que Husserl constate rapidement une certaine « difficulté » à l'égard de cette conception dans son analyse (p. 542) n'est sans doute pas fortuit. On pourrait dire que ce qui empêche d'attribuer au sens strict la valeur de « fondement » au temps intersubjectif, c'est qu'il semble impossible de retrouver une telle constitution temporelle dont la *phénoménalité* propre pourrait être à la fois absolument *originaire* et *intersubjective.* En analysant la possibilité d'une telle constitution au niveau charnel chez Husserl, Didier Franck montre bien le caractère insoluble de cette difficulté en soulignant que sur ce point, « la phénoménologie laisse surgir un fondement adverse et

De ce point de vue, l'affirmation husserlienne selon laquelle la « autodonation », à la fois originaire et originelle, de la chair propre de l'*ego* fonde toutes les possibilités de l'empathie de l'autrui est tout à fait capitale. Elle permet de comprendre que si « les monades se conditionnent *(bedingen sich)* dans leur être absolu »[619], c'est tout d'abord à partir de leur présence charnelle qu'elles sont destinées à le faire. Or, conformément à la structure interne de la donation en question, ce conditionnement mutuel se déroule à deux niveaux différents, mais entièrement interdépendants. D'une part, étant donné que la constitution de la chair est inséparable de l'apparition sensible, il est sans doute possible d'indiquer déjà dans le caractère « affectif » de cette donation les premiers repères d'une constitution intersubjective. Husserl affirme à cet égard, non seulement que chaque sujet communautaire « possède un substrat originaire de conditionnalité psychophysique, [que] chacun possède, référé à sa chair, ses multiplicités de sensations et, par là, des aspects, etc. », mais aussi, et plus essentiellement encore, que « la chair de chaque sujet communautaire doit *a priori* être du même type sensible ; il s'agit d'une condition de possibilité de l'empathie »[620]. En ce sens, une condition fondamentale de la coexistence intersubjective se produit déjà au niveau des apparitions sensibles et, plus précisément, au niveau de leur *transfert phénoménal* généré par la constitution extériorisée de la chair :

> « L'identité du monde intersubjectif repose sur l'objectivité inférieure des aspects et des choses sensibles constitués en chaque subjectivité (lesquels sont des unités de multiplicités d'aspects). L'autre possède, dans un autre mode de donation,

---

anarchique, un phénomène dont elle ne reconnaît plus la phénoménalité, dénude une archi-facticité qu'elle prétendrait réduire », Franck, *Chair et corps*, *op. cit.* p. 193.

619 Husserl, *Sur l'intersubjectivité*, tome II, p. 531.

620 *Ibid.* p. 238.

les mêmes choses de l'expérience, c'est-à-dire qu'il fait l'expérience d'autres aspects des mêmes choses »[621].

D'autre part, le second composant principal de la constitution charnelle, celui de l'apparition kinesthésique, contribue également, selon Husserl, à la fondation propre de la « communautisation » des monades. L'aspect décisif consiste ici dans le fait que les kinesthèses ne peuvent, par principe, qu'être constituées selon un mode de donation qui implique déjà d'elle-même l'apparition de la nature spatialisée. Cela veut dire que malgré leur originalité issue de l'expérience égoïque, elles sont douées dès le début d'une tendance proprement objectivante dont la référence ultime ne peut plus être limitée à la sphère purement primordiale du sujet. Comme Husserl le dit, « les kinesthèses propres [...] conditionnent *(bedingen)* les écoulements d'apparition de “ma” sphère primordiale, de la sphère primordiale, et de la nature qui m'est donnée »[622]. En ce sens, comme le montrent les analyses des *Méditations cartésiennes*, les kinesthèses possèdent un certain pouvoir emphatisant qui est innée à leur propre effectuation : à travers la spatialité originelle qu'elles mettent en œuvre, elles indiquent, pour ainsi dire, le *lieu de l'autre* comme la position du « là-bas » à partir de laquelle les mêmes choses peuvent se donner dans la perception externe sous d'autres modes d'apparence correspondants[623]. Or, c'est précisément cette *ouverture kinesthésique* qui fonde la possibilité de l'empathie de l'autre monade dans la mesure où elle permet non seulement parvenir à « apprésenter » la chair de l'autre *ego* de manière analogue[624], mais aussi elle le fait en lui attribuant

621 *Ibid.*

622 Husserl, *Zur Phänomenologie der Intersubjektivität*, Hua. XV, *op. cit.* p. 580. (traduction française : revue *Alter*, n° 4, 1996, p. 285.)

623 *Cf.* Husserl, *Méditations cartésiennes*, p. 165-166.

624 *Cf.* « Le corps physique *(Körper)* qui appartient à mon monde ambiant primordial (plus tard, le corps de l'autre) est pour moi corps sur le mode du là-bas. [...] Il rappelle mon aspect corporel lorsque j'étais là-bas. [...] C'est ainsi que l'aperception assimilatrice devient possible et fondée *(begründet)*,

d'emblée le même horizon d'apparitions que l'*ego* emphatisant ouvre essentiellement pour lui-même par sa libre disposition charnelle :

> « Cela tient au sens de l'empathie que j'attribue à l'autre le même système d'apparitions que celui que j'ai moi-même à ma libre disposition, tout autant que, me tenant à sa libre disposition, je lui attribue de façon correspondant d'autres apparitions actuelles, d'autres perceptions actuelles, une autre position et conformément à cela une autre orientation. [...] Les expériences de l'autre ne sont pas mes expériences, mais dans ses expériences, l'autre possède les mêmes apparitions que celles qui appartiennent aussi à mon système d'apparitions, les mêmes choses apparaissent en elles ; chacun de nous a accès en toute liberté aux mêmes choses et aux mêmes apparitions »[625].

C'est ainsi que lorsque Husserl déclare, dans l'un de ses manuscrits tardifs sur ce sujet, que « le sol originaire *(Urboden)*, le noyau originaire *(Urkern)* du monde identique commun » signifie deux choses : « 1) la nature corporelle, puis 2) corrélativement, les sujets égoïques mondanéisés dans le réel *(im Realen)*, de façon psychophysique en tant que chairs naturelles corporelles humaines »[626], c'est bien un *champ phénoménal commun* à toutes les monades qu'il tend à identifier. Ce champ s'édifie à partir des apparitions communes mises en rapport directement par la phénoménalisation de chaque chair. La répartition

---

aperception par laquelle le corps physique extérieur là-bas reçoit, analogiquement au mien propre, le sens de corps propre », *ibid.* p. 167.

625 Husserl, *Sur l'intersubjectivité*, tome II, p. 516. *Cf.* aussi, pp. 511-517., 520-523., et la remarque suivante : « Il tient à l'essence de l'empathie en tant que constitution monadisante que ma "chair de l'autre" primordiale et sa chair propre primordiale soient identifiées de façon synthétique et, à partir de là, mes objets naturels "externes" et les siens le sont (recouvrement dans un noyau qui est donné là et là-bas de façon perceptive, et recouvrement dans l'horizon extérieur au monde ici et là-bas) », *ibid.* p. 567.

626 Husserl, *Zur Phänomenologie der Intersubjektivität*, Hua. XV, *op. cit.* p. 575. (traduction française : revue *Alter*, n° 4, 1996, p. 280.)

stabilisée de la donation interne et externe, sensible et kinesthésique, de ces dernières donne, en d'autres termes, une *matrice préalable* à toute autre constitution monadique intersubjective. Comme Husserl l'affirme : « si une pluralité égoïque peut se trouver dans un contexte emphatique, elle doit être une pluralité de moi qui sont rapportés à une seule et même nature, et ils doivent être des moi "doués de corps" *(leibbegabter)* »[627]. Or, cette matrice s'avère être en elle-même une configuration à la fois intersubjective et phénoménale dans la mesure où à ce niveau, « chaque objet de la nature, chaque chair et chaque autre réalité est ce qu'il y a d'identique dans sa constitution, c'est-à-dire, à ce stade, dans ses modes d'apparition monadiques »[628]. La nature se révèle, par conséquent, grâce à cette constitution, en tant qu'une scène de communautisation engendrée par les rapports phénoménaux mutuels des instanciations monadiques elles-mêmes. Si bien que l'objectivité de la nature reste ainsi subordonnée à un ordre qui, pris en tant que tel, ne porte rien d'objectif en lui-même :

> « Ce qui est objectivé à titre de monde offre tous les sujets existants dans un enchaînement réel *(real)* médié par la nature physique. Mais cet enchaînement réel objectif possède son sens absolu dans une dépendance monadique absolue. Les monades se conditionnent dans leur être absolu. Elles ne sont pas des réalités, si nous comprenons précisément les réalités (les unités chosiques) comme des réalités du monde, en tant que constituées dans des monades, des unités subjectivement et intersubjectivement constituées. Mais à la causalité psychophysique dans le monde correspond dans la sphère absolue une causalité "absolue" que les monades "exercent" les unes sur les autres [629]».

[627] Husserl, *Sur l'intersubjectivité*, tome II, p. 522.

[628] *Ibid.* p. 567. Voir à cet égard les analyses approfondies de Dan Zahavi qui montrent comment chez Husserl toute édification intersubjective présuppose en effet une constitution phénoménale commune à tous les sujets. D. Zahavi, *Husserl und die transzendentale Intersubjektivität*, Kluwer, Dordrecht/ Boston/London, 1996.

[629] Husserl, *Sur l'intersubjectivité*, tome II, p. 531.

Assurément, le conditionnement entre les instances monadiques charnellement fondées que Husserl tente de mettre à nu, dans le passage cité, par les termes de la « dépendance absolue » ou de la « causalité absolue », ne peut être, au premier abord, que la *phénoménalité* elle-même : c'est-à-dire la nécessité et l'universalité de l'*apparaître* qui fonde toutes les formes et liaisons possibles, aussi bien subjectives qu'objectives, de ce qui, dans ces sphères, à jamais, *apparaît*.

Conclusion

Le fondement selon Husserl

Il est, certes, légitime de ranger la phénoménologie de Husserl parmi les théories fondatrices de la connaissance les plus représentatives de la philosophie moderne, mais il n'en reste pas moins vrai que son caractère unique et déterminant réside précisément dans les différences essentielles qui la distinguent de ces mêmes théories. Assurément, du point de vue du problème du *fondement de la connaissance*, la pensée husserlienne est tout aussi éloignée de la philosophie de Kant et des philosophies transcendantales de type criticistes, que des tentatives formalistes ou logicistes qui tendent à réduire la portée de ce problème à celle du fondement des sciences en général. Des premières, Husserl se distingue essentiellement en renonçant à penser ce qui est fondamental dans la connaissance sous la forme de « principes aprioriques » permettant de définir celle-ci à l'égard de sa validité ultime[630]. Des secondes, Husserl se différencie en refusant de concevoir l'axiomatique logique ou scientifique comme un système ferme en soi et, par principe,

[630] *Cf.* M. Brelage, *Studien zur Transzendentalphilosophie*, *op. cit.*, p. 119-126.

détaché des conditions propres de l'expérience cognitive[631]. Cependant, si la phénoménologie husserlienne cherche délibérément à dégager, en s'abandonnant à l'idée de l'intentionnalité, les déterminations « ultimes » de la connaissance à partir de ses aspects vécus, cela ne signifie pas pour autant qu'elle oppose une approche empirique au formalisme de ses adversaires. La connaissance est, au contraire, analysée comme le résultat d'une activité synthétique produite par une conscience qui ne cesse d'attribuer, de façon « originaire », un sens aux objets. Ainsi, ne pouvant reconnaître son champ propre de recherche ni dans les données d'une conscience apriorique ou empirique, ni dans les « constatations » qui attestent les faits du monde, Husserl se débarrasse dès le début du problème du « fondement» de la connaissance, que ce dernier soit défini, de manière néo-kantienne, comme celui d'une « validité universelle », ou, à l'instar de Schlick, comme celui qui fournit les « points de contact inébranlables entre la connaissance et la réalité »[632]. L'élaboration proprement phénoménologique de cette problématique consiste plutôt à réaliser un retour en arrière jusqu'aux « origines » intentionnelles de la connaissance à partir desquelles se dégagent les conditions d'effectuation, à la fois universelles et concrètes, de toute formation d'objet et de toute constitution de l'expérience.

Par ailleurs, si l'on définit comme « métaphysique de la subjectivité » la tendance dans la philosophie moderne qui, depuis Descartes, cherche à fonder l' « étant dans sa totalité » sur un « fondement ultime », c'est-à-dire sur une « position de fond » qu'elle découvre dans la forme d'une intériorité du

---

631 Sur cette question, et en particulier sur les différences entre les conceptions du « fondement » chez Frege et chez Husserl, *Cf.* J. Bouveresse, « La philosophie et les fondements », *Archives de philosophie*, vol. 42., 1980., n° 1., p. 21-22.

632 Voir la définition du fondement de la connaissance, dans célèbre l'étude de Moritz Schlick, comme « der unerschütterlichen Berührungspunkte von Erkenntnis und Wirklichkeit », Schlick, « Über das Fundament der Erkenntnis », *Erkenntnis*, vol. 4., 1934., p. 98.

sujet[633], alors on peut sans doute constater que la phénoménologie husserlienne peut difficilement être classée dans cette catégorie. En vérité, l'idée de l'intentionnalité chez Husserl n'est ni simplement définie par la notion de subjectivité ni, non plus, réductible à une forme de l'intériorité. Au fond, que ce soit sur le plan de la couche sensible et des formes catégoriales de toute constitution de l'« étant », ou au niveau de l'entrelacement des aspects primordiaux et intersubjectifs de la constitution originaire du monde, ou encore au sein des fonctions actives et des fonctions passives de l'autoconstitution de la vie de la conscience interne, la *position* du fondement phénoménologique, tout en gardant sa cohérence *doctrinale*, se maintient à chaque étape de façon différente. Ainsi, vouloir tout simplement réduire le problème du fondement à celui de la « structure fondamentale de la subjectivité » définie par la « transcendance » et par la « liberté » du *Dasein*, comme le proposait Heidegger dans un texte écrit lors du 70e anniversaire de Husserl[634], ne pouvait sans doute apparaître autrement qu'en tant que solution abusive aux yeux du célébré. Car, selon ce dernier, la tâche d'une phénoménologie comme philosophie première doit consister à mettre en évidence de façon primaire, c'est-à-dire préalablement à toute définition ontique et ontologique, les manières principales dont s'instaurent, à partir de la structure propre de l'*apparition originaire*, tous les rapports constitutifs à travers lesquels le sujet va pouvoir accéder au monde et, en tout premier lieu, sous la forme d'une vie subjective originaire, à son propre champ d'expérience.

Or, c'est précisément afin de mettre en lumière la position husserlienne sur ce qui fait l'« être-essentiel du fondement » que nous avons essayé de démontrer, dans l'enquête interprétative que nous venons de parcourir dans le présent

---

633 Sur cette question *Cf.* J.-F. Courtine, *Les catégories de l'être. Etudes de philosophie ancienne et médiévale*, Paris, PUF, 2003, p. 79-80.

634 *Cf.* Heidegger, « Ce qui fait l'être-essentiel d'un fondement ou „raison" » *(Vom Wesen des Grundes)*, in *Questions* I, Paris, Gallimard, 1968., surtout pp. 103-106.

travail, comment le développement de l'idée de la corrélation intentionnelle suscite chez Husserl un développement tout à fait corrélatif au sein de la doctrine du « fondement ». Tandis que dans les *Recherches logiques*, en mettant surtout l'accent sur les composants objectifs du rapport intentionnel, cette doctrine se trouve encore largement liée au problème de la « représentation », dans la période qui suit la sortie de son premier chef-d'oeuvre, Husserl s'appuie de plus en plus sur la notion de l' « apparition » pour définir ce qui est fondamental dans la connaissance et dans l'expérience. De ce point de vue, le tournant transcendantal de la pensée husserlienne peut être conçu comme une sorte de remise en place de la couche ultime et de la configuration irréductible auxquelles, dans l'analyse de l'intentionnalité, tous les autre éléments et aspects doivent être liés. De cette manière, la phénoménologie ouvre une perspective à travers laquelle le *problème du fondement* se révèle, en dernier recours, inséparable de celle de la *phénoménalité.* Qu'il s'agisse des objets du monde ou des événements cognitifs de la vie interne de la conscience, ce sont toujours les effets intentionnels de la « donation » originaire qui déterminent les possibilités du sens et les parcours de l'expérience. Sur ce plan phénoménologique, le terme « transcendantal » se réfère alors, d'une part, aux *conditions ultimes* de l'apparition originaire qui mettent en œuvre, sous la forme d'un flux temporellement déterminé de la conscience constituante, le champ et les modes d'effectuations de la donation de sens en général. D'autre part, ce terme renvoie à l'*instance ultime* de ces apparitions, définie par Husserl comme forme « monadique », donc aussi « égoïque », de la subjectivité, grâce à laquelle les apparitions fonctionnent comme les éléments, ou plutôt comme les événements, d'une vie d'expérience concrète qui se rapporte inéluctablement au monde. C'est ainsi que la doctrine phénoménologique de la subjectivité transcendantale, bien qu'elle reste l'objet d'une élaboration constante, s'avère être strictement inséparable chez Husserl de la doctrine définitive de l'*autosuffisance de la phénoménalité*, cette dernière étant alors prise comme fondement ultime, à la fois originaire et concret, de l'univers de l'expérience externe et interne.

« Le fondement transcendantal est un fondement phénoménal » – cette thèse, que nous avons mise en relief et analysée tout au long de ce travail, exprime sans doute quelque chose d'essentiel sur le sens de l'idéalisme husserlien. Elle signifie tout d'abord qu'il ne s'agit pas seulement de voir dans cet idéalisme le motif de la fondation radicale de tout étant sur la structure d'une conscience donatrice absolument originaire qui les constitue intégralement à travers les apparitions. Il faut également reconnaître que cette fondation y est absolument nécessaire dans la mesure où la « donation originaire » comme telle, ou plutôt la « phénoménalité », ne peut en aucun cas être prise comme une propriété exclusive de l'objet. Tout au contraire : les « apparitions » doivent renvoyer au « subjectif » et à « leur temporalité „subjective" »[635]. La conscience transcendantale comme fondement doit ainsi être comprise comme manifestation d'une effectuation absolue, irréductible et formatrice d'une subjectivité qui ne cesse de fonder, c'est-à-dire faire apparaître les événements de sa vie et les objets du monde comme unités phénoménalement constituées. En revanche, cet absolu ne doit pas être fondé : il porte en lui-même son propre fondement[636].

Il en ressort que le primat absolu de l'apparition dans l'idéalisme husserlien rend compte à la fois de deux découverts fondamentaux : le découvert d'une dimension universelle de la subjectivité, celle de la *phénoménalité*, qui s'intègre de manière fondatrice dans toute expérience possible, et le découvert d'un mode proprement fondatif de la pensée, celui de la *phénoménologie*, qui, en cherchant à décrire cette dernière, ne se laisse jamais de s'établir, au détriment des donnés dont le sens est à

---

635 *Cf.* « Das Subjektive: die Erscheinungen – in ihrer „subjektiven" Zeitlichkeit », Husserl, *Späte texte über Zeitkonstitution (1929-1934)*, *op. cit.* p. 142.

636 *Cf.* « Das Absolute hat in sich selbst seinen Grund und in seinem grundlosen Sein seine absolute Notwendigkeit als die eine „absolute Substanz" », Husserl, *Zur Phänomenologie der Intersubjektivität*, Hua. XV, *op. cit.* p. 368.

élaborer, dans une théorie de la connaissance absolue ou dans une ontologie fondamentale. Cependant, derrière cette image de la plasticité du fondement doublement articulée, la présence rigoureuse et inébranlable de l'idéalisme chez Husserl n'impose pas moins ses propres règles : car la pensée d'un tel fondement tend à exclure par principe qu'elle puisse jamais porter, malgré son ouverture essentielle aux imprévus des expériences et des objets, le risque de sa propre abolition.

Bibliographie

1. Œuvres de Husserl

a) *Édition de référence*

HUSSERLIANA. EDMUND HUSSERL GESAMMELTE WERKE, M. Nijhoff, La Haye; à partir de 1980, Kluwer, Dordrecht/Boston /London.

Hua. I, *Cartesianische Meditation und Pariser Vorträge*, éd. S. Strasser, 1950.

Hua. II, *Die Idee der Phänomenologie. Fünf Vorlesungen*, éd. P. Janssen, 1950.

Hua. III, *Ideen zu einer reinen Phänomenologie und phänomenologischen Philosophie, Erstes Buch: Allgemeine Einführung in die reine Phänomenologie*, 1. Halbband: éd. W. Biemel, 1950.; 2. Halbband: *Ergänzende Texte (1912-1929)*, éd. K. Schuhmann, 1976.

Hua. IV, *Ideen zu einer reinen Phänomenologie und phänomenologischen Philosophie, Zweites Buch: Phänomenologische Untersuchungen zur Konstitution*, éd. M. Biemel, 1952.

Hua. V, *Ideen zu einer reinen Phänomenologie und phänomenologischen Philosophie, Drittes Buch: Die Phänomenologie und die Fundamente der Wissenschaft*, éd. M. Biemel, 1952.

Hua. VI, *Die Krisis der Europäischen Wissenschaften und die transzendentale Phänomenologie. Ein Einleitung in die Phänomenologischen Philosophie*, éd. W. Biemel, 1954.

Hua. VII, *Erste Philosophie (1923-1924), Erster Teil: Kritische Ideengeschichte*, éd. R. Boehm, 1956.

Hua. VIII, *Erste Philosophie (1923-1924), Zweiter Teil: Theorie der phänomenologischen Reduktion*, éd. R. Boehm, 1956.

Hua. IX, *Phänomenologische Psychologie, Vorlesungen SS 1925*, éd. W. Biemel, 1962.

Hua. X, *Zur Phänomenologie des inneren Zeitbewusstseins (1893-1917)*, éd. R. Boehm, 1966.

Hua. XI, *Analysen zur passiven Synthesis. Aus Vorlesungs- und Forschungs-Manuskripten (1918-1926)*, éd. M. Fleischer, 1966.

Hua. XIII, *Zur Phänomenologie der Intersubjektivität. Texte aus dem Nachlass. Erste Teil (1905-1920)*, éd. I. Kern, 1973.

Hua. XIV, *Zur Phänomenologie der Intersubjektivität. Texte aus dem Nachlass. Zweiter Teil (1921-1928)*, éd. I. Kern, 1973.

Hua. XV, *Zur Phänomenologie der Intersubjektivität. Texte aus dem Nachlass. Dritter Teil (1929-1935)*, éd. I. Kern, 1973.

Hua. XVI, *Ding und Raum. Vorlesungen 1907*, éd. U. Claesges, 1973.

Hua. XVII, *Formale und Transzendentale Logik. Versuch einer Kritik der logischen Vernunft*, éd. P. Janssen, 1974.

Hua. XVIII, *Logische Untersuchungen. Erste Band: Prolegomena zur reinen Logik*, éd. E. Holenstein, 1975.

Hua. XIX, *Logische Untersuchungen. Zweiter Band: Untersuchungen zur Phänomenologie und Theorie der Erkenntnis*, vol. I-II, éd. U. Panzer, 1984.

Hua. XXII, *Aufsätze und Rezensionen (1890-1910)*, éd. B. Rang, 1979.

Hua. XXIII, *Phantasie, Bildbewusstsein, Erinnerung. Zur Phänomenologie der anschaulichen Vergegenwärtigungen. Texte aus dem Nachlass (1898-1926)*, éd. E. Marbach, 1980.

Hua. XXIV, *Einleitung in die Logik und Erkenntnistheorie. Vorlesungen 1906/07*, éd. U. Melle, 1984.

Hua. XXV, *Aufsätze und Vorträge (1911-1921)*, éd. T. Nenon et H. R. Sepp, 1987.
Hua. XXVI, *Vorlesungen über Bedeutungslehre. Sommersemester 1908*, éd. U. Panzer, 1987.
Hua. XXVII, *Aufsätze und Vorträge (1922-1937)*, éd. T. Nenon et H. R. Sepp, 1989.
Hua. XXVIII, *Vorlesungen über Ethik und Wertlehre (1908-1914)*, éd. U. Melle, 1988.
Hua. XXIX, *Die Krisis der europäischen Wissenschaften und die Transzendentale Phänomenologie. Ergänzungsband. Texte aus dem Nachlass (1934-1937)*, éd. R. N. Smid, 1991.
Hua. XXX, *Logik und allgemeine Wissenschaftstheorie. Vorlesungen 1917/18*, éd. U. Panzer, 1996.
Hua. XXXI, *Aktive Synthesen: Aus der Vorlesung Transzendentale Logik 1920/21*, éd. R. Breeur, 2000.
Hua. XXXII, *Natur und Geist. Vorlesungen Sommersemester 1927*, éd. M. Weiler, 2001.
Hua. XXXIII, *Die Bernauer Manuskripte über das Zeitbewusstsein (1917/18)*, éd. R. Bernet et D. Lohmar, 2001.
Hua. XXXIV, *Zur phänomenologischen Reduktion. Texte aus dem Nachlass (1926-1935)*, éd. S. Luft, 2002.
Hua. XXXVI, *Transzendentaler Idealismus. Texte aus dem Nachlass (1908-1921)*, éd. R. Rollinger, 2003.

HUSSERLIANA MATERIALENBAND, Kluwer, Dordrecht/Boston/ London

Band 2, *Logik. Vorlesung 1902/03*, éd. E. Schuhmann, 2001.
Band 3, *Allgemeine Erkenntnistheorie. Vorlesung 1902/03*, éd. E. Schuhmann, 2001.
Band 7, *Einführung in die Phänomenologie der Erkenntnis. Vorlesung 1909*, éd. E. Schuhmann, 2005.
Band 8, *Späte Texte über Zeitkonstitution (1929-1934). Die C-Manuskripte*, éd. D. Lohmar, 2006.

b) *Autres textes de Husserl*

Philosophie als strenge Wissenschaft, éd. W. Szilasi, Frankfurt am M., Klostermann, 1981.

Erfahrung und Urteil, Untersuchungen zur Genealogie der Logik, éd. L. Landgrebe, Hamburg, Meiner, 1999.

c) *Traductions françaises*

Méditations cartésiennes et les Conférences de Paris, tr. fr. sous la direction de M.-B. de Launay, Paris, PUF, 1994.

L'idée de la phénoménologie, tr. fr. A. Lowit, Paris, PUF, 1970.

Idées directrices pour une phénoménologie et une philosophie phénoménologique pures, tome premier, tr. fr. P. Ricoeur, Paris, Gallimard, 1950.

Recherches phénoménologiques pour la constitution. Idées directrices pour une phénoménologie et une philosophie phénoménologique pure, tome II, tr. fr. E. Escoubas, Paris, PUF, 1982.

La phénoménologie et les fondements des sciences. Idées directrices pour une phénoménologie et une philosophie phénoménologique pures, tome III, tr. fr. D. Tiffeneau, 1993.

La crise des sciences européennes et la phénoménologie transcendantale, tr. fr. G. Granel, Paris, Gallimard, 1976.

Philosophie première, tome I, tr. fr. A. Kelkel, Paris, PUF, 1970.

Philosoiphie première, tome II, tr. fr. A. Kelkel, Paris, PUF, 1972.

Psychologie phénoménologique (1925-1928), tr. fr. P. Cabestan, N. Depraz, A. Mazzu, Paris, Vrin, 2001.

Leçons pour phénoménologie de la conscience intime du temps, tr. fr. H. Dussort, Paris, Gallimard, 1964

Sur la phénoménologie de la conscience intime du temps, tr. fr. J.-F. Pestureau, Grenoble, J. Millon, 2003.

De la synthèse passive, tr. fr. B. Bégout, J. Kessler, Grenoble, J. Millon, 1998.

Problèmes fondamentaux de la phénoménologie, tr. fr. J. English, Paris, PUF, 1991.
Sur l'intersubjetivité, tome I, tr. fr. N. Depraz, Paris, PUF, 2001.
Sur l'intersubjectivité, tome II, tr. fr. N. Depraz, Paris, PUF, 2001.
Autour des Méditations cartésiennes *(1929-1932)*, tr. fr. N. Depraz, P. Vandevelde, Grenoble, J. Millon, 1998.
Chose et espace, tr. fr. J.-F. Lavigne, Paris, PUF, 1989.
Logique formelle et logique transcendantale, tr. fr. S. Bachelard, Paris, PUF, 1957.
Recherches logiques, tome I, *Prolégomènes à la logique pure*, tr. fr. H. Elie, A. Kelkel, R. Schérer, Paris, PUF, 1959.
Recherches logiques, tome II/1 et II/2, *Recherches pour la phénoménologie et la théorie de la connaissance*, tr. fr. H. Elie, A. Kelkel, R. Schérer, Paris, PUF, 1962.
Recherches logiques, tome III, *Elements d'une élucidation phénoménologique de la connaissance*, tr. fr. H. Elie, A. Kelkel, R. Schérer, Paris, PUF, 1962.
Articles sur la logique (1890-1913), tr. fr. J. English, Paris, PUF, 1975.
Phantasia, conscience d'image, ressouvenir, tr. fr. J. F. Pestureau, R. Kassis, Grenoble, J. Millon, 2003.
Introduction à la logique et à la théorie de la connaissance, tr. fr. J. English, Paris, Vrin, 1998.
La philosophie comme science rigoureuse, tr. fr. M.-B. de Launay, Paris, PUF, 1989.
Sur la théorie de la signification, tr. fr. J. English, Paris, Vrin, 1995.
De la synthèse active, tr. fr. J. F. Pestureau, M. Richir, Grenoble, J. Millon, 2004.
Expérience et jugement, tr. fr. D. Souche, Paris, PUF, 1974.
La terre ne se meut pas, tr. fr. D. Franck, D. Pradelle, J.-F. Lavigne, Paris, Minuit, 1988.

2. *Autres auteurs*

APEL, K.-O., « La question d'une fondation ultime de la raison », *Critique*, N° 413, 1981 octobre, pp. 895-928.

– *Transformation der Philosophie*, Band 1, Frankfurt, Suhrkamp, 1994.

BOUVERESSE, J., « La philosophie et les fondements », *Archives de philosophie*, vol. 42, n° 1, 1980, pp. 3-32.

BACHELARD, S., *La conscience de rationalité*, Paris, PUF, 1958.

CAVAILLÈS, J., *Sur la logique et la théorie de la science*, Paris, PUF, 1960.

CHISHOLM, R.M., *Theory of Knowlegde*, Englewood Cliff, Prentice Hall, 1966.

– *The Foundations of Knowing*, Minneapolis, University of Minneapolis Press, 1982.

COURTINE, J.-F., *Heidegger et la phénoménologie*, Paris, Vrin, 1990.

– *Les catégories de l'être. Etudes de philosophie ancienne et médievale*, Paris, PUF, 2003.

CRAMER, W., *Die Monade. Das philosophische Problem von Ursprung*, Stuttgart, Kolhammer, 1954.

– *Grunglegung einer Theorie des Geistes*, Frankfurt, Klostermann, 1957.

DELEUZE, G., « Qu'est-ce que fonder », Cours de hypokhâgne, 1956. Disponible sur : www.webdeleuze.com

– *Différence et répétition*, Paris, PUF, 1968.

– *Logique du sens*, Paris, Minuit, 1969.

GIL, F., *La Conviction*, Paris, Flammarion, 2000.

GRANGER, G.-G., *Essai d'une philosophie du style*, Paris, Odile Jacob, 1988.

HARTMANN, N., *Zur Grundlegung der Ontologie*, Berlin, Walter de Gruyter, 1934.

– *Les principes d'une métaphysique de la connaissance*, tr. fr. R. Vancourt, Paris, Aubier, 1946.

HEIDEGGER, M., « Ce qui fait l'être-essentiel d'un fondement ou „raison" », in *Questions* I, Paris, Gallimard, 1968.

– *Être et temps*, tr. fr. E. Martineau, Paris, Authentica, 1985.
– *Metaphysische Anfangsgründe der Logik im Ausgang von Leibniz*, Frankfurt, Klostermann, GA 26, 1978.
– *Le principe de la raison*, tr. fr. A. Préau, Paris, Gallimard, 1983.
– *Les problèmes fondamentaux de la phénoménologie*, tr. fr. J.-F. Courtine, Paris, Gallimard, 1984.
– *Prolégomènes à l'histoire du concept du temps*, tr. fr. A. Boutot, Paris, Gallimard, 2006.
KANT, E., *Critique de la rasion pure*, tr. fr. Trémesaygues et Pacaud, Paris, PUF, 1975.
LÉVINAS, E., *Autrement qu'être ou au-delà de l'essence*, Den Haag, M. Nijhoff, 1974.
de LAUNAY, M. B., éd. *Néokantismes et théorie de la connaissance*, Paris, Vrin, 2000.
LITT, T., *Denken und Sein*, Zürich, S. Hirzel Verlag, 1948.
MERLEAU-PONTY, M., *Phénoménologien de la perception*, Paris, Gallimard, 1945.
– *Signes*, Paris, Gallimard, 1960.
– *Le Visible et l'Invisible*, Paris, Gallimard, 1964.
NISHIDA, K., *Intelligibility and the Philosophy of Nothingless*, Tokyo, Maruzen, 1958.
PACI, E., *Diario fenomenologico*, Milano, Il Saggiatore, 1961.
– « Vérification empirique et transcendance de la vérité », in *Vérité et vérification, Wahrheit und Verifikation*, éd. H. L. van Breda, Den Haag, M. Nijhoff, 1974.
PLANTINGA, A., *Warrant and Proper Function*, Oxford University Press, 1993.
SCHELER, M., *Schriften aus dem Nachlass*, Band I, *Zur Ethik und Erkenntnislehre*, Berlin, Der Neue Geist Verlag, 1933.
SCHLICK, M, « Über das Fundament der Erkenntnis », *Erkenntnis,* vol. 4., 1934, pp. 79-99.
VETÖ, M., *Le fondement selon Schelling*, Paris, Beauchesne, 1977.
VUILLEMIN, J., *L'héritage kantienne et la révolution copernicienne*, Paris, PUF, 1954.

3. *Commentaires et analyses sur Husserl*

AGUIRRE, A., *Genetische Phänomenologie und Reduktion*, Den Haag, M. Nijhoff, 1970.

– « Transzendentalphänomenologischer Rationalismus », in *Perspektiven transzen-dentalphänomenologischer Forschung*, éd. U. Claesges, K. Held, Den Haag, M. Nijhoff, 1972.

APEL, K.-O., « Le problème de l'évidence phénoménologique à la lumière d'une sémiotique transcendantale », in *Critique de la raison phénoménologique*, éd. J. Poulain, Paris, Cerf, 1991.

BACHELARD, S., *La logique de Husserl*, Paris, PUF, 1957.

BARBARAS, R., *Introduction à la philosophie de Husserl*, Chatou, La Transparence, 2004.

BÉGOUT, B., *La généalogie de la logique. Husserl, l'antéprédicatif et le catégorial*, Paris, Vrin, 2000.

BENOIST, J., *Autour de Husserl. L'ego et la raison*, Paris, Vrin, 1994.

– *L'*a priori *conceptuel. Bolzano, Husserl, Schlick*, Paris, Vrin, 1999.

– « Sortir du transcendantal », in *Le transcendantal et le spéculatif*, éd. J. Goddard, Paris, Vrin, 1999.

– *Intentionnalité et langage dans les* Recherches logiques *de Husserl*, Paris, PUF, 2001.

BERNET, R., *La vie du sujet. Recherches sur l'interprétation de Husserl dans la phénoménologie*, Paris, PUF, 1994.

– « Introduction », in Husserl, *Sur la phénoménologie de la conscience intime du temps*, Grenoble, J. Millon, 2003.

– *Conscience et existence. Perspectives phénoménologiques*, Paris, PUF, 2004.

BERNET, R., KERN, I., MARBACH, E., *Edmund Husserl : Darstellung seines Denkens*, Hamburg, Meiner, 1989.

BOEHM, R., *Vom Gesichspunkt der Phänomenologie*, Den Haag, M. Nijhoff, 1968.

– « Introduction » in Husserl, *Sur la phénoménologie de la conscience intime du temps*, Grenoble, J. Millon, 2003.

BOSTAR, L., « The Methodological Significance of Husserl's Concept of Evidence and its Relation to the Idea of Reason », *Husserl Studies*, vol. 4. 1987/2., pp. 143-167.

BOUCKAERT, B., *L'idée de l'autre : la question de l'idéalisme et de l'altérité chez Husserl de* Logische Untersuchungen *aux* Ideen I, Dordrecht/Boston/London, Kluwer, 2003.

BRAND, G., *Ich, Welt und Zeit. Nach unveröffentlichen Manuskripten Edmund Husserls*, Den Haag, M. Nijhoff, 1954.

– « The Material Apriori and the Foundation for its Analysis in Husserl », *Analecta Husserliana*, vol. II, Dordrecht, Riedel, 1972.

– « The Structure of Life-World According to Husserl », *Man and World*, 1973/4., pp. 143-162.

BRELAGE, M., *Studien zur Transzendentalphilosophie*, Berlin, Walter de Gruyter, 1965.

BROUGH, J., « The Emergence of an Absolute Consciousness in Husserl's Early Writings on Time-Consciousness », in *Husserl : Expositions and Appraisals*, eds. F. A. Elliston, P. McCormick, University of Notre Dame Press, 1977.

CAIRNS, D., *Conversations avec Husserl et Fink*, Grenoble, J. Millon, 1997.

DEMANGE, D., *Les formes de l'extériorité dans la philosophie de Husserl*, Paris, L'Harmattan, 2000.

DEPRAZ, N., « Temporalité et affection dans les manuscrits tardifs sur la temporalité (1929-1935) de Husserl », *Alter*, n°2, 1994., pp. 63-86.

– *Transcendance et incarnation. Le statut de l'intersubjectivité comme altérité à soi chez Husserl*, Paris, Vrin, 1995.

– *Lucidité du corps*, Dordrecht/Boston/London, Kluwer, 2001.

DERRIDA, J., *La voix et le phénomène*, Paris, PUF, 1967.

– *Le problème de la genèse dans la philosophie de Husserl*, Paris, PUF, 1990.

DESANTI, J.-T., *Introduction à la phénoménologie*, Paris, Gallimard, 1976.

DODD, J., *Idealism and Corporeity. An essay on the Problem of the Body in Husserl's Phenomenology*, Dordrecht/Boston/London, Kluwer, 1997.

DRUMMOND, J., « Object's Optimal Appearences and the Immediate Awareness of Space in Vision », *Man and World*, 1983/3., pp. 325-346.

– *Husserlian Intenionality and Non-Foundational Realism*, Dordrecht/Boston/ London, Kluwer, 1990.

ENGLISH, J., « Indications générales », in Husserl, *Problèmes fondamentaux de la phénoménologie*, Paris, PUF, 1991.

– « Pourquoi la phénoménologie ne peut qu'être une philosophie transcendantale ? », *Cahiers philosophiques*, n° 81, décembre, 1999., pp. 29-76.

FINK, E., *De la phénoménologie*, Paris, Minuit, 1974.

– *Sixième Méditation cartésienne*, Grenoble, J. Millon, 1994.

– *Proximité et distance*, Grenoble, J. Millon, 1994.

– *Autres rédactions des* Méditations cartésiennes, Grenoble, J. Millon, 1998.

FISETTE, D., « Représentations. Husserl critique de Twardowski », in *Aux origines de la phénoménologie de Husserl et le contexte des « Recherches logiques »*, éd. D. Fisette et S. Lapointe, Paris, Vrin, 2003,

FØLLESDAL, D., « Husserl on Evidence and Justification », in *Edmund Husserl and the Phenomenological Tradition*, éd. R. Sokolowski, Washington, The Catholic Univ. of America Press, 1988.

FRANCK, D., *Chair et corps. Sur la phénoménologie de Husserl*, Paris, Minuit, 1981.

FUNKE, G., *Zur transzendentalen Phänomenologie*, Bonn, Bouvier, 1957.

– « Transzendentalphänomenologische Untersuchung über 'Universalen Idealismus', 'Intentionalanalyse' und 'Habitusgenese' », in *Il compito della fenomenologia*, Padova, Antonio Milani, 1957.

– « Transzendentale Phänomenologie als Erste Philosophie », *Studium Generale*, vol. 11, 1958.

– *Phänomenologie – Metaphysik oder Methode ?*, Bonn, Bouvier, 1966.

– « Phenomenology and History », in *Phenomenology and the Social Sciences*, vol. 2., éd. M. Natanson, Evanston, Northwestern University Press, 1973.

– « Bewusstseinswissenschaft », in *Vérité et vérification, Wahrheit und Verifijation*, éd. H. L. van Breda, Den Haag, M. Nijhoff, 1974.

GADAMER, H.-G., *Neuere Philosophie. Hegel – Husserl – Heidegger. Gesammelte Werke*, Band 3, Tübingen, J. C. B. Mohr, 1987.

GALAY, J.-L., « Essai sur le problème de l'intelligibilité d'après la "Critique de la raison logique" de Husserl, *Studia Philosophica*, vol. XXIX., 1969., pp. 25-53.

GIL, F., *Traité de l'évidence,* Grenoble, Millon, 1993.

GRANEL, G, *Le Sens du Temps et de la Perception chez E. Husserl*, Paris, Gallimard, 1968.

GUILLAMAUD, P., « Remplissement et accomplissement. Étude critique sur l'évidence chez Husserl », *Etudes philosophiques*, n° 3, 1994., pp. 371-403.

HARTMANN, K., *Studies in Foundational Philosophy*, Amsterdam, Rodopi, 1988.

HEFFERNAN, G., *Bedeutung und Evidenz bei Edmund Husserl,* Bonn, Bouvier, 1983.

– « Miscellaneous Lubrications on Husserl's answer to the question '*Was die Evidenz sei*' », *Husserl Studies*, vol. 15, 1998/1., pp. 1-75.

– « A Study in the Sedimented Origins of Evidence: Husserl and his Contemporaries Engaged in a Collective Essay in the Phenomenology and Psychology of Epistemic Justification », *Husserl Studies*, vol. 16, 1999/2., pp. 83-181.

HELD, K., *Lebendige Gegenwart*, Den Haag, M. Nijhoff, 1966.

– « Das Problem der Intersubjektivität und die Idee einer phänomenologischen Transzendentalphilosophie », in *Perspektiven transzendental-phänomenologischen Forschung*, éd. U. Claesges, K. Held, Den Haag, M. Nijhoff, 1972.

– « Phänomenologie der Zeit nach Husserl », *Perspektiven der Philosophie*, Band 7, Hildesheim/Rodopi, Gerstenberg Verlag 1981.

HENRY, M., *Phénoménologie matérielle*, Paris, PUF, 1990.

HINTIKKA, J., « The Phenomenological Dimension », in *Cambridge Companion to Husserl*, éd. B. Smith, D. W. Smith, Cambridge University Press, 1995.

– « The Notion of Intuition in Husserl », *Revue Internationale de Philosophie*, 2003. n° 2., pp. 169-192.

HOLENSTEIN, E., *Phänomenologie der Assoziation*, Den Haag, M. Nijhoff, 1972.

HOPKINS, B. C., *Intentionality in Husserl and Heidegger*, Dordrecht, Kluwer, 1993.

JOOS, E., *Intentionality – Source of Intelligibility. The Genesis of Intentionality*, Frankfurt, Peter Lang, 1989.

KERN, I., *Husserl und Kant. Eine Untersuchung über Husserls Verhältnis zu Kant und zum Neukantianismus*, Den Haag, M. Nijhoff, 1964.

– « Die drei Wege zur transzendental-phänomenologischen Reduktion in der Philosophie Edmund Husserls », *Tijdshrift voor Filosopfie*, 1962, no. 1., p. 303-349.

KORTOOMS, T., *Phenomenology of Time. Edmund Husserl's Analysis of Time-Consciousness*, Dordrecht/ Boston/London, Kluwer, 2002.

KÜHN, R, *Husserls Begriff der Passivität*, Freiburg/Münche, Karl Alber, 1998.

LANDGREBE, L., *Der Weg der Phänomenologie*, Gütersloh, Gerd Mohn,1963.

LAVIGNE, J.-F., *Husserl et la naissance de la phénoménologie (1900-1913)*, Paris, PUF, 2005.

LAMPERT, J., *Synthesis and Backward Reference in Husserl's* Logical Investigations, Dordrecht/Boston/London, Kluwer, 1995.

LEVIN, D. M., *Reason and Evidence in Husserl's Phenomenology*, Evanston, Northwestern University Press, 1973.

LÉVINAS, E., *Théorie de l'intuition dans la phénoménologie de Husserl*, Paris, Vrin, 1963.

– *En découvrant l'existence avec Husserl et Heidegger*, Paris, Vrin, 1988.

– *Transcendance et intelligibilité*, Paris, Labor et Fides, 1996.

MARBACH, E., *Das problem des Ich in der Phänomenologie Husserls*, The Hague, M. Nijhoff, 1974.

MARION, J.-L., *Réduction et donation. Recherches sur Husserl, Heidegger et la phénoménologie*, Paris, PUF, 1989.

– *Etant donné. Essai d'une phénoménologie de la donation*, Paris, PUF, 1997.

– *Du surcroît*, Paris, PUF, 2001.

MARX, W., *Vernunft und Welt*, Den Haag, M. Nijhoff, 1970.

MEINONG, A., « Bemerkungen zu E. Husserls „Ideen zu einer reinen Phänomenologie" », in Meinong, *Kolleghefte und Fragmente. Schriften aus dem Nachlaß*, Graz, Akademische Verlag, 1978.

MERTENS, K., *Zwischen Letzbegründung und Skepsis. Kritische Untersuchungen zum Selbstverständnis der transzendentalen Phänomenologie Edmund Husserls*, Freiburg/München, Karl Albert, 1996.

MEZEI, B., *World and Lifie-World. Aspects of the Philosophy of Edmund Husserl*, Frankfurt, Peter Lang, 1995.

MISKIEWICZ, W., « Le sphinx de la connaissance : Husserl et l'énigme de l'*a priori* corrélationnelle », *Revue de Métaphysique et de Morale*, N° 3, 1994., pp. 345-363.

MONTAVONT, A., *De la passivité dans la phénoménologie de Husserl*, Paris, PUF, 1999.

MURALT, A., *L'idée de la phénoménologie. L'exemplarisme husserlien*, Paris, PUF, 1958.

NATORP, P., « Zur Fragen der logischen Methode mit Beziehung auf Edmund Husserls „Prolegomena zur reinen Logik" », in *Husserl*, éd. H. Noack, Darmstadt, 1973.

PATOCKA, J., *Qu'est-ce que la phénoménologie ?*, Grenoble, J. Millon, 1988.

– *Introduction à la phénoménologie de Husserl*, Grenoble, J. Millon, 1992.

– *Papiers phénoménologiques*, Grenoble, J. Millon

PIEPER, H.-J., *„Anschauung" als operativer Begriff. Eine Untersuchungen zur Grundlegung der transzendentalen Phänomenologie Edmund Husserls*, Hamburg, Meiner, 1993.

PIETERSMA, H., « Husserl's view on the Evident and the True », in *Husserl. Expositions and Appraisals*, éd. F. A. Ellison, P. McCormick, University of Notre Dame Press, 1977.

– *Phenomenological Epistemology*, New York, Oxford, Oxford University Press, 2000.

PRADELLE, D., *L'archéologie du monde. Constitution de l'espace, idéalisme et intuitionnisme chez Husserl*, Dordrecht/Boston/London, Kluwer, 2000.

RANG, B., « Repräsentation und Selbstgegebenheit », in *Phänomenologie heute, Phänomenologische Forschungen*, Band 1, Freiburg/München, Karl Alber, 1975.

REIMER, W., « Der phänomenologische Evidenzbegriff », *Kantstudien*, 1918/2-3., pp. 56-64.

RICHIR, M., *Au-delà au renversement copernicien. La question de la phénoménologie et de son fondement*, Den Haag, M. Nijhoff, 1976.

– *Méditations phénoménologiques*, Grenoble, J. Millon, 1992.

– « Synthèse passive et temporalisation/spatialisation », in collectif *Husserl*, Grenoble, J. Millon, 1989.

RICŒUR, P., « Phénoménologie et herméneutique », in *Phänomenologie heute, Phänomenologische Forschung*, Band 1, Freiburg/München, Karl Alber, 1975.

– *À l'école de la phénoménologie*, Paris, Vrin, 1987.

ROBERT, J.-D., « Le problème du fondement de la vérité chez Husserl dans les *Logische Untersuchungen* et la *Formale et Transzendentale Logik* », *Archives de philosophie*, vol. 32., n° 4. 1960., pp. 608-632.

ROLLINGER, R., *Husserl's Position in the School of Brentano*, Dordrecht/Boston/London, Kluwer, 1999.

ROMANO, C., *L'événément et le monde*, Paris, PUF, 1998.

ROSEN, K., *Evidenz in Husserls deskriptiver Transzendentalphilosophie*, Meisenheim am Glen, Hain, 1977.

SALANSKIS, J.-M., *Husserl*, Paris, Les Belles Lettres, 2004.

SCHÉRER, R., *La phénoménologie des « Recherches logiques » de Husserl*, PUF, 1967.

SCHMID, H. B., « Apodictic Evidence », *Husserl Studies*, vol. 18., 2001/1., pp. 211-237.

SCHNELL, A., *Temps et phénomène. La phénoménologie husserlienne du temps (1893-1918)*, Hildesheim, OLMS, 2004.

SCHUHMANN, K., *Die Fundamentalbetrachtung der Phänomenologie*, Den Haag, M. Nijhoff, 1971.

SEEBOHM, T., *Die Bedingungen der Möglichkeit der Transzendental-Philosophie*, Bonn, Bouvier, 1962.

– « Wissenschaftbegründung und Letztbegründung in Denkweg Martin Heideggers, in *Zur Selbstbegründung der Philosophie sei Kant*, éd. W. Marx, Frankfurt, Klostermann, 1987.

– « Apodiktizität. Recht und Grenze », in *Husserl-Symposion Mainz*, éd. G. Funke, Stuttgart, Steiner Verlag, 1989.

SOKOLOWSKI, R., *The Formation of Husserl's Concept of Constitution*, The Hague, M. Nijhoff, 1964.

– *Husserlian Meditations: How Words Present Things*, Evanston, Northwestern University Press, 1974.

– « The Logic of Parts and Wholes in Husserl's *Investigations* », in *Readings on Edmund Husserl's* Logical Investigations, ed. J. N. Mohanty, The Hague, M. Nijhoff, 1977.

SOMMER, M., *Husserl und die frühe Positivismus*, Frankfurt, Klostermann, 1985.

– *Evidenz im Augenblick. Eine Phänomenologie der reinen Empfindung*, Frankfurt, Suhrkamp, 1987.

– « Husserl on "Ground" and "Underground"», in *Phenomenology of Interculturality and Life-world*, eds. E.W. Orth, C.F. Cheung, Freiburg/München, Karl Alber, 1998.

SOUCHE-DAGUES, D., *Le développement de l'intentionnalité dans la phénoménologie husserlienne*, Den Haag, M. Nijhoff, 1972.

STRÖKER, E., *Phänomenologische Studien*, Frankfurt, Klostermann, 1987.

– *Husserls Transzendentale Phänomenologie*, Frankfurt, Klostermann, 1987.

TENGELYI, L., *Der Zwitterbegriff Lebensgeschichte*, W. Fink, München, 1998.

– *L'histoire d'une vie et sa région sauvage*, Grenoble, J. Millon, 2005.

TUGENDHAT, E., *Der Wahrheitsbegriff bei Husserl und Heidegger*, Berlin, Walter de Gruyter, 1970.

ULLMANN, T., *La genèse du sens. Signification et expérience dans la phénoménologie génétique de Husserl*, Paris, L'Harmattan, 2002.

YAMAGUCHI, I., *Passive Synthesis und Intersubjektivität bei Edmund Husserl*, Den Haag, M. Nijhoff, 1982.

VALDINOCI, S., *Les fondements de la phénoménologie husserlienne*, Den Haag, M. Nijhoff, 1982.

WAGNER, H., « Kritische Betrachtungen zu Husserls Nachlass », *Philosophische Rundschau*, 1955-54. n° 1., p. 1-22., et n° 2-3., pp. 93-123.

ZAHAVI, D., « Constitution and Ontology : Some Remarks on Husserl's Ontological Position in the *Logische Untersuchungen* », *Husserl Studies*, vol. 9., 1992/2., p. 111-124.

– *Husserl und die transzendentale Intersubjektivität*, Dordrecht/ Boston/London, Kluwer, 1996.

– *Self-Awareness and Alterity: A Phenomenological Investigation*, Evanston, Northwestern University Press, 1999.

Table des matières

Philosophie

aux éditions L'Harmattan

Dernières parutions

ÉCONOMIE (L') À LA LUMIÈRE DES PHILOSOPHES
Eyene Mba Jean-Rodrigue-Elisée
Ce livre permet de comprendre que les tentatives des économistes contemporains pour disqualifier la philosophie du processus d'élaboration des modèles, des lois et des principes économiques sont vouées à l'échec. Elles omettent souvent le dénominateur commun de l'économie et de la philosophie : l'épanouissement de l'homme, le maintien de l'équilibre social. Les problèmes que traitent les philosophes relèvent du domaine de la vie pratique de la société dont l'économie n'est qu'un des éléments constitutifs.
(Coll. Philosopher en Afrique, 15.50 euros, 152 p.)
ISBN : 978-2-336-30160-0, ISBN EBOOK : 978-2-296-53723-1

GILLES DELEUZE : PHILOSOPHIE ET LITTÉRATURE
Pombo Nabais Catarina - Préface de Jacques Rancière
Cet ouvrage aide à pénétrer une pensée complexe, et tente de rendre Deleuze accessible. L'auteur a pu définir un accès sensible et raisonné à l'un de ces points privilégiés où la philosophie deleuzienne se construit hors d'elle-même en investissant un espace «non philosophique», celui de la littérature. Il ne peut être question de résumer un travail qui s'attache à suivre, à travers l'analyse fine de quelques singularités, toutes les transformations de la pensée deleuzienne de l'expérimentation littéraire, entendue comme expérimentation de vie.
(Coll. La philosophie en commun, 49.00 euros, 526 p.)
ISBN : 978-2-343-00949-0, ISBN EBOOK : 978-2-296-53833-7

EROS ET INFINI (Tome I)
Le monde, le sujet, le sens
Bailly Jean Jacques
Cet ouvrage constitue la première partie d'*Éros et Infini, Éthique de la temporalité.* L'auteur entreprend une philosophie de l'évènement, de la nouveauté et du sens, de l'éros et du désir, soutenue par une compréhension du temps comme retrait créateur. La confrontation aux grands maîtres conduit à de nouvelles interprétations des grandes questions philosophiques. Ce tome I traite de l'expérience du monde, de la question du sujet, ainsi que de l'origine du sens et de l'éros de l'interprétation.
(Coll. Ouverture Philosophique, 24.00 euros, 228 p.)
ISBN : 978-2-343-00462-4, ISBN EBOOK : 978-2-296-53845-0

EROS ET INFINI (Tome II)
Le sens, le signe, l'éros du bien et du mal
Bailly Jean Jacques
Cet ouvrage constitue le tome II de *Éros et Infini, Éthique de la temporalité.* L'auteur y poursuit sa philosophie de l'évènement, de la nouveauté et du sens, de l'éros et du désir centrée sur l'expérience temporelle du monde. Les questions philosophiques fondamentales sont revisitées. Ce tome II aborde les formes de jouissances et de catharsis du sujet, approfondit la réflexion sur les limites et les configurations du monde, le langage et les signes, et l'enracinement érotique du bien et du mal.
(Coll. Ouverture Philosophique, 22.50 euros, 216 p.)
ISBN : 978-2-343-00499-0, ISBN EBOOK : 978-2-296-53846-7

NOUVELLE AVANT-GARDE (LA)
Vers un changement de culture
Sous la direction de Carine Dartiguepeyrou
La vision du monde postmoderne a beaucoup apporté en déconstruisant la modernité pour mettre en avant des valeurs postmatérialistes et une société plurielle. La nouvelle avant-garde n'est pas seulement une pensée : c'est une culture, une communauté de valeurs et de quête, le fruit d'une intuition collective qui rassemble des personnes de tous horizons autour d'un respect profond pour le vivant, de la conscience que nous ne connaissons qu'une part infime de l'univers.
(Coll. Avant-garde, 19.00 euros, 196 p.)
ISBN : 978-2-343-00822-6, ISBN EBOOK : 978-2-296-53858-0

UN MONDE PARFAIT. GÉOGRAPHIES DE L'AMÉRIQUE IMAGINAIRE
Magliacane Alessia
En vingt-deux chapitres ponctués d'éléments géographiques, minéralogiques, urbains, topographiques, l'auteur reconstruit un contre-scénario de la culture postcapitaliste en suivant une route de l'imaginaire nord-américain suspendue entre l'incessante demande d'émancipation politique, culturelle, raciale, de genre et les terribles rechutes sociales, économiques, symboliques et symptomatiques.
(Coll. Ouverture Philosophique, série Arts vivants, 25.00 euros, 246 p.)
ISBN : 978-2-343-00173-9, ISBN EBOOK : 978-2-296-53963-1

RENÉ SCHÉRER
ou la parole hospitalière
Sous la direction de Cany Bruno, Robveille Yolande
De tous les professeurs ayant participé à l'expérience vincennoise, René Schérer apparaît comme le philosophe hospitalier par excellence, c'est-à-dire celui qui invite à philosopher ensemble dans une communauté de réflexion et de discussion. Mais ce recueil rappelle que la communauté homogène est impossible, fantasmatique du seul fait que l'homogène est la destruction de la communauté. C'est pourquoi le philosophe hospitalier convie à une «communauté de singularités» constituée par la diversité et la pluralité.
(14.50 euros, 146 p.)
ISBN : 978-2-336-29899-3, ISBN EBOOK : 978-2-296-53809-2

POUR UNE ANTHROPOBIOLOGIE PHILOSOPHIQUE DU DÉSIR – Désir et consensus
Nzigou-Moussavou Alain
Moteur essentiel de sa vie mentale et psychique, le désir permet à l'homme de s'orienter dans le monde. Exister pour l'homme, c'est exister comme être de désir. Toutes ses connaissances et ses institutions sont ainsi ramenées à de pures et simples projections pulsionnelles. Voici tentée ici l'entreprise inédite de reconstruction anthropologique du désir.
(Coll. Pensée Africaine, 40.00 euros, 416 p.)
ISBN : 978-2-336-00731-1, ISBN EBOOK : 978-2-296-53951-8

MERLEAU-PONTY
Face aux défis du monde contemporain – Corporéité et solidarité
Mpuku Félicien Laku
Merleau-Ponty n'a jamais explicitement développé une pensée de la solidarité et aucun de ses commentateurs ne s'est attaché à interpréter sa philosophie sous cet angle. La pensée de Merleau-Ponty inclut des possibilités qui débordent ce qu'il a effectivement dit et écrit. Cet ouvrage découvre que notre conscience est d'emblée dans un corps et dans une situation vécue, et que, avant toute prise de conscience de son existence personnelle, l'être humain coexiste. Cette « existence-avec » est fondamentalement une co-présence des êtres corporels.
(Coll. Pensée Africaine, 31.00 euros, 304 p.)
ISBN : 978-2-343-00058-9, ISBN EBOOK : 978-2-296-53797-2

SOLITAIRE (LE) DES ALPES
Ou la vérité religieuse devant la raison
Yermolof Michel - Édition préparée par François Heidsiecck
Préface de Gérard Perrin-Gourron
Michel Yermoloff (1794-1870), homme très cultivé et orthodoxe de naissance, se convertira au catholicisme à 61 ans. Sans se contenter d'une démarche ecclésiale, il entend développer, discuter l'essentiel de sa foi. Dans ce véritable ouvrage d'apologétique rédigé sous forme de dix «Conversations», les Dialogues de ce Général fournissent un témoignage précieux du climat intellectuel de l'époque à travers des développements des thèmes pérennes de la philosophie et de la religion.
(Coll. Ouverture Philosophique, 22.50 euros, 216 p.)
ISBN : 978-2-296-99853-7, ISBN EBOOK : 978-2-296-53715-6

AU-DELÀ DE LA PENSÉE
Être et paraître
Andrieu Gilbert
Les mots ne sont qu'un pâle reflet de la réalité. Ils construisent l'homme, qui croit n'être que ce qu'il dit. Il en est de même de la pensée, qui ne peut dépasser un paraître dont nous ne soupçonnons pas les limites. Penser n'est certainement pas le propre de l'homme et rien ne nous dit que la pensée cesse d'exister après la mort. En cherchant à mieux comprendre l'amour et la mort, il est possible de saisir une origine de la pensée qui s'enracine dans la matière.
(23.00 euros, 230 p.)
ISBN : 978-2-343-00361-0, ISBN EBOOK : 978-2-296-53794-1

DEMI-DIEUX (LES)
Les enseignements cachés de la mythologie grecque
Andrieu Gilbert
Nous nous comportons souvent comme ces demi-dieux qui meurent devant Thèbes et devant Troie ou plus largement en recherchant une Toison d'or. Il est probable que nous puissions terrasser le Minotaure qui est en nous, mais il ne faudrait pas se comporter comme Thésée si nous voulons découvrir la Vérité. Si Héraclès reste le symbole de nos luttes permanentes pour échapper à notre destin, faut-il s'efforcer de lui ressembler ? Que représentent les demi-dieux encore aujourd'hui ?
(23.50 euros, 236 p.)
ISBN : 978-2-336-29361-5, ISBN EBOOK : 978-2-296-53795-8

POUR PENSER L'ÉDUCATION
Fullat i Genis Octavi
Traduit et adapté de l'espagnol par Mònica Guerrero-Rosset, avec la collaboration d'Anne-Marie Drouin-Hans
Octavi Fullat i Genís expose la structure fondamentale d'une anthropologie dualiste, dans laquelle prend sens un modèle d'éducation libératrice. Présentant la signification d'une anthropologie pédagogique, dans le cadre de l'anthropologie philosophique, le lecteur est invité à réfléchir sur la nature des savoirs sur l'éducation. Cet essai est construit par un discours philosophique, dans lequel O. Fullat utilise souvent la dérision et l'ironie, afin de signifier son positionnement au regard de la liberté et de l'éducation morale.
(Coll. La philosophie en commun, 16.50 euros, 156 p.)
ISBN : 978-2-336-29312-7, ISBN EBOOK : 978-2-296-53866-5

SARTRE ET BENNY LEVY
Une amitié intellectuelle, du maoïsme triomphant au crépuscule de la révolution
Repaire Sébastien - Préface de Jean-François Sirinelli
Mars 1980. Une série d'entretiens publiés par le *Nouvel Observateur* fait scandale. Jean-Paul Sartre, un mois avant sa mort, y révoque des pans entiers de son œuvre, dénigrant la notion d'angoisse et reléguant l'athéisme pour s'intéresser au messianisme juif et à la résurrection des corps. Face à lui, son dernier secrétaire, Benny Lévy. Accusé par Simone de Beauvoir de manipuler Sartre, Benny Lévy offre à l'écrivain une dernière occasion de revisiter son œuvre.
(Coll. Questions contemporaines, 25.00 euros, 260 p.)
ISBN : 978-2-343-00632-1, ISBN EBOOK : 978-2-296-53679-1

L'HARMATTAN ITALIA
Via Degli Artisti 15; 10124 Torino

L'HARMATTAN HONGRIE
Könyvesbolt ; Kossuth L. u. 14-16
1053 Budapest

L'HARMATTAN KINSHASA
185, avenue Nyangwe
Commune de Lingwala
Kinshasa, R.D. Congo
(00243) 998697603 ou (00243) 999229662

L'HARMATTAN CONGO
67, av. E. P. Lumumba
Bât. – Congo Pharmacie (Bib. Nat.)
BP2874 Brazzaville
harmattan.congo@yahoo.fr

L'HARMATTAN GUINÉE
Almamya Rue KA 028, en face du restaurant Le Cèdre
OKB agency BP 3470 Conakry
(00224) 60 20 85 08
harmattanguinee@yahoo.fr

L'HARMATTAN CAMEROUN
BP 11486
Face à la SNI, immeuble Don Bosco
Yaoundé
(00237) 99 76 61 66
harmattancam@yahoo.fr

L'HARMATTAN CÔTE D'IVOIRE
Résidence Karl / cité des arts
Abidjan-Cocody 03 BP 1588 Abidjan 03
(00225) 05 77 87 31
etien_nda@yahoo.fr

L'HARMATTAN MAURITANIE
Espace El Kettab du livre francophone
N° 472 avenue du Palais des Congrès
BP 316 Nouakchott
(00222) 63 25 980

L'HARMATTAN SÉNÉGAL
« Villa Rose », rue de Diourbel X G, Point E
BP 45034 Dakar FANN
(00221) 33 825 98 58 / 77 242 25 08
senharmattan@gmail.com

L'HARMATTAN TOGO
1771, Bd du 13 janvier
BP 414 Lomé
Tél : 00 228 2201792
gerry@taama.net

592600 - Décembre 2014
Achevé d'imprimer par

1livre.com
du rêve à la réalité !